National Intelligence & Police Intelligence

국가정보와 경찰정보

국가정보의 기초이론 및 정책과의 관계

I

정육상 저

백산출판사

머리말

필자가 처음으로 정보학을 강의한 것은 1995년 동국대학교 경찰행정학과에서 '정보관리'라는 과목으로 시간 강의를 하면서부터이다. 그리고 국가정보학 강의는 1996년 동국대학교 행정대학원 석사과정 학생을 대상으로 처음 시작한 것인데, 아마도 우리나라에서 같은 세목으로 개설된 최조의 강좌로 기억된다.

당시 정보학을 강의하면서 아쉬웠던 점은 학생들이 이해하기 쉽고 체계적으로 학습할 수 있는 교재가 없었다는 것이었다. 필자의 정보활동 경험과 미국에서 발간된 정보학 교재를 가지고 진행하였지만 한국의 실정에 부합하면서도 짜임새 있는 수업을 하기에는 한계가 있었고 늘 부족한 감을 가지고 있었다.

이러한 이유들로 인해 1993년 미국 연수 길에 올라 University of Oklahoma의 정치학과에서 Stephen Sloan 교수의 지도 아래 정보분야에 대한 연구를 시작하였다. 이 과정에서 국가정보학에 대하여 쉽고 체계적으로 정리한 Abram Shulsky 박사의 저서 『Silent Warfare』를 발견하면서 우리의 실정에 부합하는 교재를 만들고 싶은 욕구가 발동하였다. 그러나 귀국 후 현업에 밀리면서 집필은 단지 마음속 과제로만 남게 되었다.

우리나라에서 정보학 분야는 학계뿐만 아니라 정보실무 분야에서도 많은 성장을 보이고 있다. 처음 강의를 시작할 시기에 정보학 강좌가 개설된 곳은 동국대학교 경찰행정학과와 경찰대학 그리고 군 교육기관 일부에 불과하였으나, 현재는 경찰행정 관련 학과가 설치된 전국 100여 개 이상의 대학과 일부 대학의 정치학과 그리고 경찰과 군 교육기관 등 꽤 많은 분야에서 이루어지고 있다. 또한 정보학과 관련된 저서가 다수 출간되고 있으며, 다양한 학문분야에서 연구 논문이 발표되고 있다.

오늘날 국가정보를 연구하면서 특별하게 관심이 가는 곳은 과거 부문정보기구적 역할을 담당하였던 경찰이 정책정보를 생산하여 국가정책결정을 뒷받침하는 것은 물론 해외에서도 23개 공관에서 69명의 치안주재관이 파견되어 테러, 국제범죄조직을 대상으로 정보수집을 하는 등 국가정보기구의 기능을 수행하면서 정보능력의 발전과 활동 범위도 크게 확대된 점이다.

이와 같이 우리나라에서 정보학의 질적 · 양적 성장이 이루어지는 가운데 정보학 학자로 변신한 필자가 본 책자를 발간하게 된 가장 큰 이유는 전국의 경찰관련 학과와 정치학과 그리고 군사학과의 교재로 활용되는 것은 물론 국가정보원, 경찰 등 실무에서도 다소나마 도움이 될 것으로 기대하였기 때문이다.

『국가정보와 경찰정보』는 크게 국가정보 총론을 다루는 I 권과 국가정보의 새로운 영역과 경찰정보를 살펴보는 II권으로 구성되어 있다. I 권은 제1편에서 정보와 국가정보의 개념, 국가정보학의 연구대상과 접근방법, 정보활동의 역사, 정보의 분류, 정보의 순환과정, 그리고 국가정보와 법치 등 국가정보학 일반에 대하여 작성하였고, 제2편에서는 정보기구에서 수행하는 정보활동의 기본요소를 첩보수집, 정보분석, 비밀공작, 방첩활동으로 나누어 자세하게 기술하였으며, 제3편에서는 정보와 정책과의 관계를 설명하는 분야로서 국가정보가 정책과정별로 어떤 기능을 하는지에 대한 설명과 정보의 조작, 정보의 실패 등 정보생산자와 정보사용자의 관계 속에서 발생할 수 있는 여러 문제점과 예방책을 다루었다.

II권은 구체적으로 제1편에서 냉전시대 이후 정보환경의 변화에 따라 정보기구의 주요 활동영역으로 새롭게 자리 잡고 있는 대테러, 사이버테러, 산업스파이, 그리고 국제범죄조직 분야에 대한 의미와 대응 필요성 등을 기술하였다. 제2편에서는 국내외 주요 정보기구의 기능과 조직 그리고 정보기구의 통제 실태를 우리나라와 외국의 주요 기구로 구분하여 살펴보았으며, 마지막으로 제3편에서는 국가정보기구로서 국가안보와 치안 분야에서 중추적 기능을 담당하고 있는 경찰의 정보활동에 대하여 논의하였다. 즉 정보경찰의 개념과 임무 및 특성, 정보경찰의 기원과 발전, 경찰의 첩보수집 및 정보 보고서 작성요령, 신원조사 및 정보기록의 관리에 대하여 알아보았다. 그리고 집회시위의 양상, 집시법과 경찰활동, 채증활동 분야가 포함된 집회시위 관리에 대하여 기술하였다.

아무쪼록 이 책이 국가정보학을 이해하는 데 조금이나마 도움이 되었으면 하는 바람이다. 아울러 우리나라 정보학의 학문적 발전을 위해 조그만 기여가 되었으면 한다.

부족한 능력에도 불구하고 이 책을 집필하는 과정에 많은 분들의 지원과 도움이 있었다. 먼저, 항상 자식의 건강과 행복을 염원하며 격려를 아끼지 않으시는 양가 부모님, 영원한 동반자이자 이 책의 시작에서 출간이 이루어지기까지 함께 고생하고 사랑을 보내준 아내, 어느 사이에 성장하여 아버지의 학교정착을 걱정하는 두 아들 모두에게 고마움의 뜻을 전하고 싶다.

그리고 정보활동을 법적 차원에서 다듬고 경찰정보의 틀을 구성하며 내실화하기까지는 목포해양대 박주상 교수님, 세한대 정병수 교수님을 비롯하여 앞서 정보학의 체계화를 위해 노력해 주신 많은 학자들의 연구 성과와 경찰정보 현업에 종사하는 실무자들의 조언에 힘입은 바가 크다. 진심으로 감사를 드린다.

아울러 어려운 출판여건에도 불구하고 흔쾌하게 출판을 허락해 주신 백산출판사 진욱상 사장님 이하 직원 여러분께 감사를 드린다. 그리고 동국대 박사과정에 재학하면서 바쁜 학업 일정에도 불구하고 원고정리와 교정을 위해 수고해준 조상현 대학원생에게도 깊은 감사를 전한다.

한 가지 강조하고 싶은 것은 본 책자가 여전히 부족한 점이 많다는 것이며, 모두 필자의 능력에서 비롯되었다는 것이다. 오류가 있는 부분에 대하여 많은 지적을 바라면서 앞으로 수정, 보완해 나갈 것을 약속드린다.

2015년 8월

계명대 쉐턱관 연구실에서

정 육 상

추천사 1

20세기 탈냉전 이후 국제사회와 정보환경의 변화에 따라 정보수요가 증가하고 이에 부응하여 정보기구의 역할이 증대되고 있다. 특히 첨단 과학과 정보통신 그리고 교통수단의 발달에 따라 세계화, 개방화, 정보화 현상이 가속화되는가 하면 제4의 영토라고도 하는 사이버공간이 전통적인 국경을 허물고 국가안보와 치안의 개념을 융합시키면서 정보활동의 대상이 늘어나고 대응기구의 활동 영역도 증폭되고 있다.

여사한 정보환경의 변화는 국가정보학 연구분야에 그대로 반영되어 이론과 현장 실무가 긴밀히 교류되면서 상호 보완 · 발전되고 있다.

저자는 신안보분야를 비롯한 여러 국가정보 현장에서 오랜 실무 경험과 연구 업적을 쌓아 왔다. 특히 세계 도처에서 인질로 붙잡힌 우리 국민들을 구출하는 작전에서 무명으로 헌신한 저자의 기획력과 판단 능력은 세계 테러대응 역사상 기념비적인 성과로 기록될 수 있다.

국내외 정보 현장에서 국가안보와 국민의 안전을 위해 위험한 일을 마다 않고 헌신하던 저자가 이제 학계에 진출하여 후학을 양성하면서 정보전문 경험자에 걸맞는 전문서적을 발간한데 대해, 한때 저자와 동고동락했던 국가정보의 전직 수장으로서 이를 높이 평가하며 앞으로도 국가정보와 경찰정보의 학문적 발전과 후학 양성에 더욱 매진할 것을 기대해 본다.

『국가정보와 경찰정보』를 I, II권으로 나누어 발간된 본서는 국가정보기관과 부문정보기관 간의 상호관계를 정립하는데 기여함은 물론, 국가정보원, 경찰, 해경, 군의 실무 정보활동에 활용되어 정보효과를 제고하는데도 기여하게 될 것이라고 확신한다.

아무쪼록 오랜 기간의 정보활동과 학문적 연구 실적을 겸비한 저자의 이 역작이 널리 읽혀져서 국가정보활동에 대한 독자 여러분의 이해를 돕고 나아가 국가와 사회의 발전에 기여하기를 기대한다.

2015년 7월

통일전략연구원 이사장

전 국가정보원장 김 만 복

추천사 2

경찰에서는 시간이 흐를수록 경찰정보에 대한 수요가 증가하는 가운데 이를 체계화하고 짜임새 있게 처리하기 위한 이론서의 발간을 고대하고 있었다.

시의적절하게 정교수께서 오랜 현장 정보활동과 후학을 양성한 경험을 토대로 정보이론과 실무를 체계화한 『국가정보와 경찰정보 Ⅰ』과 『국가정보와 경찰정보 Ⅱ』라는 제목으로 정보전문 서적을 발간한 데 대해 진심으로 축하를 드린다.

특히, 경찰정보를 법령과 실제 수행하는 정보활동의 내용을 근거로 가장 중요한 국가정보기구의 역할로 규정하면서 국가정보학의 중심축의 하나로 설명한 것은 우리나라 경찰의 정보활동 능력을 제고하고 늘어나는 국민적 요구에 부응하는 바람직한 설정으로 보인다.

경찰 재임 중 정교수와 국제범죄 업무를 함께 수행하면서 남다른 열정과 안보의식을 토대로 사회안전과 공공의 안녕질서 유지를 위해 끊임없이 노력하는 모습을 보았다. 그러한 열정이 학교에서도 이어져 오늘의 대작이 나온 것 같다. 앞으로도 이론과 실무를 겸비한 정교수께서 현장이론으로만 남아 있는 정보수집론, 정보분석론 등 순수 실무 책자마저 출간하셔서 현직 정보경찰들이 현장에서 능률적으로 업무를 수행할 수 있도록 뒷받침해 줄 것을 부탁드린다.

이 책자는 향후 정보경찰이 되겠다는 정보학도는 물론 실무에서 정보업무를 수행하는 현장 경찰관에게도 많은 도움이 될 것으로 믿는다.

2015년 7월

전 해양경찰청장, 경찰청장 **강 희 락**

차 례

제1편 정보 일반론

제2편 정보활동

부록

제 1 편 정보 일반론

제 1 장 국가정보와 국가정보학의 이해

제1절 국가정보의 의의

1. 국가정보의 정의

국가정보의 의미를 알아보기 위해서는 우선 정보(intelligence)의 개념부터 살펴보아야 한다. 과거 권위주의 정부아래에서 정보라는 어휘를 사용하면 중앙정보부가 먼저 연상이 되고 사용 영역이나 그 빈도도 비교적 적었다. 그러나 첨단과학기술의 발전과 정보화 사회의 진전 그리고 정치발전이 이루어지면서 정보라는 용어는 국가기관은 물론 기업, 교육, 심리, 정치 등 여러 분야에서 사용되고 있으며, 그 정보가 나타내는 의미 또한 일상생활 속에서는 사용자를 위한 사전지식이라는 개념으로, 군과 정보기관에서는 첩보를 가공한 지식으로, 정보통신업계에서는 특정 목적을 위하여 광(光) 또는 전자적 방식으로 처리되어 부호, 문자, 음성, 음향 및 영상 등으로 표현된 모든 종류의 자료 또는 지식(「국가정보화 기본법」 제3조)을 나타내는 등 일상용어에서 전문 용어에 이르기까지 다양한 뜻으로 사용되고 있다.

따라서 국가정보학을 심화 발전시키기 위해서는 정보의 개념부터 우선 정립하는 것이 무엇보다 중요하다 할 것이다. 정보의 개념이 불확실하면 정보현상에 대한 체계적인 연구가 어렵게 되고 교육체계 정립에도 부정적으로 작용하기 때문이다.[1] 그러나 정보의 개념에 대해서는 학계의 노력에도 불구하고 아직까지 통일된 개념을 만들지 못하고 있는 실정이다.

지금까지 국가정보 분야에서 논의되는 정보의 개념은 크게 세 가지 측면 즉, 정보의 범위, 목적, 비밀성을 두고 차이나는 주장을 펼치고 있다. 먼저, 정보의 범위와 관련하여 정보를 지식으로 파악하는 입장이 있는 반면 정보를 지식, 조직, 활동으로 보는 견해도 있다. 전자의 경우 정순태[2], 이병곤[3], 김윤덕[4], 문정인[5], 문경환 외[6], 우정[7] 등이며 국내 학자나 국가기관에서 주장하는 경우가 많다. 그리고 정보를 지식은 물론 활동과 조직까지 포괄하는 개념이라는 견해는 Kent[8], Shulsky와 Schmitt[9], 전웅[10], 국가정보포럼[11], 이길규[12] 등을 들 수 있다.

정보가 어떤 목적을 가져야 하는가라는 질문에 대해 국가안보를 위한 것이라는 입장은 Lowenthal[13], Shulsky 외[14], 문정인[15]편, 우정[16] 등이 있고, 국가안보와 국가이익이라는 입장은 국가정보포럼[17], 한희원[18] 등의 주장에서 나타나고 있다.

그리고 정보의 비밀성을 특별히 강조하는 입장과 그렇지 않은 경우로 나누어 볼 수 있다. 전자는 Robertson[19], Warner[20], Lowenthal[21], Shulsky 외[22], Johnston[23] 등이며, 후자는 Kent[24] 등 일부 학자들이 단지 의사결정을 위한 유용한 정보 등으로 사용하고 있다.

이와 같은 논의들을 음미해 보면 먼저, 정보(intelligence)의 범위에 있어 국내 정보학자 대부분은 지식으로 한정하고 있다. 이것은 중앙정보부(현 국가정보원)나 경찰청 정보국 등 정보기구에서 1960년대부터 1990년대에 이르기까지 정보의 의미를 지식의 개념으로 사용한 것이 주요한 원인 중의 하나로 보인다. 이에 반하여 비교적 자유로운 상태에서 정보현상이 연구되어 온 미국에서는 정보학의 대부로 지칭되는 Sherman Kent를 비롯한 정보학자들이 정보의 기능과 생산과정 등을 고려하여 지식, 활동, 조직을 포괄하는 개념으로 정의하는 사례가 대다수를 차지하고 있다.

정보의 목적에 있어서는 국내외 학자 다수가 국가안보에 두고 있으나 최근에 와서는 국가이익까지 포함하는 사례도 발견되고 있다. 특히, 미국은 1947년에 제정된 「국가안보법(National Security Act)」 제3조 제5항에서 국가안보를 정보의 주요 구성요소로 규정하였으나 2004년에 만들어진 「정보개혁 및 테러방지법(Intelligence Reform and Terrorism Prevention Act, IRTPA)」 제1012조를 통해 위 제3조 제5항을 국가안보 및 미국의 이익까지 포함하는 내용으로 수정하였다.

그리고 정보개념 구성요소의 한 축을 이루는 비밀성에 대해서는 이를 수용하는 입장이 많다. 비밀성을 언급하지 않거나 강조하지는 않더라도 부정하는 학자들은 찾아보기 어려우며, 정보가 상대방과의 경쟁에서 이기기 위한 것이라는 점을 고려해 보면 당연한 것으로도 보인다. 비록 정보가 노출되었더라도 경쟁상대가 입수하기 이전이라면 한시적이나마 정보로서의 가치는 가질 수 있는 것이며, 공개자료로부터 정보를 생산한다고 하더라도 생산된 정보는 비밀로 다루어져야 효과적인 전략을 수립 · 집행할 수 있기 때문에 역시 비밀성이 필요하다고 생각하는 것이다.[25)]

지금까지 제 학자들과 국가기관의 주장을 토대로 국가정보의 개념을 정의하기에 앞서 필자의 생각을 정리하면 다음과 같다.

정보의 범위는 지식은 물론 활동과 조직의 성질을 함께 포함하고 있다. 과거 우리나라에서는 정보학 연구가 충분하지 못했고 군과 경찰 등 정보기구에서 주로 정책결정과정에서 활용하기 위한 지식의 의미로 사용되는 경우가 많았던 것은 사실이다. 그러나 정보활동의 대상과 과정이 다변화되고 학문적 연구가 진전되면서 첩보를 수집하고 분석한 활동의 결과로 생산된 산물을 정보라고 규정하는 동시에 점차 이러한 정보를 생산하기 위한 활동과 조직도 함께 정보의 범주에 넣어 고찰하게 되었다. 즉 시민들이 증가하고 있는 청소년의 비행을 두고 '교육'이 잘못되었다고 할 경우에 여기서 '교육'의 의미는 교육현장에서 학생을 가르치는 활동을 지칭할 뿐만 아니라 국가차원의 학문과 지식을 연구 · 보급하기 위한 시스템을 포괄하는 기능이라는 의미로도 사용되고 있

는 것처럼 정보는 지식인 동시에 활동이고 조직이라는 말이 타당성을 갖게 된 것이다.[26]

정보의 목적은 국가안전보장의 의미가 군사적 차원에서 외부위협에 대응하기 위한 국가적 노력으로 지칭되다가 탈냉전시대 이후 군사적 측면 이외에 경제, 환경 문제 등을 포괄하는 개념으로 확대되고 있는데다[27] 정보활동 자체가 국가의 존립과 국가안보 이익의 증대 및 보호를 위해 일정한 종류의 지식을 추구하고 활용하는 것을 목표로 하는 일련의 활동[28]임을 고려해 볼 때 국가안보와 국가이익까지도 포함하는 것이 바람직하다고 생각한다.

이러한 생각을 토대로 과거 전통적인 차원에서 정보(intelligence)의 개념을 정립해 보면 "국가조직에 의해 비밀리에 수행되는 것으로서 내부 및 외부 적의 위협으로부터 국가안전보장을 유지하기 위해 필요한 지식(knowledge)이자 활동(activity)이며 조직(organization)"으로서 주로 국가기관에서 사용되는 용어라고 할 수 있다.

여기에서 '적(adversary)'이란 현재 또는 잠재적인 적국, 적대세력, 개인 모두를 포괄한다. 그리고 '지식(knowledge)으로서의 정보'는 정보순환에 따른 산출물 그 자체 또는 인지 가능한 형태로서의 생산물이며, '활동(activity)으로서의 정보'는 첩보를 수집하고 분석하여 결과를 산출하며 비공개 국가정책의 은밀한 수행은 물론 스파이를 색출하는 등 일련의 활동 자체가 정보이며,[29] '조직(organization)으로서의 정보'는 정보업무를 수행하는 정보기구 자체를 정보의 개념에 포함시키는 것을 의미한다. 즉, "심각한 인적 · 물적 피해를 가져오는 테러의 예방은 그 나라의 정보역량에 달려 있다"라고 하는 경우에 이 정보는 정보기구를 의미한다고 볼 수 있는 것이다.

그러나 현대사회에서는 정보가 본질적으로 가지는 비밀성, 경쟁성, 지식이라는 특성이 고려되어 기업정보(business intelligence), 경영정보(management intelligence), 사회정보(social intelligence)[30], 회사정보(corporate intelligence)와 같이 민간분야에서 사용되는 것은 물론 국가기관에서도 경찰정보(police intelligence), 범죄정보(crime intelligence) 등으로 쓰여지고 있는 등 사회의 다양한 분야에서 이용[31]되고 있다. 이러한 현실을 감안하여 본서에서는 정보(intelligence)란 "국가, 단체 또는 개인이 자신들의 생존과 안전 확보, 이익 극대화 및 의사결정에 활용하기 위해 상대 경쟁 국가나 세력 또는 특정 개인을 대상으로 은밀한 활동을 통해 마련한 지식(knowledge)이자 활동(activity)이며 조직(organization)"으로 정의하고자 한다. 다만, 정보를 지식, 활동, 조직으로 정의한 것은 세 가지 요소가 상호 유기적 관련성이 높다는 의미를 강조한 것이며, 정보의 기본적 개념은 지식이며, 활동과 조직은 지식을 만들기 위한 수단으로서의 성격이 강하다.

이와 같이 현대사회에서 정의된 정보(intelligence)의 개념은 개인, 집단, 국가 등 사용자 모두가 이용 가능하다. 따라서 국가정보(national intelligence)란 "국가차원에서 사용되는 정보로서 내부 및 외부 적의 위협으로 부터 국가안전보장을 확보하고 국가이익을 극대화하기 위한 정책결정과정에 활용하기 위해 국가조직에서 은밀한 방법으로 마련한 지식(knowledge)이자 활동(activity)이며 조직(organization)"이라고 할 수 있다. 즉, 국가정보는 정보활동의 주된 행위자가 국가기관이며 그 목적이 특정 개인이나 어떤 세력의 이익이 아니라 국가안보(national security) 혹은 국가이익(national interest)이라는 점에서 여타 정보와 구분된다.

지금까지 살펴본 것처럼 정보의 목적이 점차 확대되면서 정보 개념의 범위가 확장되고 있는 추세이다. 그러나 앞으로 지구촌 사회의 인적 · 물적 교류의 증가, 국가안보와 치안의 접목 현상 심화, 각계 각층의 경쟁분위기가 커지면서 정보 개념의 범위은 더욱 확대될 것으로 보인다.

표 1-1 _ 주요 학자들의 정보 개념

학자 또는 기관	정보의 개념
Sherman Kent[32]	국가정보는 전략정보가 되어야 하며, 국가정책운용을 위한 지식이며, 활동이고 조직이라고 정의
Richelson[33]	현재 또는 잠재적으로 국가안보에 중요한 영향을 미칠 수 있는 국가들이나 작전지역에 대한 첩보자료를 수집, 평가, 분석, 종합 판단하여 생산한 결과물

학자 또는 기관	정보의 개념
Robertson[34]	위협에 대비하여 타인의 비밀을 은밀하게 수집하는 것
Shulsky & Schmitt[35]	국가안보 이익을 최대화하고, 실제적 또는 잠재적 적대세력의 위협을 다루는 정부의 정책수립 및 정책의 구현과 연관된 자료
Mark M. Lowenthal[36]	정보는 첩보라고 하는 광범위한 범주의 하위 집합으로, 정책결정권자의 요구에 부응하여 분석되어 산출된 지식
Michael Warne[37]	정보는 해를 끼칠 수 있는 국가나 다양한 적대세력으로부터 영향을 완화시키거나, 그들에게 영향을 미치거나 단지 그들을 이해하기 위한 노력을 지원하는 비밀스런 어떤 것
한희원[38]	국가안보를 수호하고 국가이익을 극대화하기 위하여 국가정책운용에 필요한 지식이자 활동이며 조직으로 정의
국가정보포럼[39]	국가안보와 관련되며 비밀성을 내포하고 있는 지식과 활동을 지칭하는 것
문경환 외[40]	정보란 국가안보 및 국가 중요정책결정을 위하여 수집된 첩보를 평가, 분석, 종합 및 해석한 결과로 얻은 지식

2. 국가안보와 국가정보의 관계

Sherman Kent가 국가정보는 "국가존립에 절대 불가결한 지식"이라고 주장[41]한데서 알 수 있듯이 국가정보의 핵심적 목표는 국가안보를 확보하고 국가안보 관련 이익을 높이는 데 있다. 그리고 국가정보는 국가안보목표를 달성하기 위한 중요한 수단이자 투입변수[42]로서 국가안보목표가 변화되면 국가정보활동의 목표도 변화되어야 하는 인과변수의 관계를 가지고 있다. 즉, 국가안보의 범위가 국가정보의 범위를 설정하므로 양자 간에는 불가분의 밀접한 관계를 이루고 있는 것이다.

어려운 문제는 Arnold Wolfers[43]의 지적처럼 안보개념 자체는 절대적일 수 없고 그 국가가 처한 시대와 상황에 따라 변화되기 때문에 개념이 모호하고 가변적이라 국가정보의 범위와 성격을 정하기가 쉽지 않다는 점이다.

국가안보의 개념이 냉전시대에는 외부의 군사적 위협으로부터 국가의 생존을 보전하는 것으로서 국가방위(national defense)라는 개념과 동일시되었다. 이 시대에는 진영이 갈라져 적국과 동맹국의 차이가 분명하였으며, 국가안보를 위하여 동맹국과 손을 잡아 국방력에 의한 전쟁억제가 중심을 이룬 시대였다.

그러나 냉전체제의 붕괴 후에는 피아의 구별이 불분명해지고 국가안보의 개념도 변화하고 있다. 과거의 적국과도 손을 잡고 동반자관계로 평화공존을 추구하면서 자국의 이익을 지키기 위해 노력하고 있으며, 국가안보도 단순히 적의 침략으로부터 국가의 영토와 국민을 수호하는 것에서 나아가 전체적인 국가이익을 보호하는 것이 중심이 되고 있다.[44] 즉, 소련붕괴의 결정적 원인이 경제파탄이라는 점이 알려지면서 국가의 경제이익이 국가안전보장에 대단히 중요하다는 생각의 확산[45]과 함께 에너지 파동, 무역마찰, 식량위기, 테러리즘, 마약밀매, 환경파괴와 같은 비군사적 위협들이 안보상 위기를 초래한다는 인식이 새롭게 싹트면서 안보의 개념이 군사안보개념으로 일원화, 집중화되는 것에서 탈피하여 다양화, 분산화되는 경향을 보이고 있다.[46]

그리고 국가안보 개념의 확대와 함께 인터넷의 보급으로 제4의 영토로 불리는 사이버공간이 생성되고, 교통 · 통신의 발달에 따른 세계화 현상으로 국경개념이 무너지면서 국가안보와 치안이라는 전통적 이분법의 질서가 허물어지고 있다.[47] 즉, 국가 외부의 위협으로부터 안선이 보호되는 상태인 '국가안보'와 내부의 혼란과 무질서로부터 국가와 그 구성원을 보호하는 국가적 기능인 '치안'이 융합되는 탈근대적 환경이 만들어지고 있는 것이다.

표 1-2 _ 국가안보의 위협요소와 위협내용[48]

구분	요소	내용
냉전시기	군사적 위협	• 제3차 세계대전(핵전쟁) • 국지전 : 영토, 자원, 종교, 인종분쟁 • 동서 양 진영 긴장 대치
탈냉전시기	군사적 위협	• 전쟁(중동전쟁, 러시아·우크라이나 전쟁 등) • 소규모/국지전 : 영토, 자원, 종교, 인종, 이념 분쟁
	초국가적 위협	• 대량살상무기 확산 : 핵무기, 생화학 무기, 탄도미사일 • 테러, 해적, 국제범죄, 사이버 공격, 마약, 산업 스파이
	비군사적 위협	• 전염병 : SARS, AIDS, MERS, 신종플루, 조류독감, 구제역, 에볼라 • 자연재해 : 쓰나미, 대지진, 원자력발전소 사고 • 지구 온난화 • 환경오염, 생태계 변화

이러한 안보환경을 반영하여 Mandel[49]은 국가안보란 "일반적으로 국가정부의 책임으로써 국가 및 시민의 핵심적 가치가 대내외로부터 위협받는 상황을 방지하여 심리적(psychology)으로 뿐만 아니라 물리적 안정(physical safety)을 추구하는 것"이라고 정의하고 있다. 여기서 핵심적 가치의 의미는 다양하게 해석될 수 있으나 국민의 생명과 재산, 국가의 생존과 번영, 국가적 위신 등이 포함될 수 있겠다. Mandel의 정의는 시간과 상황의 변화에 관계없이 수용될 수 있는 비교적 설득력 있는 개념으로 생각된다.

이와 같은 국가안보 개념의 변화에 따라 국가안보를 확보하기 위한 핵심 수단의 하나인 국가정보의 성격, 범위 및 기능도 변화되고 있다.

3. 첩보(information)와 정보(intelligence)

정보를 잘 이해하기 위해서는 이미 정의한 정보(intelligence)와 유사하거나 연계된 용어의 개념정리가 필수적이다. 많은 혼란으로 이어지고 있는 어휘는 정보(intelligence)와 첩보(information)로써 영어를 우리나라 말로 번역하거나, 이들 용어를 시민들이 일상생활에서 사용하는 의미와 정보업무를 하는 기관이나 그 구성원이 생각하고 사용하는 의미가 다른데서 비롯되고 있다.

영어 intelligence와 information을 한국어로 번역할 경우 모두 정보로 번역할 수도 있고, 전자를 정보로, 후자는 첩보로 번역할 수도 있다. 이에 따라 두 용어의 구분이 필요하지 않은 일반인의 경우에는 같은 의미의 정보로 번역하여 사용하고 있는 것이 일반적이나, 첩보라는 용어를 일상적으로 사용하는 군이나 정보기구와 같은 곳에서는 양 단어를 구분하여 이용하고 있기 때문에 정보와 첩보에 대한 구분적 설명이 필요하다.

이를 위해 먼저, 국립국어원이 편찬한 표준국어대사전[50]에서 정보(情報)의 개념을 살펴보면 '첫째, 관찰이나 측정을 통하여 수집한 자료를 실제 문제에 도움이 될 수 있도록 정리한 지식 또는 그 자료를 의미하며, 둘째, 군사용어로서 일차적으로 수집한 첩보를 분석 · 평가하여 얻은, 적의 실정에 관한 구체적인 소식이나 자료로 정의되고 셋째, 어떤 자료나 소식을 통하여 얻는 지식이나 상태의 총량으로서 정보 원천에서 발생하며 구체적 양, 즉 정보량으로 측정할 수 있다'고 설명하고 있다. 첩보(諜報)의 의미는 '상대편의 정보나 형편을 몰래 알아내어 보고하거나 그런 보고'로 정의하고 있다.

그리고 우리 사회의 일상생활에서 일반인들이 사용하는 정보의 의미는 첫째 개념을 두고 이용하는 것이 대다수라고 생각한다. 그러나 정보업무를 다루는 정부 또는 민간조직이나 정보학계에서는 위에서 정의되고 있는 정보의 둘째 개념과 첩보(information)의 개념으로 분명하게 구분하여 사용하고 있다.

이러한 개념적 구분을 하는 이유는 크게 기술적 · 절차적 측면과 목적적 측면으로 나누어 볼 수 있는데, 먼저 전자의 측면에서는 평가와 가공이라는 절차와 과정이 중요한 요소로 취급되는데, 첩보에 대해 평가와 가공을 거치지 않은 상태라고 칭하는 반면에 정보는 첩보를 수집하고 가공한 결과인 생산물[51)]로 보기 때문이다. 둘째, 목적적 측면에서는 첩보와 정보 모두 국가안보나 국가정책결정과의 직 · 간접적인 연관성을 강조하는 개념으로서 특별히 정보의 경우 분석 · 처리과정을 거치면서 첩보에 비해 보다 더 국가안보나 정책결정을 위한 목적에 부합하도록 정제되었다고[52)] 보는 데서 비롯되고 있다. 한편, 정보도 아니고 첩보도 아니면서 특정한 목적에 의해 평가되어 있지 않은 단순한 사실이나 기호를 의미하는 자료(data)라는 용어를 사용하게 되면 정보와 첩보의 개념을 좀 더 잘 이해할 수 있다.

이상의 논의를 정리해 보면, 첩보는 목적을 가지고 의도적으로 수집한 자료로서 아직 처리, 분석, 평가되지 않은 잠재적 지식 또는 자료라고 할 수 있다. 이에 반해 정보는 수집된 첩보를 국가안보정책이나 치안질서 유지 등의 특정 목적을 달성하기 위하여 일정한 과정을 통해 처리, 평가되어진 정제된 지식의 성질을 가지고 있는 것이다.

표 1-3 _ 자료 · 첩보 · 정보의 관계[53)]

구분 \ 의미	자료	첩보	정보
의미	단순사실, 신호	목적의식에 따라 수집	가공되어 처리된 생산물
용어	데이터, 자료, 생자료	1차 정보, 첩보, 생정보	2차 정보, 정보, 가공정보
활동	입력	수집	처리, 분석, 종합, 평가
활동특성	임의적, 의식적	의식적	의식적
특성	무의미	불확실성	확실성
유용성	미약	정보화 과정에서 검증 필요	매우 유용, 중요

경찰이 대규모 마약조직을 일망타진하는 데 사용한 마약정보(drug intelligence) 사례를 가지고 자료, 첩보, 정보의 관계를 설명하면, 일반 마약 전과자, 쓰레기통 등에 버려진 투약 주사기의 종류 및 장소, 마약조직 연계 조직폭력배 신원, 과거 마약밀매 루트 등이 자료로 볼 수 있고, 이들 중에서 마약 담당 정보관들이 수집한 대상 마약조직원의 일부 신원사항, 마약 밀조 의심 장소 및 동향, 마약 밀구입 기도자 접촉 동향, 마약조직원 차명 은행계좌번호, 마약조직원 동선 및 회합장소 등은 첩보에 해당한다고 볼 수 있다. 그리고 여러 정보관이 수집한 첩보를 토대로 종합 분석하여 만들어낸 마약조직원의 신원 특징, 신뢰성 있는 마약 밀거래 일시 및 장소 등은 마약정보에 해당한다 할 것이다.

국내에서 information은 정보로, intelligence는 인텔리전스로 번역하는 학자[54)]가 있는가 하면, 미국의 권위 있는 사전인 Merriam-Webster사전에는 information이 intelligence의 의미도 가지고 있다고 설명[55)]하는 등 번역어휘나 각 단어의 실체에 대한 내용에 대해서는 여전히 혼돈이 있는 상태이다. 그러나 우리나라의 정부기관이나 많은 정보학자들이 information을 첩보로, intelligence를 정보로 번역하고 실제 정보업무를 수행하거나 연구를 하고 있지만 큰 문제는 발견되지 않고 있어, 이 용어대로 사용하는 것도 좋을 듯하다. 다만, 정보의 개념은 국가안보의 개념처럼 시대상황과 주어진 환경에 따라 변화될 수 있는 것이기 때문에 앞으로 더 좋은 용어정립과 번역이 있을 것으로 기대된다.

제2절 국가정보학의 연구대상과 접근방법

1. 국가정보학의 개념

인류의 역사와 함께 시작된 정보활동은 20세기에 들어와 두 번에 걸친 세계대전과 막대한 인적 · 물적 피해를 가져온 9 · 11테러 사건 등을 경험하면서 전쟁의 승패를 좌우하고 국민의 안전을 확보하는데 정보업무가 얼마나 중요한지를 확인시켜 주고 있다. 이러한 가운데 1950년대부터 시작한 정보현상에 대한 학문적 연구는 탈냉전시대 이후 금기시되던 정보관련 자료가 공개되고 이들에 대한 학자들의 접근가능성이 높아지면서 더욱 활성화되고 있다. 이에 따라 정보현상에 대한 과학적 법칙과 논리의 구축을 토대로 정보업무의 효율성을 높이기 위해 학문적인 뒷받침이 필요하다고 요구하는 목소리도 높아지고 있다.

국가정보학(national intelligence science)은 '국가정보현상을 연구하여 일반법칙과 논리를 규명하고 정보활동에 필요한 합리적인 수단과 과학적 기술 및 그 응용을 탐구하는 학문'이다. 여기에서 국가정보현상이란 국가정보의 주요 구성요소인 지식, 활동, 조직들이 국내외의 제현상과 관계하면서 나타나는 현상들을 의미한다. 국가정보학은 사회과학이지만 정보현상은 다양한 분야에서 나타나기 때문에 종합과학적 성격을 가지고 있다. 즉, 정보분석 및 판단을 위해 경찰학 · 행정학 · 범죄학 · 조직학 · 사회학 · 교육학 · 법학 · 심리학 · 경제학 · 경영학 · 정치학 · 군사학 등의 사회과학은 물론 첨단 수집기술 개발과 활용을 위해 물리학 · 화학 · 생물학 · 의학 · 소재공학 등 자연과학의 토대 위에서 정립되고 있는 것이다. 그리고 국가정보학은 순수학문이라기보다는 다른 인접학문에서 개발된 이론을 토대로 현실문제 해결을 위해 적용하는 응용학문이다.

우리가 국가 또는 기업의 정보활동을 포함한 사회현상을 연구하는 목적은 여러 가지가 있을 수 있다. 중요한 것 중의 하나는 연구로부터 얻어지는 과학적 법칙과 지식을 통하여 사회의 제현상을 이해하고 설명하는 것이며, 이를 토대로 인간이 통제할 수 있도록 조정하는 데 있다. 이렇게 되면 인간은 사회현상에 끌려 다니는 것이 아니라 능동적으로 리더할 수 있으므로 독립변수화 할 수 있게 된다고 생각한다. 따라서 국가정보학의 연구가 심화되면 다음과 같은 이점을 찾을 수 있다.[56)]

첫째, 정보활동을 체계화하는 역할을 할 수 있다. 국가정보학은 국가정보활동에 대한 연구 분야를 개척하여 합리적인 연구방향을 제시한다. 연구방법의 개척과 연구능력 제고, 그리고 연구지식의 체계화를 통하여 이론적 틀을 발전시키는 역할을 수행한다.

둘째, 정보활동에 대한 합리성을 제고한다. 국가정보학은 정보활동의 역사적 사례에 대한 연구를 포함하고 있다. 이들 정보활동의 성공과 실패에 대한 사례연구를 통해 정보활동의 순기능과 역기능에 대한 인식의 폭을 확대해 준다. 특히, 정보활동에 대한 합리적인 판단을 할 수 있는 지혜를 제공한다.

셋째, 정보활동에 대한 비판기능이다. 국가정보활동에 대한 연구와 분석을 통해 국익과 합당여부, 합법성, 도덕성 등을 학문적으로 논의한다. 비합법적이고 비도덕적인 정보활동은 통치자와 정부의 도덕성을 손상시키고 국민들의 정부에 대한 신뢰를 상실케 한다. 그러므로 정보활동의 잘못된 부분에 대한 학문적 논의를 통해 비판과 대안을 제시하는 것은 정보활동의 길잡이 역할을 하는 것과 같다.

마지막으로 정보활동의 발전을 촉진한다. 효율적인 선진 정보조직, 첨단화된 정보활동, 제도화된 관리 및 통제 메커니즘 등에 대한 연구를 통해 국가의 정보활동능력을 발전시킬 수 있는 방향과 대안을 제시하게 된다. 이에 따라 정보화시대에 있어 국가정보학은 정보활동의 발전을 촉진하는 역할을 한다.

2. 연구대상

연구의 대상은 정보인(情報人), 정보구조, 환경 간의 관계로 파악하고자 한다. 왜냐하면 어느 하나의 국가정보현상, 행태도 언제나 이 3자간의 상호작용을 통하여 이루어진다고 생각하기 때문이다.

정보인은 일반적으로 그들이 가진 사회적 배경, 가치관, 동기는 물론 전문지식과 기술, 정보능력 등이 분석의 대상이 되는 것이다. 정보활동을 수행하는 정보인은 수집관으로서 국가의 안전확보와 의사결정에 필요한 첩보를 수집하며, 분석관으로서 수집된 첩보를 바탕으로 정보분석과 판단을 하고, 비밀공작관으로서 은밀히 타국이나 단체의 사건이나 행동에 영향을 행사하는 한편, 방첩관으로서 타국 정보기구의 자국 내 활동을 저지하는 역할을 수행한다. 이들의 정보활동이 전개되는 이유, 과정, 결과 등이 연구대상이 되는 것이다. 여기서 비밀공작은 원칙적으로 외국을 대상으로 하는 활동이지만 독재국가나 권위주의 정부의 경우처럼 정보기구가 자국민을 대상으로 흑색선전, 정치공작, 요인암살 등의 공작을 수행하기도 한다. 그런데 일부 학자들이 비밀공작을 국가정보의 개념에 포함시키지 않으려 하며, 이 때문에 이에 대한 정보학계의 연구가 부진한 실정이다.57) 그러나 비밀공작은 정책의 집행은 물론 정책결정 및 테러리스트 색출 등에 유용한 정보를 수집하고 세공하는 수단으로도 기능하기 때문에 국가정보학 연구 분야에 포함되어야 할 것이다.

정보구조는 정보기구의 법제, 목표, 활동 강령, 역할, 기능, 문화 그리고 특정 정보기구의 설립과 변천과정 등을 포함하며, 정보인들은 이들의 제약이나 구속을 불가피하게 받게 된다. 예를 들어 9 · 11테러 사건 이후 미국 정보공동체의 조직에 어떤 문제점이 있고, 앞으로 어떻게 변화되는 것이 바람직한가에 대해 많은 연구들이 발표되었다.58) 이러한 연구를 통해 미국의 중점적인 정보활동 방향을 추정해 보기도 하고, 정보공동체의 조직개편을 통해 정보활동의 효율성이 얼마나 개선되었는지를 평가하기도 한다.59) 영국과 미국 정보공동체의 조직문화를 비교하고, 조직문화적 상이성에서 정보활동의 양상이 어떻게 다르게 나타나는가를 분석하는 내용의 연구도 할 수 있다.60)

마지막으로 환경은 여러 가지가 있을 수 있으나 일반적인 것은 정보인 및 정보기구와 관계를 맺고 있는 군사, 정치, 범죄, 경제, 사회, 문화, 과학, 북한문제 등의 문제는 물론 정보사용자와 정보생산자와의 관계, 정보의 통제 메커

니즘 등이 해당될 수 있을 것이다.

3. 접근방법

국가정보학을 연구하는 궁극적 목적은 과학적인 이론을 구성하고자 하는데 있다. 이러한 연구목적을 달성하기 위해서는 가장 효율적인 방법론을 선택할 때에만 연구자에게 불필요한 시간과 노력을 줄이고 최고의 결과를 도출할 수 있는 것이다.

정보분야를 연구하는 학자들의 접근방법을 살펴보면, 먼저, 같은 분야에서 최초로 논의한 것으로 알려지고 있는 Thomas는 역사적/전기적 접근방법(historical/biographical approach), 기능적 접근방법(functional approach), 구조적 접근방법(structural approach), 정치적 접근방법(political approach)으로 분류하였다.[61] 그리고 Wark는 문헌조사적 연구(research project), 역사적 연구(historical project), 개념연구(definition project), 방법론적 연구(methodological project), 공공정책적 연구(public policy project), 시민의 자유권 연구(civil liberty project), 조사관점의 저널리즘적 연구(investigative journalism project), 대중문화적 연구(popular culture project) 등 8가지 유형으로 보다 세분화하여 설명하고 있다.[62]

이와 같이 정보현상을 연구하는 방식에는 여러 접근방법들이 있으나 특정 접근방법만으로는 대상을 전체로서 파악할 수 없는 한계를 가지게 된다. 그렇다고 각 접근방법들이 모순되거나 상반된다고 보기보다는 상호 보완된다고 보는 것이 바람직하다.[63] 따라서 연구의 실제에 있어서는 연구의 목적과 수집되었거나 수집 가능한 자료 여건 등을 감안하여 행태론적 접근방법(behavioral approach), 체제론적 접근방법(systems approach), 기능적 접근방법(functional approach), 상황적 접근방법(contingency approach)을 가장 많이 사용하고 있다.

먼저, 행태론적 접근방법은 인간행동을 실증적으로 연구하는 방법으로 가치판단적인 것을 연구의 범위에서 제외하여 행동과학을 이룩하려는 것이다. 이 방법은 고도의 일반화 · 증명 · 경험주의를 중시하는 반면 이념성과 법령을 경시하는 경향이 있으며 주로 광범위하고 모호한 것보다는 한정되거나 특정된 것을 선호하기 때문에 개인이나 소집단 연구에 많이 활용된다.[64] 이 방법은 비밀공작관, 수집관과 같은 정보인의 국가관, 조직에 대한 애착정도, 열정, 숙련도, 대국민 친화력, 모험심, 지식, 직업만족도 등을 분석하여 이들 행동에 관한 예측 및 일반화된 이론을 발견할 수 있다.

체제론적 접근방법은 거시적으로 전체를 보며 체제를 구성하고 있는 부분간의 상호의존성 또는 상호기능적 관계를 밝히는데 용이한 방법이다. 여기서 체제란 여러 하위체제로 구성되어 있으며, 고유기능을 가지고 있는 각 체제들은 상호간의 연계성을 가지고 움직이며 그를 둘러싸고 있는 환경과도 상호 영향을 주고받는다. 정보현상을 체제적 관점에서 보면, 정보활동은 경계점과 자기유지 경향을 가지고 있는 단위체이며, 상호 연관된 부분의 전체 구성원체인 정보체계에 의해 이루어지고 있다고 볼 수 있다. 그리고 정보의 요구, 수집, 처리, 분석, 생산, 배포, 환류라는 정보의 순환과정은 David Easton이 정치체계 분석에서 분류한 투입 · 산출 · 환류의 3가지 과정으로 구분할 수 있다. 요구와 수집은 투입기능이며, 처리, 분석 및 생산과 배포는 산출기능, 환류는 그대로 환류기능인 것이다.[65] 또한 정보통제는 정보기관이라는 체제가 국가 통치자, 국회, 언론 등의 외부 환경의 작용에 의해 이루어지는 것이다. 이와 같이 정보현상에 대한 연구는 체제분석적 접근이 하나의 유용한 연구방법이 될 수 있다.

기능적 접근방법은 외형적으로 나타나는 제도나 법규를 중시하기보다 이러한 제도나 법규가 어떠한 활동과 기능을 수행하기 위해 만들어졌는가 하는 관점에서 사회현상을 연구하려는 방법을 말한다. 이 접근법은 체제가 왜 계속적으로 유지 · 존속되는가 하는 체제의 유지에 궁극적인 초점을 두고, 체제가 유지되기 위해 필연적으로 수행되어야 하는 기능들을 분석하고자 하는 것이다.[66] 정보현상과 관련하여 정부와 기업의 정보조직이 가지는 기능상 동질성과 이질성, 정보기구 내 방첩부서와 수집부서의 기능 비교, 국내외 정보업무의 통합 여부에 따라 구분하는 통합형 정보기구와 분리형 정보기구의 기능상 차이점 등을 분석하여 정보활동의 분화상태와 방향, 규모를 도출할 수 있는 등 다양한 정보현상을 분석할 수 있는 유용한 방법이다.

끝으로 상황적 접근방법은 정보현상이나 조직행태 등을 설명할 때, 그때그때 처한 특정한 구체적인 상황에 적합한 방법을 선택하는 접근방식이다. 이는 인간행동이나 정보기구 운영 등에 미치는 수많은 변수들을 파악하는 것이 어려울 뿐만 아니라 그들 변수들의 비중도 모든 경우에 파악할 수 없기 때문에 채택한다. 이 접근방법은 최근 정보현상에 특이한 것이 있으면 새로운 개념을 창출하거나, 통계적인 자료가 불충분하면 계량적인 방법을 피하고, 정보인에게 자신의 조직에서 정치에 관여하는 정도를 질문하면 솔직한 답변을 얻어내기 어려울 경우 이를 피하면서 행하는 연구방법이다.

이상 정보현상에 대한 주요 접근방법을 간단하게 소개하였지만 어느 하나의 접근방법만이 최선이 될 수는 없기 때문에 연구 대상에 따라 적절하게 혼용해 사용하여야 할 것이다.

제3절 국가정보학의 발전과 한계

1. 국가정보학의 발전

오랜 역사를 가진 정보활동과는 달리 국가정보학은 비밀성을 본질로 하는 정보활동상의 특징으로 인해 20세기 중반에야 학문적 연구가 시작되어 냉전 이후 국내외에서 비교적 눈에 보이는 발전을 보이고 있다.

가. 태동기

정보분석의 아버지로 불리는 미국의 Sherman Kent가 1949년 CIA(Central

Intelligence Agency)와 그 전신인 OSS(Office of Strategic Service)에서 근무한 경험을 토대로 「미국 세계정책을 위한 전략정보(Strategic Intelligence for American World Policy)」라는 책자를 발간하였는데, 이것이 최초의 체계적인 정보학 서적으로 평가되고 있다.[67] 그리고 CIA는 1955년부터 Sherman Kent가 중심이 되어 「정보연구(Studies in Intelligence)」라는 내부 저널을 만들고 CIA 요원의 정보활동 사례를 포함한 정보관련 논문들을 다수 게재함으로써 초기 정보학 연구를 뒷받침하였다.[68] 이후 역시 OSS에 근무하였던 Roger Hilsman이 1956년 「전략정보와 정책결정(Strategic Intelligence and Decision Making)」을, CIA부장 출신인 Allen Dulles가 1963년 「정보의 기술(The Craft of Intelligence)」이라는 정보관련 책자를 발간하면서 정보학 연구의 태동을 가져왔다.

나. 정착기

1970년대에 들어와 미국 정보기구의 활동들이 공개되면서 국민들이 정보기구에 대한 불법성과 윤리성 문제를 제기하는 등 대중의 관심이 고조되었으며, 이러한 요구와 정보공개를 바탕으로 미국과 영국에서 정보학에 대한 보다 체계적인 연구가 이어졌다.

미국에서 Georgetown 대학의 Roy Godson 교수, Harvard 대학의 James Q. Wilson 교수 등 전직 정보요원, 정보전문저널리스트 등 다양한 배경을 가진 18명의 학자들이 1979년 '정보연구협의회(Consortium for the Study of Intelligence)'를 설립한데 이어, 「1980년대를 위한 정보요구(Intelligence Requirement for the 1980s)」를 편찬하여 정보학의 발전은 물론 국가정보활동 방향정립에 기여하였다. 영국에서도 J. C. Masterman이 1972년 「전쟁에서의 더블크로스시스템(Double-Cross System in the War of 1939~1945)」을, F. C. Winterbortham은 1974년 「울트라 비밀(The Ultra Secret)」이라는 정보관련 책자를 출판하였다.

1980년대의 눈에 띄는 저서로는 1985년 Stansfield Turner의 자서전 「비밀과 민주주의(Secret and Democracy)」, 1989년 Berkowitz와 Goodman의 「미국국

가안보를 위한 전략정보(Strategic Intelligence for American National Security)」가 있으며, 1986년에는 영국 역사학자 Christopher Andrew가 정보 학술지인 「정보와 국가안보(Intelligence and National Security)」를 창간하였다.[69]

이와 같이 1970년대와 1980년대는 미국과 영국에서 정보관련 책자가 출간되는 등 비교적 많은 연구가 이루어졌으며, 1980년대에는 1970년대에 대폭 공개된 정보기구와 관계되는 문서를 토대로 학술적인 연구가 활발하게 전개되어 정보관련 연구가 점차 하나의 학문적 영역으로 정착되기 시작했다고 볼 수 있다.[70]

다. 발전기

1990년대는 1991년 소련이 붕괴되면서 탈냉전 시대가 도래하자 정보활동과 관련이 있는 비공개 자료들이 대폭 공개되면서 정보현상에 대한 연구가 다양화되는 등 질적 성장을 가져왔다. 정보기구의 개혁은 물론 냉전 이후 새롭게 등장한 테러, 대량살상무기, 산업스파이, 국제범죄 등 신안보위협에 대한 연구도 활발하게 이루어졌다. 이 시기에 미국과 영국에서 출간된 Abraham Shulsky의 「소리 없는 전쟁(Silent Warfare, 1993)」, Pat M. Holt의 「비밀정보와 공공정책(Secret Intelligence and Public Policy : A Dilemma of Democracy, 1996)」, Michael Herman의 「평화와 전쟁시기의 정보력(Intelligence Power in Peace and War, 1996)」, Mark M. Lowenthal의 「정보 : 비밀에서 정책까지(Intelligence : From Secret to Policy, 2000)」 등은 지금까지도 정보를 연구하는 학자들에게 좋은 이론서로서 널리 읽혀지고 있다.

2000년대 이후에는 정보관련 연구가 더욱 세분화되고 전문화되는 경향을 보여주고 있다. 즉, 9 · 11테러와 이라크 대량살상무기에 대한 정보조작 문제가 사회적 이슈가 되자 Michael Turner가 「정보실패의 원인(Why Secret Intelligence Fails, 2005)」을 저술하였고, 비효율적인 정보기구의 조직구조 개선에 대해서는 Berkowitz와 Goodman의 「최고의 진실(Best Truth : Intelligence in the

Information Age, 2000)」[71], 비밀공작의 문제점은 William Daugherty의 「극비활동(Executive Secrets, 2004)」, 정보분석기법은 Robert Clark의 「정보분석 : 목표중심 접근방법(Intelligence Analysis : A Target-Centric Approach, 2004)」, 정보활동의 윤리문제는 Jan Goldman의 「첩보의 윤리(Ethics of Spying)」, 정보일반과 정보통제는 Loch K. Johnson의 「정보학 입문(Handbook of Intelligence Studies, 2009)」[72]에서 취급하고 있다.[73]

이와 같이 냉전 이후 정보활동과 관련된 비밀자료의 공개가 크게 늘어나는 것은 물론 민주화의 진전과 함께 정보실패와 정보통제에 대해 증가하는 국민의 비판과 개선 요구를 바탕으로 여러 접근방법과 자료를 토대로 정보분야 연구가 양적 또는 질적으로 크게 발전하고 있다.

2. 국내 연구동향

우리나라에서 정보현상을 연구한 초기 논문들은 주로 1980년대 대학원에 재학하던 군인과 경찰공무원들의 학위논문들에서 찾아볼 수 있으며, 학회 세미나에서 학자들 사이에 진지한 토론이 이어지고 전문학술지에 논문을 발표한 시기는 1990년대에 들어와서의 일이다. 그러나 대학에서 정보학 강좌를 개설한 시기는 이미 오래 전의 일로서 1963년 경찰행정학과를 개설한 동국대학교가 1995년부터 '정보관리'란 명칭으로 강좌를 개설하였다. 그리고 1981년에 개교한 경찰대학 역시 '정보학'이란 이름으로 강의를 개설하였다.[74] 일반대학의 경우 초기에는 중앙정보부나 경찰의 정보실무교재를 요약하여 강의자료로 활용하였으며, 경찰대학은 1991년 '일반정보론' 또는 '정보개론' 등의 제명으로 교과서를 만들어 사용하였다.[75] 현재는 일부 대학의 정치학과와 경찰관련 학과를 가지고 있는 100여 개의 거의 모든 대학에서 국가정보학, 국가정보론, 치안정보론, 정보학, 경찰정보 등의 명칭으로 강좌가 운영되고 있다.[76]

정보학자들의 연구가 활성화된 것은 1990년대 냉전 종식과 함께 사회 전반에 걸친 민주화의 진전으로 비밀자료의 공개사례가 늘어나면서 연구환경이 개선된데다 정보기구와 관련되어 발생하는 각종 사건 등에 대해 국민적 관심이 커지면서 이루어졌다. 1995년 연세대 문정인 교수 등 일부 대학 교수들이 William Colby 전 CIA 국장과 러시아, 일본 등의 전직 정보기구 간부를 초청하여 'Post-Cold War, Democratization, and National Intelligence' 제하로 한국 최초의 정보관련 국제학술회의를 개최하였다. 이를 계기로 그 해 국가정보에 관심이 있는 학자 또는 전직 정보기구 인사들을 중심으로 '국가정보연구회'가 창설되어 국가정보에 대한 공개적이고 협력적인 연구 분위기가 조성되기 시작했다. 2002년에는 '국가정보포럼'이 창설되어 매년 국가정보를 주제로 관학 공동 학술세미나를 개최하는 한편, 2006년에는 국가정보학 교재도 출간하였다. 그리고 2007년에는 '한국국가정보학회'가 창립되어 정보학 분야에 대한 많은 연구결과를 내어놓으면서 정보학 연구를 심화시키고 있다.[77)]

이와 같이 우리나라의 정보학(intelligence science) 연구는 크게 경찰학 또는 범죄학 연구 학자와 정치학자 중 정보분야에 관심이 있는 학자들에 의해 이루어지고 있다. 정보를 국가안보의 핵심수단으로 생각하는 정치학자들의 연구결과물이 여전히 많은 것은 사실이나 국가안보와 치안 개념이 융합하는 현상 속에서 경찰학자들의 정보분야 연구도 적지 않은 상황이다. 정보현상에 대한 연구결과물들이 정보기구는 물론 기업 등 민간분야에서도 활발하게 이용되기 위해서는 많은 학자들에 의해 정보학이 양적, 질적인 모든 측면에서 발전이 이루어져야 할 것이다.

3. 국가정보학 연구의 한계

우리나라에서 국가정보학은 아직 다른 학문에 비하여 역사가 일천하고 학문적인 결과물도 많다고는 할 수 없으나 1990년대 이후 한국국가정보학회를 비롯한 학술단체가 늘어나고 '국가정보연구' 등 정기 학술지가 발행되고 있으며, 대학에서도 정보학의 강좌개설이 증가하는 등 질적, 양적 성장을 가져온 것은 사실이다.

그러나 국가나 개인의 생존과 번영을 위한 경쟁이 치열해지면서 정보활동의 중요성이 더욱 강조되고 있는 것에 비하면 정보현상에 대한 학문적 연구는 그에 상응하게 발전하지 못하고 있는 것이 현실이다. 이러한 배경에는 정보활동이 가지는 비밀성 등 다음과 같은 요소들이 제약요인으로 작용하고 있기 때문이다.

첫째, 정보의 개념에 대해 많은 학자들이 공감하는 정의가 없을 뿐 아니라 이 개념에 대해 한국과 영미국가 학자들 간의 논의가 일천하여 연구대상과 범위 설정 및 방법론 도입에 한계가 있기 때문이다.

둘째, 연구에 필요한 자료획득이 어렵다는 점이다. 과거에 비하여 정보와 관련된 자료 획득이 개선된 것은 사실이나 정보활동 자체가 비밀리에 행해지기 때문에 연구대상에 대한 접근이 어려우며, 이들의 활동과 관계되는 자료가 공개되더라도 오랜 시간이 지난 후 공개되고 있어 시간적인 제약이 있다.

셋째, 국가정보학 분야에 대한 연구는 주로 영국과 미국의 정보현상을 두고 이루어져 왔기 때문에 다른 국가의 정보현상에도 보편 타당하게 적용할 수 있는 연구결과 도출이 어려웠다. 즉, 학문이란 연구 대상 분야에 대한 일반적인 법칙을 발견하는 것이 주요 목적이지만 미국과 영국에서 연구된 결과가 아프리카나 우리나라에 모두 적용될 수 없다는 것이다.

따라서 국가정보학 연구의 제약요인을 극복하고 활성화시켜 나가기 위해서는 다음과 같은 몇 가지 노력이 요구되고 있다.

첫째, 정보학 발전을 위한 정보활동 주체 차원의 지원과 노력이 필요하다. 과거 권위주의 정권하에서 생성된 정보인, 정보기구 그리고 정보활동에 대해 터부시 하는 고정관념과 사회적 편견이 여전한 점을 고려하여 정보학자들이나 정보학을 연구하는 학생들을 지원하여 이를 타개하는 방안이 강구되어야 한다. 즉 정부나 기업에서 예산을 마련하여 학자들에게 정보활동의 개선방안 및 정보환경 평가 등을 연구할 수 있는 연구비를 지원하거나 정보학에 관심이 있는 학생에게는 장학혜택 등으로 정보 전문학자가 되도록 지원하는 등 정보연구 주체에 대한 지원이 필요하다.

둘째, 연구자료에 대한 접근성을 완화해야 한다. 정보활동의 경우 비밀리에 수행되기 때문에 비공개가 원칙이고 미덕이다. 그러나 국가 또는 기업에서 어떤 정보활동을 하는지 알려주지 않을 경우 정보학의 발전은 지체될 수밖에 없다. 정보활동 중 공개가 가능한 부분은 시간을 두고서라도 학자들이 접근할 수 있도록 함으로써 학문적인 방법론을 동원하여 정보활동의 발전에 기여할 수 있도록 지원할 필요가 있다. 이를 위해서는 장기 안보정책의 수립이나 고도의 과학적이고 계량적인 분석기법이 필요한 과제들은 정보실무자와 전문 학자들이 수시로 협력하면서 해결방안을 찾을 수 있는 장을 만들어야 하며, 이들 학자들에게는 비밀자료에 대한 접근성을 높여 주어야 할 것이다.

셋째, 인접학문들의 도움이 필요하다. 정보활동의 범위가 거의 제한이 없는 관계로 인해 국가정보학의 연구대상도 광범위하므로 인접학문의 도움이 필요하다. 즉 첨단 신소재 공학에서부터 수학에 이르기까지 학제간 연구(interdisciplinary research)가 있어야 한다.

1) Michael Warner. (2002), Wanted : A Definition of 'Intelligence'. *Studies in Intelligence, 46(3)*, 15.
2) 정순태. (1971), 「국가정보론」, 서울 : 삼보출판사, 19-22.
3) 이병곤. (1994), 「정보개론 : 기초이론 중심」, 서울 : 경찰청, 8.
4) 김윤덕. (2001), 「국가정보학」, 서울 : 박영사, 15-18.
5) 문정인. (2002), 「국가정보론」, 서울 : 박영사, 24-28.
6) 문경환 · 이창무. (2014), 「경찰정보학」, 서울 : 박영사, 13.
7) 우정. (2008), 「정보경영론」, 인천 : 자료원, 22-28.
8) Kent, Sherman. (1966), *Strategic Intelligence for American World Policy.* Princeton : Princeton University Press, p. vii-ix.
9) Shulsky, Abram N. & Schmitt, Gary J. (2002), *Silent Warfare : Understanding the World of Intelligence.* Dulles : Potomac Books, Inc, 1-2.
10) 전웅. (2006), "탈냉전시대의 국가정보학 : 학문적 기원, 위상, 그리고 한계", 「국제정치논총」, 46(4), 10-11.

11) 국가정보포럼. (2011), 「국가정보학」, 서울 : 박영사, 12-13.
12) 이길규. (2008), "정보의 개념에 관한 소고", 「국가정보연구」, 1(2), 27-28.
13) Lowenthal, Mark M(1). (2006), *Intelligence : From Secrets to Policy.* Washington DC : CQ Press, 8.
14) Shulsky, Abram N. & Schmitt, Gary J., op. cit, 1.
15) 문정인. 전게서, 24-28.
16) 우정. 전게서, 22-28.
17) 국가정보포럼. 전게서, 7.
18) 한희원. (2011), 「국가정보학 원론」, 서울 : 법률출판사, 15.
19) Robertson, Ken G. (1987), "Intelligence, Terrorism and Civil Liberties". *Conflict Quarterly, 7(2),* 46.
20) Warner, Michael. (2002), "Wanted : A Definition of Intelligence. *Studies in Intelligence, 46(3),* 20-21.
21) Lowenthal, Mark M(1)., op. cit, 1.
22) Shulsky, Abram N. & Schmitt, Gary J., op. cit, 171.
23) Johnston, Rob. (2005), *Analytic Culture in the US Intelligence Community.* Washington DC : CIA, 4.
24) Kent, Sherman., op. cit, vii.
25) 이갑헌. (2010), 「첩보에서 정보까지」, 서울 : 형설출판사, 19; 이길규, 전게논문, 22.
26) 이길규. 전게논문, 24-28.
27) 전웅. (2006), 「국가안보론」, 성남 : 국가정보대학원, 63.
28) 김유은. (2010), "해외정보활동에 있어 윤리성의 개념 및 효율성과의 관계", 「한국정치외교사논총」, 31(2), 233-262.
29) 한희원. 전게서, 17.
30) Cronin, B. & Davenport. E. (1991), The Compound Eye/ Ⅰ : An Introduction to Social Intelligence. *Social Intelligence, 1(1),* 1-6. [Cronin과 Davenport는 사회정보란 사회, 기관, 개인이 첩보(intelligence)를 획득, 처리, 평가, 저장하고 실제 행동을 취하기 위해서 활용하는 과정으로 설명하고 있다.]
31) Sherman Kent(op. cit, vii)는 가정주부 등 모든 사람들이 인텔리전스 활동을 하며, Schulsky와 Schmitt(op. cit, 3)도 기업은 물론 정당의 선거활동 등에서 인텔리전스 용어를 사용할 수 있다고 주장한다.
32) Kent, Sherman., op. cit, vii-ix.
33) Richelson, Jeffery T(1). (1985), *The U.S, Intelligence Community.* Cambridge : Ballinger Publishing, 1-2.
34) Robertson, Ken G., op. cit, 46.
35) Shulsky, Abram N., & Schmitt, Gary J., op. cit, 1.
36) Lowenthal, Mark M(1)., op. cit, 8.
37) Warne, Michael. (2007), Sources & methods for the study of intelligence, in Loch K. Johnson (ed.), *Hand Book of Intelligence.* New York : Routledge, 17.
38) 한희원. 전게서, 15.
39) 국가정보포럼. 전게서, 6.
40) 문경환 · 이창무. 전게서, 13.

41) Kent, Sherman., op. cit, 3-4.
42) 문정인. (1996), "국가안보와 국가정보 : 바람직한 정보기구 모색을 위하여", 「국가전략」, 2(1), 43.
43) Wolfers, Arnold. (1962), *Discord and Collaboration.* Baltimore : Johns Hopkins University Press, 150.
44) 신의기. (2010), "국제환경의 변화와 간첩죄 규정 정비방안", 「국제문제연구」, 10(4), 113.
45) 이길규. 전게서, 21.
46) 백종천 · 이민룡. (1993), 「한반도 공동안보론」, 서울 : 일신사, 89-90.
47) 윤민우. (2013), "국제테러양상과 도시 안전망". 「도시문제」, 48(536), 18.
48) 남기봉. (2011), 「국가안보학」, 서울 : 진영사, 25 일부 수정.
49) Mandel, Robert. (1994), *The Changing Face of National Security : A Conceptual Analysis.* Westport, Connecticut : Greenwood Press, 21.
50) http://124.137.201.223/search/List_dic.jsp/검색일 : 2014.8.15.
51) Carl, Leo D. (1990), *International Dictionary of Intelligence.* McLean, Va : Maven Books, 178.
52) 문경환 · 이창무. 전게서, 11-12.
53) 이영무 · 신경엽. (2012), "국가정보의 개요", 국가정보연구회 편저, 「분단국의 국가정보」, 서울 : 박문각, 16.
54) 장노순 · 조성권. (2010), "Intelligence의 개념과 정보기관의 존재 필요성에 대한 고찰", 「국제문제연구」, 10(4), 10.
55) http://www.merriam-webster.com/dictionary/information/검색일 : 2014. 9. 15.
56) 김윤덕. (2006), 「국가정보학」, 서울 : 박영사, 5-7; 이갑헌. 전게서, 167-168.
57) Anderson, Elizabeth. (1998), The Security Dilemma and Covert Action : The Truman Years. *International Journal of Intelligence and Counterintelligence, 11(4),* 404.
58) Zegart, Amy B. (2005), September 11 and the Adaptation Failure of U.S. Intelligence Agencies. *International Security, 29(4),* 78-111; Odom, William E. (2003), *Fixing Intelligence for a More Secure America.* New Haven, CT : Yale University Press.
59) Philip H. J. Davies. (2004), Intelligence Culture and Intelligence Failure in Britain And the United States. *Cambridge Review of international Affairs, 17(3),* 495-520.
60) 전웅. 전게논문, 11.
61) Thomas, S. T. (1988), Assessing Current Intelligence Studies. *International Journal of Intelligence and Counterintelligence, 2(2),* 236-238.
62) Wark, W. K. (1993), *Introduction : The study of espionage : Past, present, future?.* : Wark, W. K. (Ed.) (1994), *Espionage : past, present, future? Elsevier,* 2-8.
63) Uveges, Joseph A. Jr. (1975), *The Dimensions of Public Administration.* Boston : Holbrook, 14.
64) Van Dyke, V. (1960), *Political science : a philosophical analysis,* 114-116.
65) 김윤덕. 전게서, 10.
66) 이종수. (2009), 「행정학 사전」, 서울 : 대영문화사, 84.
67) Michael Herman. (1996), *Intelligence Power in Peace and War.* Cambridge : Cambridge University Press, 1-2.
68) 이기덕. (2013), "국가정보학 개관", 한국국가정보학회 엮음. 「국가정보학」, 서울 : 박영사, 15. (창간 후 50여년간 총 1,200여건이 넘는 논문을 게재하여 정보를 체계적으로 연구하는 토대를 제공하는 중요한 역할을 하였다.)
69) Scott, Len. (2004), Sources and Methods in the Study of Intelligence : A British View. *Intelli-*

gence and national Security, 19(2), 189-192.

70) 이기덕. 전게논문, 10-11.

71) Berkowitz, Bruce D. & Goodman, Allen E. (2000), *Best Truth : Intelligence in the Information Age.* New Heaven, CT : Yale University Press.

72) Johnson, Loch K. (2009), *Handbook of Intelligence Studies.* New York : Routledge.

73) 이기덕. 전게논문, 9-13.

74) 동국대학교는 1996년 행정대학원에 우리나라 최초로 '국가정보학'이란 강좌를 개설하였으며, 현재는 학부 경찰행정학과에 '국가정보학'이란 강좌를 운영하고 있다.

75) 경찰대학. (1991), 「일반정보론」, 용인 : 경찰대학; 경찰청. (1994), 「정보개론 : 기초이론 중심」, 서울 : 경찰청.

76) 각 대학에서 개설된 정보학 과목의 내용은 대체로 유사하다. 즉, 정보의 개념, 정보의 순환과정, 첩보수집, 정보분석, 비밀공작, 방첩활동 등의 내용이 담겨 있다. 그러나 최근 정보경찰 분야의 경우 기존의 정보이론과 함께 집회 시위관리 등 경찰작용에 대한 내용을 추가하고 있다.

77) 이기덕. 전게논문, 16-17.

제2장 정보활동의 역사

세계 역사학계에서 널리 통용되는 시대구분인 고대와 중세, 근세, 근대, 현대 시기로 나누어 정보활동을 살펴본다.

제1절 고대와 중세의 정보활동

정보활동은 인류의 역사와 함께 시작되었다고 해도 과언이 아니다. 인간은 태어나면서부터 본능적으로 자기를 보호한다고 한다. 이 보호 본능이 정보의식이라고 할 수 있으며 정보학자들이 인류의 탄생을 정보활동이라고 해석하는 이유이기도 하다.

인간은 가족, 씨족, 부족이라는 집단을 이루어 생활하면서 안전이 집단을 유지하는 가장 높은 우선순위가 될 수밖에 없었으며, 이에 따라 타 집단의 생존위협으로부터 자신과 집단을 보호하기 위해 정탐꾼을 보내 정찰하거나 원격관찰을 통해 동향을 감시하였다. 이후 부족국가의 건설로 국가 간 생존경쟁이 더욱 치열해지면서 정보활동이 분화되고 조직화되게 되었다. 즉, 통치권자는 외부 국가나 세력으로부터 국가의 안전을 확보하고 대내적으로 통치권 및 치안질서를 유지하기 위해 정보활동의 필요성이 분명해졌다.

고대와 중세에 걸쳐 문헌상에 나타난 대표적인 정보활동의 사례를 살펴보면 다음과 같다. 먼저, 고대 이집트의 신성문자에서 나타난 정보활동이다. 약 4,000여년 전 고대 이집트에서 신성문자(神聖文字, 상형문자의 일종)라고 하는 '히에로글리프(hieroglyph)'에 이집트(Egypt)의 왕인 파라오의 명을 받아 순찰 중이던 바눔(Barnum)이라는 장군이 적정을 탐지해 기록한 내용이 전해져 내려오고 있다.[1] 세계에서 가장 오래된 정보활동으로 추정된다.

둘째, 성서에 정보활동에 대한 여러 기록들이 있다. 구약성서 민수기 13장에서 정보수집의 초기 단계를 보여주는 가장 대표적인 사례가 나타난다. B.C. 1400년경 모세는 이집트로부터 유대인을 탈출시켜 약속의 땅 가나안에 정착시키기 위해 이스라엘 12지파의 부족장 아들 1명씩 총 12명을 선발하여 약 40일간 가나안 땅을 정탐해 오도록 지시하였다.

> "저기 네겝지방에도 올라가 보고, 산악지방에도 올라가 보아라. 그 땅이 어떤지 살펴보고, 그곳에 사는 백성이 강한지 약한지, 적은지 많은지, 그들이 사는 땅이 좋은지 나쁜지, 그들이 사는 마을들이 천막으로 되어 있는지 요새로 되어 있는지, 그 땅이 기름진지 메마른지, 그곳에 나무가 있는지 없는지 살펴보아라. 용기를 내어라. 그리고 그 땅의 과일을 가져오너라."

그러나 가나안 땅에 대한 보고에서 정탐꾼들 사이에 의견의 차이가 있었다. 여호수아와 갈렙은 가나안 땅에 사는 사람들이 용맹스럽고 성질도 매우 드세지만 하나님이 도와주시기 때문에 이스라엘 백성들이 가나안 땅에 가서 승리할 수 있다고 주장하였다. 반면에 여호수아와 갈렙을 제외한 10명은 가나안 성이 매우 견고하고 주민들도 매우 용맹스럽기 때문에 가나안 정복은 불가하다고 모세에게 보고하였다. 최종의사결정자인 모세는 여호수아와 갈렙의 의견을 존중하여 가나안 땅으로 들어가 정복에 성공하였다. 후일 이 이야기는 정보판단에 있어서 소수의 의견이지만 정확한 판단능력이 얼마나 중요한 것인지를 보여주는 사례이며 지도자의 의사결정이 정보판단 못지않게 중요함을 의미

하는 사례가 되었다.[2)]

셋째, B.C. 1200년경 그리스(Greece)의 왕 메넬라오스가 트로이 측에 빼앗긴 왕비를 돌려받기 위해 트로이와 10년간에 걸친 전쟁과정에서 수행한 정보활동 사례이다. 메넬라오스 왕은 형제인 아가멤논을 원정대로 파견하여 트로이 성을 연일 공격하였으나 난공불락인 그 성을 함락시키지 못하고 10년이란 세월을 보냈다. 이에 따라 그리스 군은 승산 없는 오랜 전쟁으로 지쳐 있으며 조용히 철수할 것이라는 소문을 트로이 성 안으로 흘러들어 가게 한 후 위장 철군을 해 버린다. 이에 트로이 성의 프리아모스 왕은 척후병으로부터 '그리스 군이 철수를 하였으며 이들이 체류한 자리에는 커다란 목마만 남았다'는 보고를 받고 10년 전쟁이 승리로 끝이 났다고 선언한 후 그리스 군이 남기고 간 목마를 성 안으로 끌어다 놓고 자축행사를 가졌다. 그러나 목마 안에 잠복해 있던 그리스 특공대는 트로이 군이 술에 취해 쓰러져 잠들었을 때 쏟아져 나와 트로이 성의 성문을 열었으며 성 밖에서 대기하고 있던 그리스 군들이 몰려들어와 트로이 성을 함락해 버렸다. 트로이 군의 목마계략은 철군할 것이라는 허위정보를 유포하는 심리전 정보활동과 목마를 이용하여 적의 허점을 찌르는 발상의 전환을 통해 성공적인 임무를 달성한 것이다.

넷째, B.C. 600년경 중국 춘추전국시대(B.C. 770~403)에 있었던 손자병법의 사례이다. 손자병법은 제나라 사람인 손자가 평생을 연구한 병법으로서 중국 고대 병법 칠서(七書) 중 가장 빼어난 병서의 하나이며, 모공편(謀攻篇)에서 전쟁에서 승리할 수 있는 가장 기본적인 요소가 정보라는 점을 강조하고 있다. 그리고 용간편(用間篇)에서 첩자(스파이)를 이용한 정보활동이 중요하다는 점을 강조하면서 첩자의 활용방법을 5가지로 분류하고 있다. 즉, 목표지역에 거주하며 그 지역 실정을 잘 알고 있는 사람의 활용, 적대국 관리를 매수하여 활용, 간첩의 역이용, 허위정보를 유포하다 적에게 죽게 되는 첩자 그리고 적지에서 정보활동을 마치고 살아서 돌아온 첩자의 활용 형태이다. 또한, 사람을 알아보는 총명한 지혜가 없으면 스파이를 활용하지 못하고, 인자함과 정의감이 없으면 스파이를 부리지 못하며, 능력이 없으면 정보의 진실을 파악하는데

표 1-4 _ 손자병법의 5가지 첩자 유형 도표

유형	활동 형태
향간(鄕間)	수집목표지역에 장기간 거주하여 그 지역실정에 밝은 사람을 활용하는 것임
내간(內間)	적대국의 관리를 매수하여 공작원으로 활용하는 방법. 고급관리일수록 고급정보를 많이 가지고 있기 때문에 포섭 시 활용도가 높음
반간(反間)	적의 간첩을 역으로 활용하는 것임. 이중간첩에 해당되며 적의 첩자를 체포, 포섭하는 것이므로 역용간첩이라고도 함
사간(死間)	적을 속이기 위해 허위정보를 유포하는 행위로서 위장, 역용, 심리전이 해당하며, 허위정보를 유포시키다가 적에게 잡히면 죽게 되므로 사간이라 함
생간(生間)	적지에 침투, 정보활동을 마치고 살아 돌아오는 경우임. 오늘날 공작관(공작원)이 적국에 들어가 수집, 공작활동을 완수하고 귀환하는 것과 같음

출처: 이갑헌, 전게서, 56; 손자. 남만성 역해. 1969. 손자병법. 서울: 현암사, 401-401.

실패하기 때문에 성공적인 스파이 활용을 위해 리더의 자질이 중요하다고 지적하는[3] 한편, 싸우지 않고 승리하는 자를 명장이라고 정의함으로써 정보활동의 중요성과 필요성을 잘 표현하고 있다. 손자병법은 오늘날까지 군사작전과 정보활동에 유용하게 활용되고 있다.

다섯째, B.C. 71년 로마에서 경제정보활동을 하였던 Crassus의 사례이다. Spartacus 노예반란을 진압하면서 유명해진 Crassus는 경제스파이 네트워크를 운영하며 방대한 부를 축적하였다.[4] Crassus는 자신의 정보 네트워크를 통해 부와 직결될 수 있는 소식을 접했고, 이를 신속히 경제활동과 연결하는 방식으로 로마에서 제일가는 부자가 되었다. 그가 사설 화재진압회사를 운영하면서 부를 축적한 방법 중의 하나는 화재가 발생하면 해당 건물의 소유주가 다른 건물을 시가보다 낮은 가격에 넘기겠다고 계약하기 전까지 화재 진화를 미루는 것이었는데 이를 통해 그는 엄청난 부동산을 확보했다.[5]

여섯째, 그리스와 이라크에서 각각 사용된 암호통신 수단과 암호해독방법에 관한 사례이다. David Owen에 따르면 B.C. 500년경 스파르타에서는 메시지를 은밀하게 전달하기 위해 "스카이테일(skytale)"이라는 암호통신을 만들었다. 스카이테일은 가죽이나 파피루스, 양피지 등의 얇은 줄로 둘러 싼 길고 얇은 원통형 막대기이다. 감긴 줄에 비밀메시지를 적고 이 끈을 풀어 벨트로 위장한 후 이를 착용한 메신저가 전달하는 것이다.[6] 이 끈은 오로지 같은 크기의 막대기에 감아야지만 원래 적힌 문자를 해독할 수 있게 된다. 다음은 A.D. 800년경 이라크 학자 Abu Yusuf ai-Kindi에 의한 최초의 과학적 암호해독(code breaking) 사례이다. Abu Yusuf ai-Kindi는 당시 문화와 과학의 중심지였던 바그다드의 한 도서관에서 그리스의 편지를 번역하던 중 많은 곳에서 특정문자의 수가 다른 문자의 수보다 많이 나타난다는 사실을 토대로 빈도분석(frequency analysis)을 이용한 암호해독방법을 발견하였다. 즉, 일반적으로 편지의 문장에는 알파벳 'e'의 빈도수가 가장 높은 점에 착안하여 암호화된 편지에서 가장 빈도수가 높은 알파벳을 'e'로 치환하고 그 다음 빈도수의 알파벳을 치환하는 식으로 암호화된 편지를 평문으로 해독하는 것이었다.[7]

일곱째, A.D. 470년경 고구려 승려 도림이 백제 개로왕을 대상으로 한 정보활동이다. 고구려 장수왕은 중국과의 외교 관계가 안정되자 백제를 정벌하는 남진정책을 추진하던 중 백제의 개로왕이 장기와 바둑을 좋아한다는 사실을 알았다. 이에 따라 바둑실력이 뛰어난 도림을 백제에 죄를 지은 도망자로 위장하여 첩자로 파견하였다. 바둑으로 개로왕의 환심을 산 도림은 개로왕이 바둑에 정신이 팔리도록 함으로써 국사에 소홀하도록 하고 무리한 토목공사를 일으키게 사주하여 백제의 국력을 소모시켰다. 이렇게 백제 침공을 위한 물밑작업을 마친 장수왕은 475년에 백제를 공격하여 수도 위례성을 함락하고 개로왕을 사로잡아 살해하는 승리를 이루었다.

여덟째, 1363년 문익점이 목화씨를 몰래 중국에서 가져온 국익정보활동이다. 문익점은 원나라의 강남지방(貴竹省)으로 유배를 갔다가 당시 목화씨와 그 재배방법이 나라 밖으로 새어 나가는 것을 법으로 엄격히 금지하고 있었지만 목화씨를 귀국하면서 붓 뚜껑에 10알을 숨겨 돌아와 장인 정천익과 함께 이를 재배하였다. 처음에는 재배기술을 몰라 한 그루만을 겨우 살릴 수 있었으나 3년간의 노력 끝에 성공하여 전국에 목화씨를 퍼지게 함으로써 주민들의 의류생활 변화에 크게 기여하였다.

마지막으로, A.D. 13세기경 징기스칸이 세계에서 가장 넓은 지역을 정복하는 과정에서도 다양한 정보활동이 전쟁승리의 주요 원천이 되었다. 징기스칸의 부하 장군인 수부타이는 유럽공격에 필요한 유럽지형과 정치 및 군사정보를 얻기 위해 의심을 받지 않고 자유롭게 여행을 할 수 있는 베니스 상인을 첩자로 활용하였다. 그 정복군은 베니스 상인에게 몽골군이 통제하고 있던 독점 무역권과 전시 베니스 상인에 대한 안전을 보장해준다는 비밀조약을 체결하고 헝가리, 체코, 폴란드의 지도와 정보를 얻을 수 있었다.[8] 그리고 몽골 정복군은 피정복지에서 저항하는 자는 남녀노소를 불구하고 살해하지만 스스로 항복하면 살려준다는 유언비어를 유포하는 심리 정보활동도 병행하여[9] 몽골군이 적지에 도착하기도 전에 저항군이 도망가는 경우도 많았다고 전한다.

이와 같이 중세에는 적의 동향을 탐지하거나 허위정보를 유포하고 경제정보를 수집하는 인간정보활동이 이어졌다. 그리고 메시지를 전달하기 위한 암호통신 수단과 해독법도 활용되었다.

제2절 근세의 정보활동

역사학자들에 따라 다소 차이는 있지만 일반적으로 근세는 르네상스(14~16세기)에서부터 절대주의 · 중상주의가 전개되는 17~18세기까지를 의미한다. 우리나라는 조선이 건국된 1392년부터 강화도 조약이 체결(1876년)된 시기이다. 경제적으로 산업화된 이 시기에는 지방분권적 봉건사회에서 중앙집권적 군주국으로 전환되지만 중세의 억압적 분위기를 극복하고 정치적으로는 민주화되었으며, 자국의 안전보장을 위한 노력이 증대하면서 정보활동에도 많은 변화와 발전이 이어졌다.

먼저, 영국의 정보활동을 보면 국가수준의 정보예산이 편성되고 정보 책임자도 나타났다. 왕당파를 물리치고 공화정을 세우는 데 크게 기여한 Oliver Cromwell은 자신의 암살을 막고 왕당파들의 왕정복귀를 좌절시키기 위해 정보책임자인 John Thurloe로 하여금 7만 파운드의 정보예산을 편성하고 집행하게 하였다.[10] 1653년에는 통치장전(Instrument of Government)을 제정하여 초대 호국경(Lord Protector)의 자리에 올라 1658년 병으로 죽을 때까지 전권(專權)을 행사하였다. 그리고 Francis Walsingham(1530~1590)경은 정보활동 책임자로서 국무부장관을 맡아 엘리자베스(Elizabeth) 여왕의 생명과 왕위를 보위하는 역할을 수행하였다. 또한, 스페인(Spain) 무적함대의 공격을 지연시키기 위해 거대한 폭풍이 일어날 것이라는 유언비어 유포 등으로 전쟁준비 시간을 확보한 다음 무적함대를 무찌르는 등 엘리자베스 여왕의 왕권을 강화하는데 정보활동을 적극 활용하였다.

미국은 독립전쟁 중에 다양한 정보활동을 전개하였다. 우선, 미국 독립군 총사령관이었던 George Washington은 1776년 육군정보부대(US Army Intelligence Service)의 모태가 된 비밀업무를 수행하는 150명 규모의 기습공격부대(Ranger)를 창설하였다.

1778년에는 뉴욕시를 중심으로 독립세력 최고의 첩보조직인 Culper Ring이 만들어졌다.[11] 방첩활동까지 수행하는 이 조직은 독립에 반대하는 잡지에 사설을 기고하거나 영국사람들의 대화를 엿듣기 위해 영국계 인사들이 거주하는 도심에 커피숍을 운영하였으며, 소모품 구입을 위해 여행을 자주해도 의심을 덜 받는 선술집 매니저를 연락요원으로 선발하는가 하면 조직의 안전을 위해 자신들만 약속된 신호를 통해 만났다. 또한, Culper Ring은 서신통신에 워싱톤(Washington) 장군이 제안한 특수잉크를 사용하는 동시에 Benjamin Tallmadge 소령이 고안한 암호방식인 '공격'은 '38', '워싱톤'은 '711' 등으로 치환해서 사용하는 기법을 사용하였다. 그리고 이들 독립세력의 첩보조직은 영국 방첩요원들에게 노출되는 것을 막기 위하여 비밀요원은 1 : 1 방식으로 선발하여 연락요원끼리만 신원을 확인할 수 있는 점조직을 구축하고, 조직의 노출을 막기 위해 지역단위로 활동하였으며, 다른 지역에서 활동하는 조직에 정보를 전달하는 과정에서도 조직원을 보호할 수 있도록 보안절차를 적용하였다.[12]

프랑스는 국내치안확보를 위한 보안정보활동과 군사정보활동이 활발하게 전개되었다. 루이 13세 당시인 1620년경 총리이자 추기경이었던 Richelieu는 절대왕정을 확립하기 위해 샹브로 누어(Chambre Noir)라는 정보조직을 만들어 귀족들의 동향과 비밀서신을 감시하였다.[13] 그리고 1799년 군사 쿠데타로 정권을 잡은 나폴레옹(Napoleon)은 국내에서 반대세력을 색출하고 원정전쟁을 성공적으로 치르기 위해 연간 수백만 프랑의 예산을 투입하고 정보전문가를 책임자로 고용하는 등 국내보안정보활동을 강화하였다.

나폴레옹은 정보전문가를 치안정보기구의 책임자로 임명하면서도 이를 견제하기 위한 정보조직도 운영하는 등 자신의 안전을 강화하기 위한 이중장치를 마련하기도 하였다. 즉, 나폴레옹은 왕당파를 지원하는 기독교 세력에 대해 사이비종교단체인 '이성의 하나님(The Goddess of Reason)'을 만들어 견제하는 등 창의적인 정보활동으로 정보재능을 인정받던 Joseph Fouche를 경무총감에 임명하여 정보활동을 강화하는 한편 Fouche의 치안정보조직을 견제하기 위하여 Fouche가 보고하는 정보내용과 대조 확인할 수 있도록 비밀경찰인 비밀국(Secret Part)을 조직하여 직접 지휘하면서 경쟁을 시켰다.[14]

나폴레옹은 비밀국과 같은 국내 정보조직의 운영은 물론 각국의 왕실과 궁정 및 외국의 주요도시에 정보망을 구축하고 이를 통해 군부와 헌병의 동향 파악, 스파이로 의심되는 이민자와 반란모의 용의자에 대한 사찰, 교도소에 수감된 반대세력과 정부부처의 장관과 자신의 아내까지 감시하였다. 그리고 나폴레옹이 당시 보고받던 내용으로는 증시현황, 군인 탈영 현황, 외국 첩자의 체포와 심문결과, 서신 검열 내용, 국정 가십, 건설현황, 정부부처 내에서 오가는 서신내용의 발췌, 저명인사의 활동내용 등이 포함되어 있었다.[15]

러시아에서는 챠르 이반 4세(Tsar Ivan Ⅳ) 황제가 1565년 약 6,000여명으로 구성된 '오프리치니나(Oprichnina)'라는 비밀경찰조직을 창설하고 첩보수집활동을 통해 왕권유지에 활용하였다.[16] 그러나 챠르 이반 4세 황제는 1572년 이 기구가 노브고로고트인 등 무고한 시민을 반역자로 몰아 집단 살상을 행하는 등 권력남용이 심한데다 자신도 이에 두려움을 느낀 나머지 해체하였다.

이탈리아에서는 정보활동의 필수 수단인 암호체계가 발달하였다. 1506년 당시 베니스공화국의 암호책임자이자 뛰어난 암호해독 능력으로 오늘날 암호해독의 아버지로 불리는 Giovanni Soro의 활동과 암호해독 방법인 빈도분석기법(frequency analysis)을 이용하여 풀리지 않는 암호체계인 사이퍼디스크(Cipher Disk)를 만든 Leon Battista Alberti의 활약상은 이탈리아 암호통신체계의 발달을 잘 보여주고 있다. Alberti의 암호 매뉴얼은 영국의 정보책임자였던 Francis Walsingham경이 이탈리아를 방문하면 연구할 정도로 당시 외교가의 필독서로 알려졌었다.[17] 이와 같이 근세에는 국가존립과 왕권 유지를 위해 국방, 외교, 치안의 중요성이 강조되면서 정보활동에도 많은 변화가 있었는데, 주요 변화내용을 살펴보면 다음과 같다. 첫째, 국내정치의 안정을 위해 치안정보를 담당하는 조직의 확립과 함께 해외정보수집을 위해 상주대사와는 별도로 신분위장 정보원을 운영하기 시작하였다. 둘째, 일부 국가에서는 방첩활동도 정보업무의 하나로 인식되면서 초보적인 활동이 나타났다. 셋째, 정보활동이 점점 확대되면서 정보예산의 규모도 커지기 시작하였다. 넷째, 통신보안을 위한 암호체계가 발전하고 그 사용도 증가하였다. 다섯째, 통치자를 대신하여 정보활동을 총괄하는 정보책임자가 출현하였다. 마지막으로 적국을 상대로 감시활동과 기습작전을 펼치기 위한 특수부대가 창설되었다.[18]

제3절 근대의 정보활동

봉건사회를 극복한 근대사회는 정치적으로는 민주화되고 경제적 측면에서는 자본주의의 모습을 보이면서 정보활동 기법도 발전하고 그 영역도 확대되는 등 근세보다는 정보업무의 질과 양 모든 면에서 발전된 모습을 보여주었다. 주요 국가별 정보활동 양태를 살펴보면 다음과 같다.

영국은 크림전쟁(Crimean War, 1854~1856)이 끝난 후 적진의 지형탐지 활동 등을 위해 지형통제국(War Office Topographical and Statistical Department)을 설치하였으나 만족할 만한 성과는 얻지 못하였다. 그러나 당시 영국에서는 대러시아 정보망을 확대 구축하는 한편 영국군 내에 침투한 러시아 첩자를 색출하기 위해 방첩기능도 강화하였다. 이 과정에서 자국 언론들이 크림반도에서의 파병부대 상륙과 기동 상황, 보급 문제 등 예민한 정보들이 일반 기사 또는 탐사보도 형태로 기사화됨으로써 국민에게 악영향을 주는 것은 물론 이 내용들이 러시아에서도 쉽게 읽을 수 있게 됨으로써 대중매체를 통해 정보가 유출되는 상황이 이어졌다. 언론의 이러한 형태는 결국 이 무렵부터 기자를 포함한 언론인들이 합법적인 첩자의 범주에 포함될 수 있는 계기가 되었다.[19)]

영국에서는 1873년에 전쟁성의 정보국(War Office Intelligence Branch)이 창설되면서 정보능력에 있어 결정적인 발전을 보게 되었다. 1878년에 그 정보국의 인도지부(Indian Intelligence Branch)가 만들어지고 1882년에는 해군에 해외정보위원회(Foreign Intelligence Branch)가 설치되었다. 19세기 중엽 이후에는 범죄빈발지역과 범죄가능성이 높은 자를 대상으로 한 전문적인 감시와 정보수집 기법이 필요하게 되면서 경찰업무의 전문화가 요구되고 있었다. 이러한 분위기 속에서 1883년 아일랜드(Ireland) 결사조직에 의해 폭탄테러(Fenian Bombings)가 발생하자 오늘날 수도경찰청 특수대(Metropolitan Police Special Branch)의 전신인 수도경찰청 아일랜드 경찰특수대(the Metropolitan Police's Special Irish Branch, 1883~1887)가 창설되었다. 그리고 1887년에는 전쟁성과 해군정보국(War Office and Admiralty Director of Intelligence)의 장이 최초로 임명되었다.[20)] 영국은 트란스발 공화국과의 전쟁인 보어전쟁(Boer War, 1889~1902)에서 패배하자 그 배후에 독일이 있으며, 독일의 군사적 위협이 증가한다고 판단한 후 영국 내 독일 첩자들에 대한 제거 등을 위해 1909년에는 비밀방첩국인 MO5와 해외공작활동을 수행하는 비밀정보국(Secret Service Bureau)을 창설하였다. 이후 이들은 각각 보안부(Security Service, MI5)와 비밀정보부(Secret Intelligence Service, MI6)로 발전되었다.

미국에서는 사설탐정회사의 이용과 비교적 짜임새 있는 정보기구를 구성하여 정보활동을 수행하였다. 대통령 후보시절부터 암살위협에 시달려온 Abraham Lincoln은 암살 음모를 제일 먼저 파악한 미국 최초의 사립 탐정회사인 핑커톤(Allan Pinkrtton)에 경호 및 정보활동을 일임하였다. 철도운행의 보호업무로 노하우를 터득한 핑커톤 탐정들은 전신통신선을 차단하여 연락수단을 없애고, 야간에 이동할 때는 경호원이 배치된 노선만을 이용하는 방법으로 대통령 경호업무와 정보활동을 하였으며, 남부군에 깊숙하게 숨어들어 고급정보도 수집하였다. 그러나 Lincoln은 군사경험이 없는 탐정들이 전투서열에 대한 수준 낮은 첩보수집 등으로 북부군이 작전의 어려움에 직면하자 군사정보업무를 1862년 북군 총사령관이었던 George Brinton McClellan 장군에게 맡겼다.[21)]

그리고 1882년과 1885년에는 각각 해군과 육군의 정보국이 창설되었다.[22)] 초기에는 단지 참모기능으로만 제한되어 독립적인 조직형태로 발전되지는 않았다. 그러나 점차 정보부서에서 외국군대에 대해 집중적인 탐구를 하기 시작하였으며, 야전사령관 역시 주관적인 판단에서 벗어나 적국의 병참, 무선통신 등에 대한 정보의 필요성이 증가하자 1914년경 육·해·공군 등 군대에서 초보적인 수준의 정보기구가 설립되기 시작하였다.[23)]

독일에서는 1862년 Otto von Bismarck(1815~1898)가 프로이센 총리로 취임하면서 정보활동이 보다 활성화되었다. Bismarck에 의해 군경찰(Feldgendarmerie)과 정보책임자로 임명된 Wilhelm Johann Carl Eduard Stieber(1818~1882)는 오스트리아와의 전쟁 준비차원에서 주로 오스트리아 내 언론인을 고정간첩(resident spy)으로 포섭해 운영하고 직파간첩(special spy) 제도도 운용하는 등 오스트리아 군부대의 기동상황과 신형무기 개발 현황 등 군 동향을 파악할 수 있는 스파이 네트워크를 구축하였다. 그리고 보오전쟁에서 승리한 후 프랑스와의 전쟁을 위해 프랑스 내에 언론사 형태의 상주 첩자망을 기본 네트워크로 하고, 고급정보 수집을 위해 재정상태가 좋지 않으면서도 고급정보에 접근할 수 있는 관료나 장교를 타깃으로 설정한 후 하노버 은행에서 저리 융자 알선 등의 방법으로 정보를 수집하였으며, 제1차 세계대전 직전까지 프랑스 내에 약 15,000명의 상주 스파이를 구축하였다.[24)]

이와 같이 영국, 미국, 독일 등 당시 국가들의 정보활동은 민간회사가 참여하는 경우도 있었으나 근대적인 형태의 국가정보기구를 중심으로 이루어지기 시작하였다. 그리고 군사 및 치안정보 위주의 활동에서 방첩활동까지 영역을 확대하면서 정보업무가 더욱 체계화되는 형태로 나타났다.

제4절 현대의 정보활동

20세기 초 이후 첨단과학기술의 발전과 함께 제1, 2차 세계대전 및 냉전체제를 겪으면서 정보수요가 크게 늘어난 계기가 되어 정보활동은 비약적인 발전을 맞이하였다. 여기에서는 냉전체제는 물론 오늘날까지도 여전히 세계 역사의 중심축을 이루고 있는 미국, 소련(러시아), 영국, 독일을 중심으로 현대정보활동의 역사를 살펴본다.

미국은 제2차 세계대전 후 유럽지역에 냉전의 징후가 보이자 베를린에 소규모 정보기구를 구성하고 방첩활동 위주의 소극적인 정보활동을 시작하였다. 그러나 공산세력의 확장을 막고 국가차원에서 보다 효과적인 정보활동의 필요성을 인식하고 1947년 국가안보법(National Security Act) 제정을 통해 국외정보활동과 각 정보기구에 대한 조정기능을 부여한 중앙정보국(Central Intelligence Agency)을 창설하였다. 1949년 CIA규정 개정으로 CIA가 비밀공작 예산은 의회의 사전승인이나 사후보고 절차 및 영수증 없이도 집행할 수 있도록 하는 등 비밀공작 능력을 높여주기 위한 제도적 뒷받침도 이어졌다.

그러나 1950년 북한군의 기습남침을 예측하지 못하는 등 정보실패를 계기로 1952년 육·해·공군에 산재해 있던 신호정보부대를 통합하여 국가차원의 통신수집기관인 국가보안국(National Security Agency, NSA)을 설치하였다. 그리고 1960년 소련의 대공미사일 공격에 관계없이 정찰활동이 가능한 스파이위성 운용을 위해 국가정찰국(National Reconnaissance Office, NRO)을, 1961년에는 소련의 공세적인 군사적 팽창에 대응하기 위해 각 군의 정보역량을 통합하고 비밀 군사작전까지 할 수 있는 국방정보국(Defence Intelligence Agency, DIA)을, 1972년에는 군사작전 등에 지도 및 영상정보의 수요가 증가하자 국방지형국(Defence Mapping Agency, DMA)을 신설하였다. 1996년에는 CIA 영상

정보와 DMA의 지형정보, 그리고 기타 관련부서의 정보자산을 모아 국가영상 및 지형국(National Imagery and Mapping Agency, NIMA)을 만들었으며, 2003년에는 NIMA를 테러와의 전쟁에 필요한 전투정보의 효율적 융합을 위해 국가지형정보국(National Geospatial-Intelligence Agency, NGA)으로 개편하였다.[25]

미국은 이와 같이 위성을 이용한 정보수집 외에도 1차 걸프전과 이라크전에서 적의 컴퓨터망을 감시하며 적 컴퓨터나 시스템 장비 또는 스프트웨어의 오작동을 유발하고, 적의 장비를 무력화시키는 스파이 프로그램을 사용하여 큰 성과를 거두었다. 즉, 이라크로 수출하는 레이저프린트에 스파이 프로그램(agent software)을 심어 판매하였으며, 그 스파이 프로그램은 미국 공습시간에 이라크 방공장비와 지휘통제장치를 오작동하게 함으로써 미군은 이라크군의 저항 없이 공습을 감행할 수 있었다.[26]

그리고 2002년에 여러 부처에 분산되어 있는 대테러 업무의 총괄지휘 및 테러방지업무의 통합조정을 위해 국토안보부(Department of Homeland Security)를 창설한데 이어, 2004년에는 3년간에 걸친 9·11테러에 대한 원인분석에서 정보의 통합기능 미흡이 테러발생의 주요 원인 중 하나로 밝혀지자 16개 정보기관에 대한 예산편성 권한과 지휘 및 감독을 행사하는 국가정보국(Office of the Director of National Intelligence, ODNI)과 국가대테러센터(National Counter Terrorism Center, NCTC)를 신설하였다.

소련에서는 1917년 Lenin이 러시아 볼세비키 혁명 후 반혁명 세력을 관리하기 위하여 체카(Cheka)라는 비밀경찰조직을 창설하였다. 체카는 1922년 국가정치보안부(Gosudarstvennoe Politicheskoe Upravlenie, GPU), 1923년 통합국가정치부(Obyedinyonnoye Gosudarstvennoye Politicheskoye Upravleniye, OGPU)를 거쳐 1934년 내무인민위원회(Narodnyy Komissariat Vnutrennikh Del, NKVD)로 발전하였고 Stalin이 추진한 대숙청(1936~1938)을 주도했다.[27] NKVD는 이후 여러 차례의 조직변화를 거쳐 1954년 경찰과 교정시설을 담당하는 소련 내무부와 정치사찰, 요인경호, 해외첩보, 비밀교신을 담당하는 국가보안위원회(Komitet gosudarstvennoy bezopasnosti, KGB)로 분리되었다. KGB는 냉전기간 중 CIA와 더불어 소련 내외에서 막강한 영향력을 발휘하였으나 1991년 소련이 해체되자 KGB 역시 해체되었으며, 이후 소련을 구성하던 각 나라들의 정보 부서로써 독립해 나갔다. 러시아에서는 해외정보업무를 담당하는 해외정보국(Sluzhba Vneshney Razvedki, SVR)과 국내 보안업무를 담당하는 연방보안국(Federal Security Bureau, FSB)으로 개편되어 오늘에 이르고 있다.

한편, 붉은 군대(Красная Армия)를 창설한 Leon Trotsky(1879~1940)는 1918년 체카와 경쟁할 정보기구로서 소련 연방군 총참모부 직속의 정보총국(GRU)을 신설하였다. GRU는 국내외 군사정보 수집, 대외 비밀공작, 체첸 및 아프가니스탄과의 전쟁에도 참가하는 등 오늘날에도 그대로 조직을 유지하고 있다.

1930년대 소련 첩자들의 활동방식과 목표(target)는 과거와는 다른 형태를 보였다. 소련의 정치적 목표가 공산주의 세계혁명에 있었기 때문에 첩자들은 공산주의 이념과 폭로전술, 선전과 조직의 통합전술, 압축전술이라는 레닌의 선전선동 전술로 무장한 채 적국에서 결혼도 하고 아이도 낳는 안정적인 생활을 하는 방식으로 평생을 적국에서 첩자로서의 삶을 살았다.[28)]

독일은 제1차 세계대전 중에는 국가별 정치정보를 수집하여 내각에 보고하는 정치정보부, 해군작전에 필요한 정보활동을 행하던 해군정보부, 주로 국내외에서 활동하는 정보관들을 관리하는 군사정보부를 두고 있었다. 그리고 제1차 세계대전에서 패한 독일은 1921년 독일 방어목적만을 이유로 하여 군정보부인 압베르(Abwehr)를 설립하였으나 1944년까지 조직의 변화를 거듭하면서 해외정보수집, 국내보안과 방첩, 암호작성 및 무선감청 그리고 비밀공작활동을 수행하였다.

이 외에도 나치 독일(1933~1945)에서는 국내정보와 보안을 담당하는 보안대 SD(Amt Ⅲ), 중대한 범죄에 대해 조사하는 형사경찰 Kripo(Amt Ⅴ), 모든 위협에 대한 조사권을 가진 비밀경찰 Gstapo(Amt Ⅳ)를 운영하였다. 그리고 국방군과 경찰에 소속하진 않았지만 군정보부 압베르와 직접 경쟁하면서 상류층 매음굴 등을 이용하여 국외정보, 방첩, 수사기능까지 행하던 친위대 SS(Amt Ⅵ)가 있었다. 특히, 1939년에는 친위대 SS와 보안대 SD을 통합하여 제국보안본부(RSHA)로 발족시키고 제2차 세계대전에서 나치 독일과 독일 점령지의 적성분자를 적발하는 역할을 하였다.

그러나 독일이 제2차 세계대전에서 영국정보부의 기만작전에 속아 패전의 길로 가게 된 가장 큰 이유는 독일군 정보부 압베르와 나치 제국보안본부간 조정기능이 없었고 두 기관을 동시에 통제할 중앙조직도 없었기 때문이다.[29)]

제2차 세계대전에서 패전한 독일은 그간의 많은 정보기구들을 해체하고 1950년 국내 방첩기관인 연방헌법보호청(BfV), 1956년 해외정보수집과 테러대응 활동 등을 행하는 연방정보부(BND), 같은 해 군정보기구인 연방군방첩국(MAD)이 설치되어 국가안보 및 치안활동을 수행하고 있다.

영국은 제2차 세계대전 기간 중 약 10,000여명의 감청요원을 투입하여 자국에서 활동하던 독일 스파이들을 색출하였으며, 체포된 첩자 중 일부를 이중스파이로 전향시켜 기만작전을 전개함으로써 전쟁승리에 큰 역할을 하게 되었다. 영국은 1941년 기만작전에서 발생할 수 있는 문제를 최소화하기 위해 MI5, MI6, 공군성보부, 본노방위군, 해군성보부 등의 관계자로 구성된 20위원회(XX, double cross)로 하여금 전향한 독일스파이가 송신할 내용을 제공하는 한편 영국에서 암약 중인 독일 스파이가 20위원회가 제공한 내용과 다른 내용을 송신할 것에 대비하여 1939년 설치된 통신보안부(Radio Security Service, RSS)를 통해 이들의 독일 송신을 차단하였다. 독일군은 연합군이 노르망디로 상륙할 수 있다는 여러 징후가 존재하였음에도 불구하고 이중 스파이들이 보낸 송신내용만 믿고 칼레로 병력을 집중하여 연합군의 노르망디 상륙작전을 허용했다.[30)]

영국에서는 현재도 MI5와 MI6가 중추적인 정보기구로 자리잡고 있으며, 제1차 세계대전 직후 통신정보기관인 암호해독국(Government Code and School Cypher)이 1946년 정부통신본부(Goverment Communication Headquarters, GCHQ)로 이름을 바꾸어 활동 중이고, 1964년 국방부에 전략정보지원을 목적으로 만들어진 국방정보본부(Defence Intelligence Staff, DIS)가 여전히 국방정보의 중심역할을 하고 있다.

우리나라에서는 1902년 최초의 근대적 정보기관인 제국익문사(帝國益聞社)가 설치되었으나 헤이그 밀사사건(1907)으로 고종이 퇴위하면서 해체되었다. 그리고 일제침략기에는 한인애국단(韓人愛國團)과 한국특무대독립군이 상해 임시정부의 정보기구 역할을 하였다.[31] 이어서 8 · 15광복 이후에는 미군 방첩대인 CIC(1945~1948), 육군본부 정보국(1948~1950), 육군본부 특무대(1950~1960)가 각 시대별로 정보활동의 중심체 역할을 하였으며, 1961년 5 · 16쿠데타 이후 군부정권이 들어서면서 국가전문정보기구인 중앙정보부가 창설되어 운영되다 국가정보원으로 개명(1990) 후 오늘에 이르고 있다.

이상에서 살펴본 바와 같이 현대 정보활동은 비약적인 발전을 이룩하였는데 주요 특징은 다음과 같다. 첫째, 각국은 정보능력향상을 위해 정보대상별로 세분화된 정보기구의 설립은 물론 이들 기관의 정보를 통합 및 종합하는 정보기구도 만드는 등 본격적으로 국가정보기구를 설치하여 운용하기 시작하였다. 둘째, 첨단과학기술의 발달에 따라 인공위성 등을 활용한 정보수집능력의 향상과 함께 컴퓨터를 활용한 암호작성 등의 보안기술도 크게 발전하였다. 셋째, 기존의 정보수집이나 방첩활동에서 나아가 비밀공작 역시 주요 정보활동의 한 영역으로 자리 잡았다. 끝으로 단순히 정권유지차원이 아니라 식민지 국가들의 테러위협에 대응하거나 대간첩활동 등을 위해 국내보안정보기구를 설립하였다.

---

1) 손관승. (1999), 「우리는 그들을 스파이라 부른다」, 서울 : 여백, 18.
2) 이영무 · 신경엽. 전게논문, 40.
3) 김권혁. (2013), "국가정보활동의 역사, 한국국가정보학회 엮음", 「국가정보학」, 서울 : 박영사, 40.
4) Crowdy, Terry. (2006), *The Enemy Within : A History of Spies, Spymasters, and Espionage.* NY : Osprey, 22-26.
5) 김권혁. 전게논문, 43.
6) David Owen. (2008), *Hidden Secrets : A Complete History of Espionage and Technology Used to Support It.* New York : Fairly Book, 18.
7) Crowdy, Terry., op. cit, 45.

8) Crowdy, Terry., op. cit, 49.
9) Owen, David., op. cit, 19.
10) Crowdy, Terry., op. cit, 75-76.
11) Crowdy, Terry., op. cit, 94-96.
12) 김권혁. 전게논문, 49-50.
13) Owen, David., op. cit, 20.
14) Crowdy, Terry., op. cit, 124.
15) Crowdy, Terry., op. cit, 126-127.
16) Rowan R. W. & Deindorfer, R. G. (1969), *Secret Service.* London : Kimber, 91.
17) Crowdy, Terry., op. cit, 62.
18) 김권혁. 전게논문, 46.
19) Crowdy, Terry., op. cit, 162-164.
20) Herman, Michael. (2003), *Intelligence Power in Peace and War.* New York : Cambridge University Press, 16-17.
21) Crowdy, Terry., op. cit, 164-170.
22) Herman, Michael., op. cit, 17.
23) 국가정보포럼. 전게서, 26.
24) Crowdy, Terry., op. cit, 181-191.
25) 김권혁. 전게논문, 66-69.
26) 김권혁. 전게논문, 67-68.
27) 운노 히로시. (2005), 「스파이의 세계사」(안소현 역), 서울 : 시간과 공간사, 190 193.
28) Crowdy, Terry., op. cit, 189-201.
29) 김권혁. 전게논문, 65.
30) 김권혁. 전게논문, 65.
31) 이갑헌. 전게서, 68-69.

제3장 정보의 분류

정보의 생산방법과 수집방법이 발전하고 정보 환경과 그 사용자도 다변화됨에 따라 정보를 분류하는 방식도 다양화되고 있다. 분류된 정보는 정보의 신뢰성과 정확성, 신속성 등을 파악할 수 있는 등 정보에 대한 체계적인 이해에 도움을 준다.

제1절 사용목적별 분류

정보는 사용목적에 따라 적극정보(positive intelligence)와 소극정보(negative intelligence)로 구분할 수 있다.

1. 적극정보

적극정보(positive intelligence)는 국가, 세력, 개인이 자신들의 이익증진과 안전을 확보하는 데 필요한 의사결정의 수립과 집행, 평가를 지원하기 위한 정보를 말한다. 특히, 기업정보나 개인정보가 아닌 국가정보에서는 정책과의 연관성을 강조하여 정책정보(policy intelligence)라는 용어를 사용하며 국가이익의 수호와 국가안전보장을 위한 정책의 수립과 집행, 평가를 위해 지원되는 정보를 말한다. 국가의 외교 · 군사 · 경제 · 과학 · 환경 · 보건 등 국정전반에 걸친 정책결정과정에 활용되는 정보이다.

2. 소극정보

소극정보(negative intelligence)는 적극정보에 대하여 쓰이는 말로서 국가나 조직 또는 개인의 안전을 확보하기 위한 정보를 의미하며 방어적 의미를 내포하고 있다. 그리고 국가정보에서는 소극정보를 보안정보(security intelligence)라고도 하며 국가와 국민을 각종 위해요소로부터 보호하는데 목적을 둔 국가경찰기능의 기초가 되는 정보이다. 외국정보기구의 조종을 받는 세력이나 그 추종세력들이 우리나라를 상대로 첩보수집, 테러 등의 위해행위를 하는 것을 방지하기 위한 방첩정보(counter-intelligence), 국내에 출입하는 외국인 및 해외교포 입국자의 반국가활동으로부터 국가와 국민을 보호하기 위한 외사정보(foreign intelligence) 등이 해당한다. 일반적으로 보안정보활동은 국내에서 이루어지기 때문에 국내정보기구를 보안기관이라는 명칭으로도 사용한다.[1)]

제2절 사용주체별 분류

사용자의 수준에 따라 국가정보(national intelligence)와 단체정보(group intelligence)로 구분할 수 있다.

1. 국가정보

국가정보(national intelligence)란 사용주체가 국가인 정보를 말한다. 국가정보는 국가안전의 확보 및 국가이익증진을 위해 주로 국가정보기구에서 생산하고 있으나 국가안보의 개념이 확대되고 국가이익을 위한 노력이 정부차원에서 필요해짐에 따라 환경부, 산업자원부 등 일반 행정부처에서도 국가정보를 생산하는 경우가 적지 않다.

학자들 중에는 국가의 최고정책결정권자의 필요나 요구에 따라 제공되는 정보로서 어느 특정부처의 권한이나 필요를 넘어선 높은 수준의 종합적 정보를 국가정보라고 하며, 단위 행정부처에 소속된 개별적인 부문정보기관들이 소속부서의 업무수행을 위해 어느 특정부처의 필요와 요구에 따라서 생산되는 정보를 부문정보(departmental intelligence)라고 설명하면서 국가정보는 국가정보기관이, 부문정보는 부문정보기관이 생산해야 한다고 주장한다. 그러면서 미국과 한국의 국가정보기구는 각각 국가정보국(ODNI)과 국가정보원이라고 설명하고 있다.[2] 그러나 미국에서는 국가정보국과 국방정보국(DIA), 중앙정보국(CIA) 모두 국가정보기구로 호칭되고 있으며, 이들 기구에서 생산되는 정보도 국가차원에서 만들어지고 대통령에게도 바로 보고되는 정보도 있다. 우리나라에서의 경찰과 군정보기구 역시 정보기구 간 정보교류와 자체 판단을 통해 국가차원의 정보생산을 하고 있으며, 최고정책결정권자에게 정보보고도 하고 있다. 따라서 국가정보와 부문정보로 구분하는 것은 큰 의미가 없는 것으로 보인다. 오히려 부분정보는 치안부서 또는 군에서만 이용되는 정보에 한해 부분정보로 이해해야 할 것이다.

2. 단체정보

단체정보(group intelligence)란 2인 이상이 모여서 이루어진 집단, 세력, 조직이 자신들의 생존과 안전 확보, 이익 증진 및 의사결정에 필요한 정보를 말한다. 기업에서 이익을 내기 위해 경쟁기업의 생산 및 기술능력을 평가한 기업정보, 특정 정당에서 경쟁정당의 새로운 정책노선을 평가한 선거정보, 아프가니스탄에서 기업 및 민간인 경호업무를 담당하는 민간경비업체의 탈레반 공격정보 등이 단체정보에 해당한다. 단체정보는 단체에서 만들어지거나 사용되는 정보이지만 주체가 국가가 아닌 단체라는 점에서 국가정보와 구별된다.

제3절 생산방법별 분류

정보는 생산방법을 기준으로 하여 기본정보(basic intelligence), 현용정보(current intelligence), 판단정보(speculative-evaluative intelligence)로 대별할 수 있다. 이 방법은 Sherman Kent가 기본정보가 과거의 사실에 중심을 둔 정태적이며, 현용정보가 현재 진행되고 있는 사실을 다루고, 판단정보가 미래의 실현가능한 사실들을 인식하기 위한 정보로 분류한[3] 사례에 따른 것으로서 시계열적 특성에 따른 분류 또는 Kent식 분류라고도 한다.

1. 기본정보(basic intelligence)

기본정보(basic intelligence)는 모든 사상(事象)의 정적인 상태를 기술한 정보이다. 인구수, 국토면적, 국가의 기본정책, 경제체제, 주요산물, 분야별 과학자 수, 북한의 정치제도, 알 카에다 지도자 아이만 알-자와히리의 신원사항, 일본의 군사력, 국제범죄조직 러시아 마피아의 기본제원과 같이 비교적 변화가 적은 정태적, 기초적 사항을 포함한다. 그러나 정태적 사항이라 하더라도 영구불변할 수는 없으며, 내용은 사상의 변화를 파악하는 기초가 된다. 즉, 백과사전적 지식으로 현용정보 또는 판단정보를 생산하는데 기초가 되는 정보이다.

2. 현용정보(current intelligence)

현용정보(current intelligence)는 관찰할 수 있는 모든 사물이나 현상의 동태를 현재의 시점에서 설명한 정보로서, 정보사용자에게 그때그때의 정세 및 동향을 알리기 위한 정보이다. 정보활동의 대상이 되는 특정국가나 범죄조직, 대상인물 등에 대해 현재 시점에서 동태적으로 변화한 사실과 그 변화된 사실의 의미를 분석한 정보이다. 즉, 권력구조상의 현실적인 변화, 경기의 변동과 금융의 추세, 자연자원의 새로운 개발, 국가기본정책의 변화, 알 카에다의 테러 공격 타깃 및 수단 변화, 경쟁기업의 신제품 출시 및 역점투자사업의 변화 동향 등이 포함된다.

현용정보는 정보사용자들이 가장 많이 요구하는 정보로서 다른 유형의 정보생산물보다 지배적인 위치를 차지하는 경우가 많다.

3. 판단정보(speculative-evaluative intelligence)

판단정보(speculative-evaluative intelligence)는 어떤 문제에 대해 기본정보와 현용정보를 기초로 체계적인 분석을 통해 미래에 있을 어떤 상태를 예측·판단하여 사용자에게 예고, 대응방안을 지원하는 것을 기능으로 하는 정보이다. 판단정보 생산을 위해서는 다른 어떤 정보보다도 고도의 추리능력, 논리적 사고능력, 계량적 분석기법이 동원되므로 생산방법에 따른 정보의 종류 중에는 가장 정선되고 정점에 이른 정보라고 할 수 있다.

제4절 수집방법별 분류

정보를 생산하기 위해 동원된 수집방법의 형태에 따라 정보를 구분하는 방식으로 인간정보(HUMINT : Human Intelligence), 기술정보(TECHINT : Technical Intelligence), 공개출처정보(OSINT : Open Source Intelligence)로 구분할 수 있다. 여기에서 설명하는 정보는 정보의 개념차원에서 보면 수집을 통해 가공된 '지식'의 의미를 많이 포함하고 있는 반면에 제2편에서 후술하는 인간정보, 기술정보 등은 정보를 수집하는 '활동'의 내용을 담고 있다. 즉 지식이라는 개념과 활동의 의미가 포함된 개념을 주어진 상황에 따라 각각 적용할 수 있다.

1. 인간정보(HUMINT : Human Intelligence)

인간정보(HUMINT : Human Intelligence)는 사람을 수단으로 하여 수집하고 분석하여 생산된 정보로서 정확히 표현하면 '휴민트 정보'가 된다. 인적수단은 비밀공작을 주관하는 공작관에서부터 망명자, 귀순자, 여행자, 기업퇴직자, 전과자, 전직 수사관, 전직 정보관에 이르는 협조자까지 다양하다. 첨단과학기술이 발전하면서 기술정보의 비율이 크게 늘어났지만 인적자원만이 가지고 있는 특성 때문에 여전히 정보조직에서는 인간정보가 필수적이다.

2. 기술정보(TECHINT : Technical Intelligence)

기술정보(TECHINT : Technical Intelligence)는 기술적 수단을 통해 수집한 첩보를 처리, 평가하여 만들어진 정보를 말하며 '테킨트 정보'라고 할 수 있다. 활용되는 기술적 수단의 종류에 따라 고감도 사진기 등 영상자료를 활용하여 얻으면 영상정보(IMINT), 전자신호 등 신호를 이용하면 신호정보(SIGINT), 계측기기를 이용하여 신호가 아닌 적외선, 방사선 등의 자료를 이용하면 흔적측정정보(MASINT)로 구분하고 있다.

3. 공개출처정보(OSINT : Open Source Intelligence)

공개출처정보(OSINT : Open Source Intelligence)는 인터넷, 신문, 방송, 학술 논문 등 공개출처에서 얻어진 자료로 만들어진 정보로서 '오신트 정보'라고도 한다. 정보(intelligence)는 여러 자료와 첩보를 가공하여 나온 결과로서 이 가공과정에 사용되는 공개자료는 공개정보 수집 기술을 통해 무수한 공개자료 중에서 신속하게 필요한 자료만 뽑아냄으로써 신속성과 노력을 줄이고 정보의 정확성을 높여주기 때문에 중요한 자료이다. 국가 또는 기업의 정보가 더욱 공개되는 추세를 보임에 따라 공개정보의 중요성이 더욱 강조되고 있다.

제5절 대상지역별 분류

정보의 대상(target)이 국내 또는 국외지역의 어느 곳에 소속하느냐에 따라 국내정보(domestic intelligence)와 국외정보(foreign intelligence)로 구분할 수 있다.

1. 국내정보

국내정보(domestic intelligence)는 일국의 영토 내에서 국내세력, 내국인 개인 등 자국에 소속된 정보대상과 관련하여 만들어진 정보를 말한다. 국내에서 국내인이 테러행위를 기도한 정보나 내국인이 해외에서 국내기업과 외국유령기업을 합병하는 방법으로 국내 첨단산업기술을 해외기업에 유출하려 하는 정보도 국내정보에 해당한다.

2. 국외정보

국외정보(foreign intelligence)는 외국 정부 및 단체, 또는 외국인이 정보의 대상이 되어 만들어진 정보를 의미하는 것으로서 해외정보라고도 한다. 따라서 국내에서 아랍계 중동인의 테러모의 상황에 관한 정보는 국외정보에 해당한다 할 것이다. 물론 국외정보는 정보 대상 자체가 외국인 관계로 외국지역에서 연유한 정보가 많을 것이다. 그리고 여기서 외국이라 함은 특정국가의 주권이 미치지 아니하는 남극, 북극 그리고 우주 모두를 포함한다.

한편, 북한은 헌법상 우리의 영토이지만 현실적으로 우리의 통치권이 미치지 못하고 있고, UN에 가입하여 국제사회에서 주권국가로 인정받고 있기 때문에 북한이 타깃이 된 정보는 국외정보로 보는 것이 바람직한 것으로 보인다.

3. 국내정보와 국외정보의 관계

국내정보와 국외정보와의 관계를 국가정보원의 직무범위를 정하고 있는 국가정보원법과 정보학자들이 주장하는 정보기구의 중점활동 지역을 중심으로 살펴본다. 우리나라의 최고정보기구인 국가정보원의 직무범위를 보면 국내보안정보 및 해외정보의 수집·작성·배포를 주 임무로 규정하고 있다(「국가정보원법」 제3조). 이는 국내에서는 보안정보만을 수행하고 해외에서는 정보활동의 영역에 제한 없이 수행할 수 있도록 한다는 의미를 포함하고 있다. 법제정 당시에는 국내지역의 정보활동은 국내정보로, 해외에서 이루어지는 정보는 해외정보로 규정함으로써 사실상 해외와 국내라는 물리적 공간에 따라 국내정보와 국외정보로 분류하고 있는 것이다.

그리고 일부 정보학자들도 정보활동의 중점지역 등을 두고 국내정보와 국외정보를 구분하여 논의하고 있다. Sherman Kent와 Michael Herman과 같은 학자들[4]은 국내보다는 해외에 중점을 두어야 한다고 하는 반면에 현대 정보학자인 Abram N. Shulsky 박사는 외국과 연계된 국내단체에 의한 위협도 고려해야 한다며 국내정보도 중요하다고 설명한다.[5)]

그러나 오늘날 국제사회는 정보화, 세계화 현상이 급속하게 진전되면서 경제나 사이버상 교류와 파급영향은 국경이 없어진 상태이기 때문에 같은 분야에 대한 공간을 기준으로 한 국내외 정보 구분은 사실상 무의미하다 할 것이다. 실제 테러, 마약, 국제범죄조직 등 초국가적 위협은 국내와 국외가 밀접하게 연계되어 있다. 따라서 이미 제시한 정보의 대상이 어느 지역에 소속되느냐에 따라 구분하는 것이 효용성이 있다 할 것이다.

제6절 요소별 분류

정보는 그 내용으로 보아 어느 학문분야에 속하는 지식이냐에 따라 분류할 수 있지만 그 분류는 국가별로 고유한 사정이나 학자들의 관심에 따라 다소 차이가 있다. 일반적으로 구분하는 형태는 다음과 같다.

1. 정치정보(political intelligence)

정치정보(political intelligence)는 한 나라의 정치적인 모든 요소에 관한 정보로서 정치적인 취약점, 능력, 가능한 행동방안, 의도에 관한 평가 등이 포함된다. 정치정보의 주요내용에는 국가권력구조와 세력의 소재, 정치이념과 정치제도, 주요 정책결정기구, 국민들의 정치의식과 태도, 선거, 정당, 정치인물, 정치문화, 대외정책 및 국제적 연대관계 등이 해당된다.

국가정보 차원에서 정치정보에 해당하는 사례를 보면, 국내에서는 대법원이 2014년 12월 내란음모혐의로 통합진보당 현역 국회의원 이석기에 대해 징역 10년을 선고하였는데 주요 정치인물에 대한 정치정보의 필요성을 나타내

주는 것이다. 해외에서는 1989년 천안문 사태가 비록 중국의 정치적 상황이었지만 미국 정보공동체의 주요한 정보대상이었다. 미국은 당시 중국의 정치상황에 대한 정확한 판단정보를 바탕으로 중국과 협상함으로써 중국의 외교 및 경제관계에 지대한 영향을 미쳤다.

2. 경제정보(economic intelligence)

경제정보(economic intelligence)는 한 나라 또는 단체의 경제적인 모든 요소에 관한 정보로서 경제적인 취약점, 능력 및 가능한 행동방안, 의도에 관한 평가 등이 포함된다. 탈냉전 이후에는 군사문제보다는 경제문제가 주요한 안보이슈가 되면서 국가나 기업의 이익에 큰 영향을 미치고 있다. 한 국가의 경제적 강점과 취약점을 안다는 것은 통상교역을 유리한 입장에서 증진하는 것은 물론 경제문제를 지렛대로 한 정치적 영향력 행사에도 큰 요인으로 작용할 수 있는 것이다.

경제정보에는 국내외 경제정책, 전략자원의 수급실태, 경제활동과 관련된 법률 · 제도, 산업생산력, 국방경제, 지하경제, 수송 및 통신, 금융과 재정, 산업기밀보호와 관련이 있는 산업보안정보 등이 있다.

3. 사회정보(social intelligence)

사회정보(social intelligence)는 한 나라의 사회를 구성하고 있는 모든 요소에 관한 정보를 말한다. 사회정보의 주요 대상인 사회현상은 정치, 경제, 문화, 군사 등의 정보에 흡수될 성질이 많아 독립적인 분석이 어려운 경우도 있다. 그러나 사회정보에서 다루어야 할 내용에는 일국의 사회구조, 사회문화, 사회변동, 사회 문제, 사회집단들의 성격과 활동, 사회복지정책, 사회운동, 사회계

층, 국민의 사기 및 여론 등 다양하고 독립적인 요소도 많다.

사회정보의 중요성은 미국과 이란의 관계에서 볼 수 있다. 미국 정보공동체는 이란과 어떤 군사적 전쟁을 한 것도 아니지만 이란 사회현상에 대한 정보실패로 이란 혁명과정에서 제대로 대처하지 못하고 오늘날까지 이란과 대척적인 관계가 있는 것을 커다란 정보실패의 하나로 간주한다.[6)]

4. 군사정보(military intelligence)

군사정보(military intelligence)는 한 나라 또는 단체의 군사적인 모든 요소에 관련된 정보로서 군사적인 취약점, 능력 및 가능한 행동방안, 의도에 관한 평가 등이 포함된다. 군사정보란 정보 대상이 되는 국가 또는 단체의 군사력과 관련된 총체적 지식을 말하는 것으로 현존 군사력, 전쟁이론, 평시 군의 역할, 군의 전략 및 전술, 군대의 사기 및 역량, 국방비, 무기체계, 군사동맹관계, 위기관리능력, 군사조약, 외교 · 경제 · 사상전에서의 군사력 이용능력, 전투훈련과 교육, 군수산업 실태, 군사과학기술의 수준 등이 해당된다.

우리나라는 아직도 북한과 휴전상태인 점을 고려해 보면, 북한의 군사현상과 관련된 정보는 가장 중요한 안보요소가 되고 있다. 또한 한국을 둘러싸고 있는 중국, 러시아, 일본, 미국, 동남아 국가의 군사동향은 우리의 안보와 직결되기 때문에 이들 국가에 대한 군사사항을 차질 없이 파악하는 것도 주요한 정보활동이라고 할 수 있다.

5. 과학기술정보(science and technological intelligence)

과학기술정보(science and technological intelligence)는 한 나라 또는 단체의 과학기술과 관계된 모든 요소에 관한 정보로서 정보 대상(target)의 과학기술적인 취약점, 능력 및 가능한 행동방안, 의도에 관한 평가 등이 포함된다. 과학기술정보에는 생명공학, 레이저 과학, 컴퓨터공학, 우주공학, 광학기술 등 민간부문은 물론 첨단무기개발과 같은 군사부문까지도 포함하고 있다. 왜냐하면 민간부문의 과학기술 발전은 군사무기 개발을 위한 뒷받침이 되기 때문에 민간의 과학기술정보는 정보 대상의 잠재적인 군사능력을 평가하는데 활용될 수 있으며, 반대로 컴퓨터 기술 등 주요 과학기술은 군사무기 기술이 민간으로 옮겨와 더욱 발전을 본 것이기 때문이다.

국가정보를 다루는 기구에서는 핵무기 정보가 과학기술정보 생산의 핵심을 차지해 왔다. 2006년 10월 9일 북한에서 핵무기를 실험한 사실이 확인되자 미국 CIA는 물론 한국 정보기구에 대해 정보실패라면서 비난이 이어진 것은 핵무기 정보가 자국의 안전과 밀접하게 관련되어 있다는 것을 의미하는 것으로서 과학기술정보의 중요성을 잘 나타내고 있는 것이기도 하다.

과학기술정보의 주요내용은 정보 대상의 과학기술정책, 과학기술 능력, 국가간 또는 단체간 과학기술 협력관계, 과학기술인력의 수준과 인원 등이 해당한다.

6. 환경정보(environmental intelligence)

환경정보(environmental intelligence)란 기존의 국내외 환경문제의 해결과 장차 도래할 환경적 위기관리 및 환경관련 이익증진에 필요한 제반지식을 말한다. 최근의 기후변화, 신종플루와 같은 전염병, 토양의 산성화 등 환경문제가 인류의 생존을 위협하는 문제로 대두됨에 따라 UN은 물론 국가정보기구 및 기업들의 주요 관심사가 되고 있다. 반기문 UN 사무총장은 2014년 5월 6일 영국의 가디언(The Guardian)지에 "기후변화는 열대림부터 극지방에 이르기까지 광범위하게 퍼져 있으며 농업과 수자원 생태계는 물론, 각국의 안보환경도 위협받고 있다"는 기고문을 내고 기후변화에 전 지구촌의 적극적인 대응을 촉구하였다. 이는 환경정보의 중요성을 잘 말해 주고 있는 것이다.

환경정보의 주요내용으로는 지구 온난화, 오존층 파괴, 생물종의 다양성 감소, 국제환경기구 및 NGO 활동실태, 국가별 환경정책 추진방안, 환경법 및 환경행정 체제, 세계 환경기술산업 현황 등이 포함된다.

7. 사이버정보

사이버정보(cyber intelligence)는 사이버공간에서 발생하는 모든 요소에 관한 정보를 말한다. 인터넷 사용인구는 도입초기인 2000년 1,940만명에서 2015년 5월 현재 4,111만명으로[7] 2배 이상이 늘어난 가운데 폐쇄사회인 북한이나 테러단체인 탈레반까지도 활용하는 시대로 접어들게 됨에 따라 개인 또는 국가간 경계는 무너지고 사이버공간은 무한대로 확장되었다.

그러나 컴퓨터는 인류에게 커다란 이점을 제공해 주고 있지만 이를 악용하는 세력에 의해 국가안보와 개인의 안전은 크게 위협받고 있는 실정이다. 인터넷은 테러집단과 테러범에게 시공간을 넘어 조직원의 충원과 관리, 자금조달, 선전, 훈련, 테러행위 선동 그리고 테러목적을 위한 정보수집과 전달이 가능토록 하고 있다.[8] 그리고 테러조직이 사이버공간을 통해 항공기 제작과 항공관제시스템 관리에 필요한 소프트웨어를 만드는 회사에 대해 사이버테러를 한다면 9 · 11테러와 같은 일이 발생할 수도 있는 것이다. 실제, 우리나라에서는 북한이 2009년 7월 7일 수만 대의 '좀비 PC'로 청와대 등 주요 국가기관의 시스템을 마비시키는 사례도 발생하였다.[9]

지금까지 설명한 요소별 정보는 엄격하게 구분하기에는 한계가 있다. 사실 정치와 경제, 경제와 환경, 군사와 사이버공간 등은 속성상으로는 연관되지 않은 것이 없으며 서로가 미치는 영향도 큰 밀접한 관계를 유지하기에 중복되는 분야가 많기 때문이다.

1) 정육상a. (2014), "국제범죄환경의 변화에 따른 보안 · 수사기관의 대응능력 제고방안", 「한국공안행정학회보」, 55, 213. (언론과 학계는 물론 정부기관에서도 보안기관과 정보기관을 혼용해 사용하는 경우가 많으며 이를 명확히 구분하는 정의도 거의 없는 실정이다. 그러나 국내에서 국가안보와 관련하여 정보와 수사업무를 동시에 수행하는 기관에 대해 미국 중앙정보국처럼 순수하게 정보활동만을 하는 정보기관으로 사용하는 것도 적절하지 않다. 더구나 보안기관(Security Agency)과 정보기관(Intelligence Service)은 영어표현이나 국어식 표현도 상이하다. 따라서 여기에서는 보안기관(Security Agency)을 국내안전 유지를 위해 자국 내에서 정보 및 수사업무를 함께 수행하는 국가기관을 의미하는 개념으로 사용하였으며, 정보기관은 국내외에서 순수하게 정보활동만을 수행하는 개념으로 사용하였다. 예를 들면 미국에서 국내 수사 및 정보업무를 행하는 FBI(연방수사국)는 보안기관, 해외에서 정보활동을 하는 CIA(중앙정보국)는 정보기관이라 할 수 있으며, 국가정보원의 경우 국내활동은 보안기관적 역할을, 해외에서의 활동은 정보기관의 기능을 수행하는 것이다. 한편, 정보기관을 보안기관, 정보수집기관, 정보작성기관으로 분류하는 경우도 있으나 모든 정보 및 수사기관들이 그렇게 명백하게 구분되는 것은 아니며 중복되어 운영되는 경우도 많다.)

2) 이기덕. (2013), "국가정보의 의의", 한국국가정보학회 엮음. 「국가정보학」, 서울 : 박영사, 34; 이영무 · 신경엽, 전게논문, 26-27; 김윤덕. 전게서, 23.

3) Kent, Sherman., op. cit, 8.

4) Kent, Sherman., op. cit, 3-4.; Herman, Michael., op. cit, 34.

5) Shulsky, Abram N. & Schmitt, Gary J., op. cit, 170.

6) 한희원. 전게서, 27.

7) KISA. (2015), 인터넷 이용자 수 및 이용률, http://isis.kisa.or.kr/검색일 : 2015. 5. 2.

8) UNODC. (2012), *the use of the internet for terrorist purposes*. New York : UN, 1.

9) 정육상b. (2014), "최근 테러양상의 변화에 따른 대응체제 개선방안", 「한국치안행정논집」, 11(1), 139.

제4장 정보의 순환과정

제1절 정보순환의 의의

정보의 생산은 정보를 사용하려는 자의 요구에 따라 수집관이 첩보를 수집하고 이를 분석하여 정보를 생산한 후 사용자에게 배포하는 과정을 거치게 된다. 이와 같이 정보가 생산되는 유기적인 일련의 과정을 정보순환(intelligence cycle)이라고 한다. 즉 정보순환은 여러 가지 정보자료가 최종적인 정보로 완성되어 사용자에게 제공되기까지의 모든 정보활동과정을 의미하는 것이다.

정보업무를 직접 취급하는 정보담당자는 물론 정보를 사용하는 국가의 정책결정권자나 기업의 의사결정권자 모두가 정보의 순환과정에 대해 잘 이해를 하고 있을 때 좋은 정보가 생산되어 사용자에게 효용성 있게 활용되어질 수 있다. 양자 모두는 정보의 순환과정에 대한 충분한 이해를 통해 필요한 정보가 언제 어디서나 생산될 수 있는 것이 아니며, 주어진 조건하에서 정보의 신뢰성과 정확성을 어느 수준에서 받아들여 의사결정에 활용할 지를 결정할 수 있는 기회를 줄 수 있는 것이다.

정보의 순환과정은 기능을 달리하는 여러 단계로 구분할 수 있다. 그러나 정보기구 또는 학자들 간에는 단계의 정도를 정함에 있어 다소간의 차이가 있음을 발견할 수 있다.

Michael Herman[1]은 사용자 요구에 따른 수집계획 수립(study user reaction, adjust collection accordingly), 수집 및 분석(collection and analysis), 생산물 배포 및 사용자 반응탐색(disseminate product and seek user reaction), 사용자 접수 및 반응(user receive and react)의 4단계로 구분하고 있으며, Sam K. Sarkesian[2]과 Jeffrey T. Richelson[3] 그리고 미국 중앙정보국(CIA)[4]은 기획 및 지시(planning and direction), 수집(collection), 처리(processing), 분석 및 생산(analysis and production), 배포(dissemination)의 5단계로 나누고 있다. 그리고 Mark M. Lowenthal[5]은 요구(requirement), 수집(collection), 처리 및 자료개선(processing and exploitation), 분석 및 생산(analysis and production), 배포 및 소비(dissemination and consumption), 환류(feedback)로 나누고 있다. 정보학자들과 CIA의 정보순환과정은 약간의 용어상 차이는 있으나 대체로 정보요구, 자료수집, 처리 및 분석, 배포라는 단계를 주장하고 있다. 다만, 큰 차이가 있다면 환류를 정보의 순환과정에 포함하는 경우도 있고 그렇지 않은 경우도 있다는 점이다. 그러나 정보생산자 입장에서는 사용자가 제공된 정보에 대해 평가를 해 주는 것은 다음 기회에 더 좋은 정보를 생산하기 위한 밑거름이 될 수 있는 반면에 사용자 입장에서는 다음에 보다 양질의 정보를 접수할 가능성이 많아진다는 것을 짐작할 수 있다. 따라서 이 책에서는 정보의 순환과정을 정보요구, 첩보수집, 정보생산, 정보배포, 환류 단계로 분류해 설명한다.

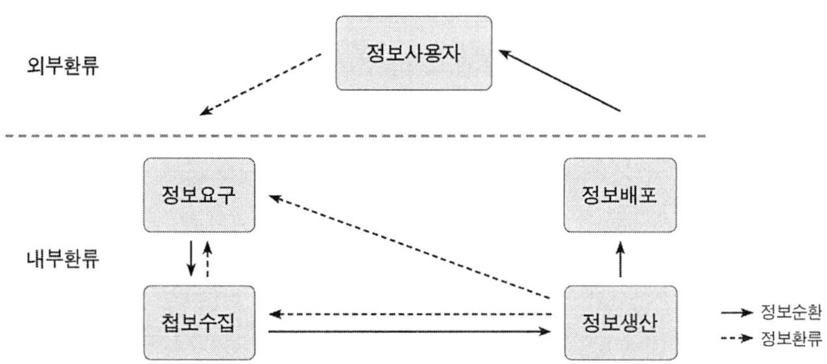

도 1-1 _ 정보순환과정 체계도

제2절 정보요구

정보의 요구단계는 현재 또는 미래에 사용자가 필요한 정보가 무엇인지를 파악하고 사용자가 필요로 하는 시기에 정보를 제공할 수 있도록 기획하여 수집기관 또는 수집부서에 자료나 첩보의 수집을 지시하는 단계이다. 정보사용자는 일반적으로 자신이 필요로 하는 모든 정보를 요구하는 경향이 있지만 첩보를 수집하는 조직의 능력에는 한계가 있기 때문에 정보요구단계에서부터 면밀한 계획을 수립하여 수집에 투자되는 자원의 효율적 배분이 이루어지도록 하는 것이 중요하다. 이 단계에서는 세부적으로 수요가 있는 정보의 결정, 요구 정보 중 중요성과 긴급성을 기준으로 한 우선순위 결정, 수집계획서의 작성, 수집 지시, 수집활동에 대한 지도와 조정 과정을 통해 이루어진다.

1. 수요정보의 결정

정보의 수요는 상사의 지시, 관계기관의 요청, 정보생산자 스스로의 판단에 따라 이루어진다. 국가정보차원에서 보면 상사란 대통령이나 수상과 같은 국가의 최고정보사용자, 정보기구 수장, 국가지도자의 참모진 등이 해당될 수 있으며, 관계기관은 안보 및 국익증진과 관련이 있는 국방부, 통일부, 경찰청, 검찰청, 산업자원부 등이 포함된다.

그리고 정보의 수요를 결정할 때에는 사용자의 의도나 목적이 전달과정에서 왜곡되거나 보안을 이유로 완전하게 전달되지 못하는 경우가 있을 수 있으므로 착오가 없도록 최대한 노력하여야 한다. 사용자의 요구가 잘못 전달된 경우에는 완성된 정보도 무용지물이 되기 때문이다.

2. 요구정보의 우선순위 결정

정보를 원하는 사용자의 요구 정도가 정보조직의 인적 · 물적 능력을 벗어날 경우에는 긴급하고 중요한 일부터 처리할 수 있도록 우선순위를 결정하여야 한다. 국가정보에서 사용 중인 정보생산의 우선순위에는 다음과 같이 3가지 형태가 있다.

가. 국가정보목표우선순위(Priority of National Intelligence Objectives, PNIO)

국가정보목표우선순위란 정부에서 정보업무를 수행하는 모든 기관이 수행하게 될 연간 정보활동의 기본지침으로서 국가에서 필요한 정보 요구사항을 중요도에 따라 정리한 국가정보활동 종합계획서이다.

미국 CIA의 경우 국가안보회의가 건의하고 대통령이 승인하는 범위 내에서 국가안보관련 부처에 정보를 요구할 수 있다는 법규정이 있으며 독일, 프랑스 등도 국가정보기구가 부문정보기구 등에 정보제공을 요구할 수 있는 법적 근거를 마련하고 있다.[6] 우리나라에서는 국가정보원이 「국가정보원법」 제3조 제1항 제5조에서 규정한 정보 및 보안업무의 기획 · 조정 권한에 따라 차년도 국가정보목표우선순위를 연간계획으로 작성하여 연말에 정보업무를 수행하는 각 부처에 배포하고 있다.

나. 특정정보요구(Other Intelligence Requirement, OIR)

특정정보요구는 국가정보목표우선순위를 설정하여 운영하는 중에 정세가 급변하여 기존 국가정보목표우선순위에 우선하여 작성되어야 할 정보목표를 말한다. 즉, 특정정보요구는 국가정보목표우선순위에 포함되지 않았거나 포함되어 있더라도 후순위의 요소로 취급되고 있어서 그 우선순위의 상향조정이 필요한 경우의 정보요구 방법이다.[7)] 국가정보목표우선순위는 국가정보원이 정보업무 수행 부처의 의견을 모아 만들고 있으나 미래에 발생할 모든 정보상황을 예측하여 포함시키는 것은 사실상 어렵기 때문에 발생할 수 있는 일이다.

다. 첩보기본요소(Essential Element of Information, EEI)

첩보기본요소는 정부 각 부처의 정보활동에서 우선적으로 필요로 하는 첩보활동의 기본요소로서 해당 부처의 정보활동을 위한 일반지침이다. 첩보기본요소는 정보업무를 수행하는 모든 부처에서 국가정보목표우선순위와 해당 부처의 정책방향을 기초로 작성되며 계획서로 작성되어 각 부처의 소속기관에 하달된다.

이와 같이 국가정보목표우선순위, 특정정보요구, 첩보기본요소는 일정 시간에 걸친 정기계획이고 일반지침에 해당한다.

3. 수집계획서의 작성

수집계획서는 요구되는 정보를 생산하는 데 필요한 첩보를 누락 없이 수집하기 위하여 작성한 세부계획을 말하는 것으로 수집노력의 중복과 필요사항의 누락을 방지하는데 그 목적이 있다.

이 계획서에는 첩보기본요소(EEI) 가운데 어떤 요소가 해당되며, 첩보의 필요성과 수집 시 착안사항, 수집사항, 수집기관, 보고시기 등이 포함되어야 한다. 특히, 수집사항은 수집하는 기관의 활동지침이 되는 내용이기 때문에 쉽고, 구체적으로 작성하여 첩보 수집자가 헛된 시간을 보내지 않고 꼭 필요한 사항을 수집하는데 노력을 기울이도록 해 주어야 한다.

4. 수집지시

첩보의 수집계획이 확정되면 첩보 수집기관이나 부서에 지시를 한다. 일반적으로 문서를 통해 지시하는 것이 원칙이나 사안이 급박하여 지시문서를 작성할 시간적 여유가 없거나 극도의 보안이 요구되는 경우에는 구두로 지시할 수도 있다. 이와 같은 첩보의 수집지시를 특별첩보요청(Special Requirement for Information, SRI)이라고 한다. 국가정보목표우선순위나 첩보기본요소가 첩보수집기관의 정보활동을 위한 정기계획이고 일반지침인데 비하여 특별첩보요청은 정세의 변동이나 돌발사항의 발생으로 필요하게 된 첩보를 계기시마다 요구하는 방법이다. 즉, 정보요청을 담당하는 기관이나 부서가 국가정보목표우선순위나 첩보기본요소에는 포함되어 있지 않은 특별한 첩보의 수집 필요성이 있을 때 수집기관에 수집요청을 하는 방법이다. 따라서 수집기관은 특별첩보요청을 우선적으로 처리해야 한다.

5. 수집활동에 대한 지도와 조정

수집계획과 특별첩보요청에 따라 적절한 지시가 이루어졌다 하더라도 수집기관이 수집해야할 내용을 완전히 이해하지 못하는 경우도 있기 때문에 정보를 요구하는 방향에서 벗어나지 않도록 수집활동에 대해 지속적인 지도와 조정이 필요하다.

수집활동의 효율성을 높이기 위해서는 요청부서와 수집부서 직원 간에 정기 또는 수시 만남의 기회를 마련하여 의사소통이 원활하게 이루어지도록 해야 한다. 수집부서에서 요구 내용 중 명확하게 이해가 가지 않거나 오류가 있다고 생각되는 사안에 대해 부담 없이 요청부서에 질문이 가능하도록 하고 요청부서에서는 혹시 포함되지 않은 내용을 추가해 수집하도록 수집부서에 주저없이 이야기할 수 있는 여건이 되어야 한다.

제3절 첩보수집

첩보수집단계란 정보요구에 따라 수집기관 또는 부서가 첩보를 수집하여 정보를 생산하는 기관 또는 부서에 전달하는 작업단계를 말한다. 이 단계는 출처의 개척, 첩보수집활동과 전달 과정으로 구성된다. 여기에서는 첩보수집단계를 정보의 순환과정 설명차원에서 간단하게 기술하고 보다 상세한 내용은 제2편 제1장에서 설명하기로 한다.

1. 목표분석과 출처 개척

수집지시가 떨어지면 먼저 수집활동의 대상이 되는 국가, 단체, 인물 등 목표(target)에 대한 분석이 이루어져야 한다. 목표분석이 끝나면 그 결과를 토대로 기존의 활용가능한 출처를 이용하거나 없다면 새로운 출처의 개척이 요구된다.

출처(source)란 첩보를 얻을 수 있는 원천인 사람, 장치, 시스템, 활동 등을 말하며,[8] 출처의 개척은 이러한 출처를 찾아내기 위한 활동을 의미한다. 출처의 개척은 정보의 목표(target)가 국내에 있는 경우에는 인권침해 방지 등을 위해 주어진 법테두리 내에서 이루어져야 하며, 해외에서는 국내법에 저촉되지 않는다면 모든 방법과 수단을 동원하여 만들어야 한다.

출처를 개척할 때에는 활용가능한 첩보의 원천 중에서 어떤 원천이 신뢰성이 있으며, 이용가능한 원천에서 첩보를 수집할 수 없으면 그 원천은 어디에 있으며, 새로운 출처 개척을 통해 첩보를 수집하는 것이 주어진 시간 내에 가능한 것인지 여부 등을 검토하여야 한다.

2. 첩보수집활동과 전달

첩보수집활동이란 수집기관 또는 수집부서가 필요한 첩보를 얻어내는 활동으로 비밀출처에서 첩보나 자료를 수집하는 일이야 말로 가장 어려운 과정이라 할 수 있다. 은밀한 수집활동은 인간정보(HUMINT) 및 기술정보(TECHINT) 방식이 동원되는데 훈련된 정보요원과 대상목표에서 마련한 보안체계를 무너뜨릴 수 있는 다양한 기술적 수단이 동원되어진다.

어렵게 수집된 자료나 첩보는 정보생산에 이용될 수 있도록 정리한 후 전달방법(문서, 구두, 실물), 전달형태(인편, 전신, 외교행랑), 보안대책(암호화, 비밀서법)을 고려한 후 요청기관이나 부서에 가장 신속하게 전달되어야 한다. 첩보수집단계에서는 완전성보다는 적시성이 더욱 중요하기 때문이다.

제4절 정보생산

정보생산이란 자료 및 첩보를 전달받은 정보생산부서에서 첩보를 정리, 평가, 분석, 종합, 해석하는 과정을 거쳐 필요한 정보를 생산하는 과정을 말한다. 정보의 생산단계는 정보조직 및 정보학자에 따라 정보작성 또는 정보분석단계라는 용어로도 사용된다.

정보의 생산단계는 ① 수집된 자료와 첩보를 정보로 생산하기 위한 기초자료로 만들기 위해 암호분석, 외국어의 번역과 같은 적합한 형태로 전환하는 자료 및 첩보의 처리, ② 수집된 첩보가 요구한 내용과 관련성은 있는지, 실제 사실과의 차이는 없는지 등을 수집기관에서 행한 평가와는 별도로 분석부서에서 하는 첩보평가, ③ 평가된 첩보의 분류, 종합, 해석의 과정을 거쳐, 첩보가 정보로 만들어지는 정보분석, ④ 정보분석과정을 통해 도출된 결과물을 정보사용자에게 전달하기 위해 서류형태로 만드는 정보 보고서 작성 과정으로 구성된다. 정보생산과정에 대한 상세한 내용은 제2편 제7장의 정보분석 활동에서 후술하기로 한다.

제5절 정보배포

정보배포란 생산된 정보를 필요로 하는 사용자에게 적합한 형태를 갖추어 적시에 전달하는 과정을 말한다. 여기서 적합한 형태란 정제된 보고서, 요약보고서, 짧은 비망록 등을 말한다. 아무리 중요한 정보라 하더라도 필요로 하는 사용자에게 전달되지 않으면 그 가치를 상실하기 때문에 정보의 배포는 첩보수집이나 정보분석 단계 못지않게 정보의 순환과정에서 중요한 기능을 담당한다. 정보의 배포 단계는 배포 원칙을 유지하면서 배포수단을 결정하고 배포관리하는 요소로 구성된다.

1. 배포의 원칙

정보배포의 주된 목적은 사용자가 정보를 바탕으로 건전한 의사결정을 하도록 하는 데 있다. 이러한 목적을 효과적으로 달성하기 위해서는 다음과 같은 적시성, 보안성, 계속성을 고려하는 것이 바람직하다.[9)]

적시성의 원칙이란 정보의 배포가 정보사용자의 필요에 맞추어 가장 적절한 시기에 제공되어야 한다는 원칙이다. 이를 위해서 정보의 배포부서는 항상 정보사용자가 정보를 필요로 하는 시기를 계속적으로 연구하여야 한다. 이때 누가 어떤 정보를 언제, 어떻게 사용할 것인가를 고려하는 것이 중요하다. 정보배포의 적시성에 영향을 미치는 요소들로는 배포의 시기와 범위, 배포의 우선순위와 배포수단 등을 들 수 있다.

보안성의 원칙 역시 정보배포에서 중요하다. 정보조직이 생산하여 배포하는 정보가 누설되었을 경우의 부작용은 매우 크다. 정부에서 생산한 것이라면 정책결정자 또는 정부의 의도가 미리 알려짐으로써 정책의 효과적인 결정이나 집행이 원천적으로 불가능해질 수 있기 때문이다. 누설된 정보가 초래하는 부작용은 해당 정보가 완전성을 가진 정보인지 또는 첩보의 수준에 머무르느냐를 불문한다. 정보기구의 정보수집이나 배포가 있었다는 사실이 알려지는 것만으로도 정보기구나 정보부서가 일반의 신뢰를 상실할 우려가 있기 때문이다. 특히, 배포과정이 정보생산자와 정보사용자를 연결하는 과정이라는 점에서 정보누설의 위험성이 가장 크다고 할 수 있다.

계속성의 원칙이란 어떤 정보가 필요한 정보사용자에게 배포되었다면 그 정보와 관련된 새로운 정보가 생산되었을 때 이를 해당 사용자에게 계속 배포해 주어야 한다는 원칙이다. 정기적으로 생산되는 정보가 이전의 정보와 비교하여 변동사항이 없다고 하더라도 이전의 정보를 사용한 자에게 변동사항이 없다는 취지를 알려야 하는 것도 계속성의 원칙에 입각한 것이다.

2. 배포수단의 결정

배포수단은 크게 서면보고와 구두보고 방식으로 나누어 볼 수 있으며, 보다 구체적으로 살펴보면, 일반적으로 가장 많이 활용되는 문서양식으로 작성된 보고서, 구두설명 형태로써 현용정보의 보고에 주로 활용되는 브리핑, 정해진 양식에 따라 매일 정기적으로 작성되는 일일정보 보고서, 통상 광범위한 배포를 목적으로 인쇄되고 출판되는 정기간행물, 구두보고와 서면보고의 중간형태로써 짧은 정보내용을 신속하게 보고하기 위해 사용되는 메모 등으로 나누어 볼 수 있다.

이와 같은 여러 배포수단 중에서 어떠한 것을 선택할지는 정보생산자가 정보의 비밀수준, 사안의 시급성, 보안성, 이용가능한 배포수단, 정보의 형태와 양, 보고하거나 보고받은 사실을 확인하는 책임성 등을 함께 고려하여 정하는 것이 좋다.

일반적으로 구두보고는 보고시간을 줄이고 보안성을 높일 수 있는 장점이 있는 반면에 사용자 입장에서는 정보내용의 정확성, 정보사실에 대한 책임성이 떨어진다는 단점이 있으며, 서면보고는 이와 반대로 생산자와 사용자 모두에게 책임소재를 분명히 할 수 있고 정확성을 높인다는 이점이 있으나 신속성이나 보안성은 구두보고에 비해 상대적으로 한계를 가지고 있다.

3. 배포관리

배포관리는 배포과정에 필요한 절차는 잘 지켜졌는지 또는 생산된 정보가 정해진 사용자에게 차질 없이 배포되었는지를 확인하고 보완하는 것을 말한다.

비밀등급 부여가 필요한 정보는 비밀문서 생산규정에 따라 비밀등급의 부여, 비밀생산기록부 등재, 정보 수령자로부터의 영수증 확보 등이 필요하다. 그리고 정보를 배포한 이후에는 정해진 사용자에게 전달되었는지 확인하여야 한다. 이 확인작업이 없으면 비밀사항의 누설 가능성은 물론 꼭 필요한 사용자가 주요 정보사항을 얻지 못하는 결과를 가져올 수 있다.

제6절 환류

일반적으로 환류(feedback)란 어떤 흐름이 진행되다가 다시 원 상태로 되돌아와 흐르는 현상을 말한다. 정보의 순환과정에서도 환류현상이 일어난다. 즉, 정보를 생산하여 사용자에게 배포한 것으로 정보의 흐름이 종료되는 것이 아니라 정보의 생산자와 소비자 또는 정보의 순환과정 각 단계별로 환류작용은 끊임없이 이어진다. 여기에서는 정보조직 내에서의 환류와 정보 생산자와 사용자 간 환류로 대별하여 살펴본다.[10]

1. 정보조직 내 환류

정보를 생산하는 정보조직 내에서 이루어지는 정보의 환류는 정보순환의 각 단계에서 일어난다. 먼저, 첩보수집단계에서 정보의 요구단계로 환류가 발생한다. 수집단계에서는 예산, 인력, 장비 등 수집자원의 한계로 인해 완벽한 임무수행이 어렵게 되면 정보목표가 조정이 된다. 이 경우에 수집단계에서 새로운 정보요구가 일어나게 되며 정보의 환류가 발생하는 것이다.

둘째, 정보의 생산단계에서 첩보수집단계와 정보의 요구단계로 환류가 일어난다. 복잡한 영상신호, 암호화된 통신자료 등을 기술과 전문지식의 한계로 완벽하게 해독하지 못하거나 분석관 입장에서 수집된 첩보가 부족하면 다른 자료나 새로운 첩보를 요구할 수 있다. 그리고 정보생산단계에서 생산에 다소 시간이 걸리는 중장기적인 판단정보를 작성할 때는 장차 수집이 필요한 정보 내용을 정보요구단계에 새롭게 요구할 수 있다.

한편, 정보의 배포단계와 관련되어서는 환류가 발생하지 않는다. 이는 정보 배포단계가 정보의 가공이 이루어지는 다른 단계와는 달리 단순한 과정에 속하기 때문에 여타 단계와의 관련성이 희박하다.

2. 생산자와 사용자 간 환류

국가정보의 순환단계에서는 정책공동체와 정보공동체 사이에 일어나는 의사소통은 순환과정 내내 불완전하며, 정보가 배포된 이후에는 더 많이 나타날 수 있다. 이상적인 것은 정책결정자들이 정보생산자에게 계속해서 자신들이 받은 정보의 유익성 여부, 정보제공의 지속성 여부, 추가적 요구사항, 강조사항 등에 대해서 알려주면서 피드백을 하는 것이다.

그러나 현실적으로 정보공동체가 받은 환류의 정도는 희망하는 정도에 못 미치고 있다. 그 이유는 정책결정자가 정보에 대해 시간을 가지고 검토한 후 그 의견을 생산자에게 전달하는 경우가 많지 않기 때문이다. 현안에 매달린 정책결정자들은 시간적인 여유가 없는 관계로 정보의 환류가 필요하다고 생각하는 경우가 거의 없다.[11)]

1) Herman, Michael. (1996), *Intelligence Power in Peace and War.* New York : Cambridge University Press, 293-296.
2) Sarkesian, Sam K. (1995), *U.S. National Security.* Boulder, Colorado : Lynne Rienner Publishers, 136-139.
3) Richelson, Jeffery T(2). (1999), *The U.S. Intelligence Community.* Boulder, Colorado : Westview Press, 4.
4) https://www.cia.gov/kids-page/6-12th-grade/who-we-are-what-we-do/the-intelligence-cycle.html/ 검색일 : 2015. 6. 1.
5) Lowenthal, Mark M(1)., op. cit, 66.
6) 강원준 · 이영무, (2012), "국가정보의 생산", 국가정보연구회 편저, '「분단국의 국가정보」', 서울 : 박문각, 70.
7) 문경환 · 이창무. 전게서, 44.
8) Carl, Leo D. Carl., op. cit, 393.
9) 문경환 · 이창무. 전게서, 72-75.
10) 김윤덕. 전게서, 65-68.
11) Lowenthal, Mark M(1)., op. cit, 64.

제 5 장 국가정보와 법치

정보활동이 유구한 역사를 지녔지만 본격적인 법의 지배하에 놓이게 된 것은 현대에 들어와 국민의 인권이 신장되고 민주주의가 정착된 국가가 늘어나면서부터이다. 개발도상국가나 군사정권하에 있는 나라들 중에는 아직도 국가정보활동이 온진한 법의 지배를 받고 있다고 설명하기 어려운 나라들도 있다.

우리나라 역시 그간 정보기구들의 많은 개혁노력에도 불구하고 여전히 정보기구 통제문제가 이슈화되고 정보활동의 합법성 논란도 사라지지 않고 있는 것이 현실이다. 따라서 국가정보활동의 법치를 이해하기 위해 국가정보활동의 법적 성격, 국가정보와 법집행의 차이 그리고 국가정보활동을 제한하는 법률을 검토해 본다.

제1절 정보업무의 법적 성격

오늘날 법치행정의 원리는 민주주의 국가행정의 근간이기 때문에 모든 행정조직은 법률에 따라 업무내용과 조직이 구성되어야 한다. 정보기구 역시 행정조직의 일부이기에 동일한 원칙이 적용된다.

이러한 원칙에도 불구하고 정보업무의 근본적인 법적 성격에 있어서는 입법조치에 의해 창설된다는 설(입법 창조설)과 입법규정은 헌법상 내재된 정보업무를 확인하는 것이기 때문에 입법적 내용이 확정되지 않은 국가정보업무도 대통령이 헌법상 내재적 권한으로 행사할 수 있다는 설(입법 확인설)로 의견이 나누어지고 있다.

그러나 다음과 같은 이유로 제한적인 입법 확인설이 타당하다고 본다.[1] 우리 헌법에는 어디에도 정보업무에 대해 규정하고 있지는 않다. 그러나 헌법에서 대통령은 행정권의 수반일 뿐 아니라(제66조 제4항) 대한민국의 원수이며, 외국에 대하여 국가를 대표한다(동 제1항)라고 하여 대통령이 국정 최고책임자임을 명백히 하고 있다. 대통령은 국가의 독립, 영토의 보존, 국가의 계속성과 헌법을 수호할 책무를 부여 받고 있고(동 제2항), 국가보위와 국가이익을 증진할 책임이 있다(제69조). 그리고 대통령은 내우 · 외환 · 천재 · 지변 또는 중대한 재정 · 경제상의 위기에 있어서도 국가의 안전보장을 지켜내어야 할 책무가 있고(제76조 제1항), 또한 전시사변 또는 이에 준하는 국가비상사태에서도 국가의 안전보장을 수호할 책무를 부여받고 있다(제77조 제1항). 이러한 대통령의 헌법적 책무를 성실히 수행하기 위하여 대통령은 어떤 국가기구로부터도 조력을 받을 수 있음은 물론이다. 이러한 이유 등으로 국가안보와 국가이익 보호를 주목적으로 하는 국가정보업무는 헌법의 하위법인 일반법의 규정에도 불구하고 헌법상 내재되어 있는 대통령의 고유권한이라는 주장이 타당하다.

그러나 이것은 어디까지나 고유한 국가정보업무에 한정함을 뜻한다. 즉, 원래 정보는 정책을 지원하는 기능을 하는 것으로 정책영역을 침범해서는 안 된다는 것이 민주국가의 정보업무에 있어 불문율로 되어 있기 때문에 정보기구가 직접 대외정책이나 군사정책을 실행함으로써 정보와 정책의 혼합영역을 가진 비밀공작(covert action)은 제외되어야 한다. 학자들에 따라서는 방첩활동(counter-intelligence)도 제외되어야 한다고 주장하나 방첩활동 역시 국내 침투 스파이를 저지하고 그들에 대한 정보를 수집하는 역할임을 고려할 때 서비스 기능에 중점이 주어져 있으므로 고유한 정보업무로 봄이 좋을 것이다.

제2절 국가정보와 법집행

국가 법집행, 즉 수사업무는 자체적으로 범죄정보를 수집하는 것은 물론 국가정책집행의 하나이기 때문에 국가정보 서비스를 받는다. 과거에 법집행기관의 업무영역이던 테러, 마약, 국제조직범죄 등의 다양한 범죄들이 신(新)안보위협으로 등장하면서 새롭게 국가정보의 영역으로 편입됨에 따라 법집행기관에 대한 정보지원은 더욱 늘어나고 있다. 반면에 정보기구에서 수집한 정보들이 법집행기관의 형사처벌 없이는 궁극적으로 국가안보를 달성할 수 없게 되었다. 이에 따라 국가정보와 법집행 간에는 업무영역이 중복되고 긴밀성은 더욱 깊어지고 있는 것이 오늘의 실상이다.

그러나 법집행은 사법절차를 통해 종결되는 것이 원칙인 반면에 국가정보는 정책에 반영됨으로써 가치가 부여되는 것이며 반드시 사법절차를 전제할 필요가 없듯이 국가정보와 법집행 사이에는 다음과 같은 근본적인 차이가 있다.[2)]

1. 정보활동의 목적

정보기구는 일반적으로 해외정보활동에서는 가용한 최선의 방법(스파이 기술, tradecraft라고도 함)을 동원하여 정보를 수집할 수 있다. 그러나 국내정보활동은 법질서 체계 내에서 합법적으로 이루어질 것이 요구되기 때문에 법질서를 위반한 정보수집은 아무리 국가안보라는 목적을 내세우더라도 실정법 위반의 책임을 면할 수 없게 된다. 그러나 위법하게 수집된 정보라고 하더라도 사법절차에서의 증거능력은 없지만 정보의 가치 즉 정보증명력이 떨어지는 것은 아니다.

반면에 법집행기관은 기본적으로 일국의 영내가 주요 활동무대로 그 관심대상도 정치외교문제가 아닌 국가이익이나 국민들에 대한 범죄와 법질서 유지 등의 문제에 집중된다. 그리고 해외에서 법집행 문제가 발생하면 정보기구의 접근 방법과는 다르게 상대국가와 공식적 외교채널을 통해 문제를 해결하게 된다.

한편, 법집행기관의 혐의자에 대한 제반 감시와 추적의 목적은 범죄자를 처벌하려는 데 있다. 그러나 정보기구에서 행하는 감시와 추적 등의 정보활동은 개개인에 대하여 불리하게 사용해서는 안 되며, 국가안보와 국가이익을 수호하기 위한 목적으로 사용할 '정보수집'에 있다.

결국 정보활동의 목적에 있어 국가정보기구는 국가안보문제를, 법집행기관은 치안유지 등 사회질서 확보에 중심이 두어진다.

2. 정보망 관리의 지속성

정보기구의 출처(source)와 정보원 등 정보망 관리는 지속적으로 이어지는 기본 속성을 가지고 있다. 상대세력이 존재하고 경쟁관계에 있는 한 정보수요는 중단될 수 없기 때문이다. 이와는 달리 법집행기관은 사건에 대한 수사와 처벌을 목적으로 운용되는 법집행기구의 속성상 정보망은 관련 사건에 대한 정보를 집중하여 제공해 줄 것이 기대되며, 그 사건에 대한 사법절차가 종료되면 정보망의 역할도 다한 것으로 간주된다. 따라서 법집행기관의 정보망 관리는 단기적 운용이 일반적이다. 물론 법집행기관도 국제테러조직이나 마약조직처럼 한두 번의 처벌로 소멸하는 것이 아닌 한 정보망의 계속적인 관리가 필요한 경우도 있다.

3. 정보사용의 주체와 증거능력

국가정보는 국가정책담당자들에게 제공되어 서비스하기 위한 것이기 때문에 정보기구 자체가 최종 수요자가 아니다. 그러나 법집행기관에게 정보는 업무수행 중 자체적인 문제해결을 위해 이루어지는 것이 통상적이다. 특별한 경우에 법집행 절차 중에 수집된 정보가 국가안보와 관련될 경우에는 대통령을 비롯한 다른 유관부처의 정책입안과 실행을 위해 사용될 수도 있지만 법집행기관은 원칙적으로 자신의 현안 사건해결을 위해 필요한 목적에 한정하여 정보활동을 한다.

한편, 형사법적으로 정보기구에서 생산한 정보는 정보 증거능력이라든가 정보증명력이라는 개념이 없다. 그러나 법집행기관이 수집한 증거는 증거능력과 증명력이라는 이중의 관문을 통과해야만 유죄의 유용한 증거로 사용할 수 있다. 그리고 형사법상 유죄에 대한 증거는 엄격한 증거조사절차를 거치고 합리적인 의심이 없는 증거이어야 한다.[3] 이와는 달리 정보는 어떤 조치를 전제하여 확보하려는 것이 아니고 정책결정이나 상대세력에 대한 전체적인 전망 등을 위하여 수집되며, 반드시 공개를 전제로 하는 것도 아니다.

또한, 독수(毒樹)의 과실(果實)의 원칙에 따라 법집행기관에서는 위법하게 수집된 증거는 해당 증거 그것만이 증거능력을 상실하는 것이 아니라 그 증거를 사용해 수집된 후속증거도 모두 증거능력이 배제된다. 그러나 정보기구의 정보는 독수의 과실의 원칙 때문에 계속하여 수집한 정보의 정보가치가 배제되는 논리는 성립되지 않는다.

4. 수집방법에 대한 법 규율

해외에서의 정보수집은 각국의 정보능력과 정보원의 역량에 따라 전개되는 소리 없는 전쟁이라고 표현된다. 비밀스러운 내용을 탐지해내려는 정보수집의 생래적인 특성상 어떤 기준과 원칙하에 정보수집 활동을 하라고 할 수는 없다.

그러나 법집행기관의 활동은 자체 내규나 훈령, 대통령 명령, 규칙, 법 규정뿐만 아니라 법원의 판결에 비추어 어느 경우에도 엄격한 적법절차(due process of law)를 준수하고 행해야 한다. 적법절차를 준수하지 아니한 법집행은 법을 수단으로 한 폭력에 지나지 않는 것으로서 사법적 심사의 대상이 되고 경우에 따라 국가배상과 보상문제뿐만 아니라 구체적 행위자 개인의 손해배상 문제로 직접 연결된다.

5. 정보가치의 판단자

정보기구에서 정보에 대한 가치판단은 자체적인 정보분석 전문가들에 의한 판단을 통하여 정확성, 신뢰성 등에 대한 정보가치가 평가된다. 담당 분석관은 물론이고 그의 관리자도 판단자가 될 수 있다. 정보분석에는 법적으로 요구되는 최소한의 요건도 없고 오로지 정보분석 전문가들에 의한 경험과 예측을 바탕으로 이루어진다. 그러나 범죄정보가 반영된 증거에 대한 최종판단은 증거재판주의에 기초해 별도의 국가기관인 법원의 판단을 받게 된다.

제3절 정보활동의 법률적 제한

국가정보활동은 수행하는 방식이 비정형적이고 정보 대상(target)도 모르게 비밀리에 이루어지는 속성을 가지고 있다. 이러한 속성 때문에 정보활동에 대한 법률적 제한 가능성과 그 수준에 대한 논의가 있어왔다. 그 논의는 국내법, 정보활동 대상국의 국내법, 그리고 국제법 범주에서 이루어지고 있다. 국내법 차원에서 보면, 법적 근거 없는 국내 정보활동은 모두 불법이지만 해외정보활동은 대상국가의 법률과 국제법의 규율은 받지만 국내법적으로는 형벌법의 적용을 배제하고 있다. 이와는 달리 대상국가 입장에서는 자국에 대해 행하는 상대국 정보원의 스파이 활동에 대해서는 형사처벌을 하는 것이 일반적이며, 같은 이유로 우리나라에서도 간첩죄를 규정하고 엄격하게 처벌하고 있다.

국제법 차원에서 살펴보면, 평시의 해외정보활동을 직접적으로 다룬 성문

국제규범은 존재하지 않으며, 국제조약에 대한 비엔나 협약에 의해 국제법의 중요한 법원(法源)인 국제관습법에서는 대상국가에서의 스파이 활동은 역사적으로 유구성을 지닌, 용인되는 관행이라고 평가된다.

여기에서는 정보활동에 대한 법률적 제한여부가 분명한 국내법과 상대국 국내법에 대한 논의는 제외하고, 국제법적으로 용인된 관행이지만 자국에 불리한 간첩활동은 처벌될 수밖에 없다는 관점에서 국제법을 정보관련 개별 국제규범, 국제법의 강행규범 위배 그리고 평시 해외정보활동과 국제법 규율로 구분하여 국가정보법 전문학자인 한희원의 주장[4]으로 살펴본다.

1. 주요 국제규범과 국제 강행규범

헤이그 협약(Hague Convention of 1907)과 외교관계에 대한 비엔나 협약(Vienna Convention on Diplomatic Relations)은 간첩활동에 대한 국제법적인 근거로 원용되고 있다. 원래 평시의 간첩활동은 형사범죄이고 전시의 간첩활동은 사형에 처할 수 있는 전쟁범죄이지만 국제법이 무조건적으로 스파이 활동을 금지하거나 위법으로 단정하지는 않는다.

헤이그 협정 제31조는 이미 성공한 스파이 활동에 대해서는 추후 처벌을 하지 못하도록 명문화함으로써, 반대해석상 모든 스파이 활동을 위법으로 간주하고 있지도 않다. 따라서 역설적으로 현재까지의 국제법적으로는 적발되지 않는 정보활동은 적법한 것이라고 할 수 있다.

한편, 국제사회는 다양한 국제법 규범 중에서도 세계평화와 인류의 공존, 그리고 인권의 확보와 증진을 위해 너무나 근본적인 것으로서 문명국가의 이념적 가치에서 절대적으로 전제되어야 할 원칙들을 특히 국제법의 강행규범(jus cogens)이라 하고, 2002년 이 규범 위배를 전속관할로 하는 국제형사재판소(International Criminal Court)를 창설하였다. 국제형사재판소에서는 전쟁범죄(war crime), 대량살상범죄(genocides), 반인륜범죄(crimes against humanity),

그리고 침략범죄(crime of aggression)를 국제 강행규범을 위반한 범죄로 관할하고 있으나, 아직까지 간첩활동에 대해서는 어떠한 국제규범에서도 국제강행규범 위반으로 평가하지는 않는다.[5)]

그러나 정보활동 자체가 은밀한 방법으로 이루어지는 데다 그 흔적을 찾기가 쉽지 않아 아직까지 국제 강행규범의 원칙을 손상하는 것으로 평가되지는 않고 있다. 그러나 각 국가들이 자국의 이익을 위한 정보활동의 유용성을 인식하고 비밀공작을 통한 암살이나 준군사적 활동이 빈번해지면 국제 강행규범 위배여부에 대한 평가가 진행될 여지는 항상 남아 있다고 본다.

2. 평시 해외정보활동과 국제법

이미 해외정보활동을 금지하거나 권장하는 성문의 국제법은 없다고 기술한 바 있다. 이러한 사실은 정보활동이 성격적으로 생래적인 합법성을 가진 것이라는 설(합법성설)과 불법적이지만 모든 국가들이 공개적인 비밀로 언급을 자제하고 있는 것에 지나지 않다는 설(불법성설)로 나누어진다.

주지하는 바와 같이 합법성설을 주장하는 학자들의 견해처럼 간첩학 전문가가 일생을 다 바쳐서 연구해도 그 연구를 마칠 수 없을 만큼의 엄청난 양의 간첩활동 선례가 있는 것은 사실이다. 그러나 국제법이나 국내법 모두 정의(justice)를 궁극적 목적으로 하는 인간 세상의 규범이다. 따라서 국내법적으로 불법한 행위가 국제법적으로 합법적인 행위로 인정되는 것과 같은 논리의 비약은 있을 수 없고 바람직하지도 않다. 결국 이념적으로는 그 허다한 선례나 비밀외교관 파견과 그의 수용이라는 국가 간의 암묵적 양해에도 불구하고, 비밀스러운 간첩정보 활동 자체를 생래적으로 적법성을 가진 활동이라고 평가할 수는 없다고 할 것이다.

그러나 국가정보활동은 UN의 목적을 달성할 수 있는, 아주 유용한 가치가 있음을 부인할 수 없다. UN헌장은 침략국가에 대한 무력 사용은 원칙적으로 안전보장이사회의 결의에 따라 행하도록 명시하고 있다. 또 다른 세계전쟁을 유발할 수 있는 개별국가에 의한 보복적 무력사용은 인류의 비극을 초래한다는 역사적 반성 아래, UN헌장으로 엄밀하게 금지하고 있다. 다만 UN헌장 제51조는 상대국의 무력침공이 임박하고 현실화되었을 때에는, 시간적으로 안전보장이사회의 결의를 기다릴 수 없으므로 자위권(self-defense)에 기초하여 방어적인 한도 내에서의 무력사용을 허용하고 있다. 또한 UN헌장 제2조도 개별국가의 생래적 자위권과 집단적 자위권을 명시하고 있다. 이처럼 UN헌장의 이념상 자위권 행사는 적법한 행위이다. 그런데 그러한 적법한 자위권을 행사하기 위해서는 적대국에 대한 정보수집활동은 필연적이다. 그러므로 정보활동을 통해 상대국의 침략의도를 간파함으로써 오히려 세계평화에 결정적인 위협을 초래할 수 있는 침략전쟁을 예방할 수도 있는 것이다. 결국 간첩활동은 성격상 불법성을 지울 수는 없지만 현실적으로 평화유지의 기능이 있음도 부인할 수 없다.

1) 한희원. 전게서, 73-74 요약 및 일부 수정.
2) 한희원. 전게서, 76-80 요약 및 일부 수정.
3) 부득이 공개가 어려운 증거인 경우에 대비하여 미국의 경우는 1980년 비밀 분류 정보절차법(classified information procedures act of 1980)에 의해 정식증거조사가 아닌 약식증거에 의해 유죄를 인정할 수 있는 특별법을 두고 있다. 동 법은 피고인의 헌법상 권리와 국가안보가 조화를 이루기 위한 특별법이다.
4) 한희원. 전게서, 83-88 요약 및 일부 수정.
5) 전쟁범죄와 관련하여 제네바 협약은 전쟁 중의 스파이 활동에 대해서 언급하고 있지만 스파이는 군인 등 전쟁포로로 취급되지 않고 일반인으로 취급되고 있어 전쟁범죄자는 아니다(Hague Convention No. Ⅳ §31).

제 2 편

정보활동

국가정보원, 경찰, 군 정보사령부 등 정보기구에 의해 수행되는 제반활동을 의미하는 정보활동은 정보생산에 필요한 첩보수집, 정보분석, 비밀공작, 방첩활동으로 크게 구분되는데 구체적인 정보활동은 첩보수집부터 시작된다.

제6장 첩보수집

제1절 첩보수집 개관

정보활동이 정보분석, 비밀공작, 방첩활동 등으로 분화되기 이전에는 첩보수집활동이 정보활동 그 자체를 의미하는 경우가 많았으며, 오늘날에도 첩보는 정보생산은 물론, 비밀공작, 방첩활동을 지원하는 기본적이고도 반드시 필요한 요소이다. 양질의 첩보가 계속 뒷받침되지 않으면 비밀공작의 계획수립도 어려울 뿐 아니라 실행되더라도 실패로 끝이 날 가능성을 배제할 수 없기 때문이다. 또한 스파이 활동을 방지하기 위한 방첩활동 역시 필요한 첩보나 그것을 가공한 정보가 없는 상태에서는 시간과 노력의 투자에 비하여 성공적인 목표를 달성하기가 어렵게 된다.

이와 같이 첩보는 정보생산, 비밀공작, 방첩활동의 성패를 가름하는 주요 요소 중의 하나라고 할 수 있다. 2,500여 년 전 중국 춘추시대에 활용하였던 전략가 손자는 '10만의 군대로 천리를 원정하기 위해 매일 천금의 거액을 소모하고 있다면서 임금으로 지급되는 백금 정도의 경비가 아까워 첩보수집활동을 등한시하여 전쟁에 패배하고 국가를 멸망시키게 된다면 이것보다 더 큰 죄악은 없다고 주장'[1]함으로써 첩보수집활동의 중요성을 강조하고 있다. 사실 첩보수집이 없는 정보활동이란 단지 추측에 불과한 것이다.

제2절 첩보의 생산과정

첩보의 생산은 시급성이나 기존에 조성된 수집여건 등에 따라 다소 달라질 수 있지만 대개 첩보수집 요구, 대상목표분석, 출처의 개척, 수집활동, 첩보보고의 과정을 거치게 된다.

1. 첩보수집 요구

첩보수집활동은 수요가 발생한 시점부터 시작되는 것이 원칙이다. 첩보수집 요구는 크게 3가지로 구분해서 살펴볼 수 있다. 첫째, 수집활동의 일반 지침형식으로 시간을 두고 요구하는 것이다. 이에는 이미 제1편 제4장에서 설명한 국가정보목표우선순위(Priority of National Intelligence Objectives, PNIO), 특정정보요구(Other Intelligence Requirement, OIR), 첩보기본요소(Essential Element of Information, EEI) 등이 해당된다. 둘째, 만약 테러리스트로 추정되는 자에 의한 민간인 30여 명의 사상자 발생, 괴한의 공격에 의한 특정지역 시장의 사망, 김정은의 급사, 일본 SONY 회사의 부도 발생과 같은 예측하지 못한 상황들의 발생으로 새로운 첩보요구가 발생하면 국가정보목표우선순위나 첩보기본요소와는 관계없이 수시로 특별첩보요청(Special Requirement for Information, SRI)을 통해 수집을 요구하는 것이다. 끝으로, 첩보수집관의 자체 판단에 따라 첩보를 수집하는 것이다. 수집요원들은 최일선에서 활동하기 때문에 상층부 지휘관이나 데스크에서 내근하는 정보생산자보다는 훨씬 높은 현장감을 가지고 있다. 따라서 국가 또는 단체의 위협요인이나 이익에 문제가 발생할 가능성이 있으면 수집관 자신의 판단에 따라 첩보를 수집할 수 있다.

2. 대상목표분석

수집지시를 받은 정보관(수집관)은 제일 먼저 수집목표를 분석하여야 한다. 목표분석(target analysis)은 수집활동 여건을 개척할 수 있는 자원 발굴을 위해 기존에 축적된 각종 자료와 최근까지 수집된 첩보를 활용하여 수집활동의 기초를 만드는 것이다.

목표분석은 수집방법의 선택과 수집활동의 방향을 제시해주고 안전한 활동 방법도 찾게 해준다. 그리고 목표에 대한 분석을 바탕으로 목표분석철을 만들어야 한다. 만약 목표대상이 국제마약조직이라면, 주도 인물의 신원 및 조직체계도, 활동 근거지, 주요 밀거래 방법 등의 기본정보사항과 주도 인물의 최근 동향, 기타 범죄조직과의 접촉 동향, 빈번하게 접촉하는 민간인, 새로운 밀매 루트 개척 동향 등이 포함되어야 한다. 그리고 주요인물의 취약점, 대상목표와 접촉을 할 수 있는 조직폭력배, 저항요소 실태 및 특징 등 목표에 접근할 때 활용할 수 있는 내용도 분석되어 있어야 한다.

목표분석철은 지시사항을 가장 빠른 시간 내에 수집할 수 있도록 도와주는 것은 물론 수집요원이 교체될 경우 업무인계인수 과정에서 발생할 수 있는 공백을 최소화할 수 있는 기능을 할 수 있다.

손자가 손자병법 모공(謀攻)편에서 상대방의 사정을 알고 자신의 사정도 잘 알고 있으면 백 번 싸워도 위태롭지 아니하다(知彼知己 百戰不殆)고 지적한 후 상대방을 모르고 자신도 잘 알지 못하면 싸울 때마다 반드시 위태롭다(不知彼不知己 每戰必殆)[2]고 한 말은 목표분석의 중요성을 잘 표현해 주고 있다.

3. 출처의 개척

목표분석이 이루어지면 그 결과를 바탕으로 첩보를 얻어낼 수 있는 원천인 출처(source)를 개척하여야 한다. 수집방법별로 보면, 인간정보(HUMINT)에서는 사람이 출처가 되고, 기술정보(TECHINT)에서는 장치나 시스템, 활동 등이 출처가 될 수 있으며, 공개정보(OSINT)에서는 사람, 장치, 시스템, 활동 등 모든 공개자료가 출처가 된다.

먼저, 공개출처(open source)는 사회가 민주화, 세계화, 정보화가 진전되면서 과거에는 비밀로 취급되었던 국가행정이나 기업경영의 많은 부분이 공개되고 있어 중요성이 커지는 가운데 공개적으로 수집이 가능한 공개출처의 개척은 비교적 쉬운 실정이다. 공개정보는 앞으로도 대상목표에 대한 전반적인 분석에 필요할 뿐만 아니라 비공개출처로부터 수집한 첩보의 정확성과 가치를 평가하는데도 활용될 수 있어 중요성은 더욱 증가할 것으로 보인다.

그러나 사람이나 기술적 수단을 동원하여 공개되지 않은 비공개출처(covert source)의 개척에는 정보활동 기술과 많은 예산이 소요되는 등 어려움이 따른다. 지구촌 사회의 모든 국가나 기업들은 국가안보와 영업이익 확보 등을 목적으로 중요한 자료들은 비밀로 분류하고 있기 때문이다. 이러한 출처개척의 어려움에도 불구하고 비공개출처를 통한 첩보 없이는 완전한 정보생산에 차질이 있을 수밖에 없기 때문에 비공개출처를 통한 첩보수집의 필요성은 정보기구가 존재해야 하는 큰 이유가 되며, 첩보수집활동의 본질은 비밀을 추적하는데 있다[3)]고도 말할 수 있다.

그리고 개척된 출처는 보안유지가 필요하다. 출처보안은 대상목표가 자신들의 기밀이 유출된다는 사실을 모르게 함으로써 지속적인 첩보수집이 가능하게 해줄 뿐만 아니라 공개되면 정보원 처벌 등으로 새로운 출처개척에 더 많은 시간과 노력의 투자가 필요하기 때문이다.

4. 수집활동

정보관은 목표분석이 이루어지고 목표 공략을 위한 출처가 개척되면 인간정보(HUMINT), 기술정보(TECHINT), 공개정보(OSINT) 수집 방법을 동원하여 본격적인 수집활동을 진행한다. 이때 수집 효과를 높이기 위해서는 목표의 성격에 따라 어느 하나의 수집방법을 활용하거나 모든 수집방법을 혼용하여 사용할 수도 있다.

특히, 인간정보수집 방법은 정보원 포섭, 정보원 접촉, 정보원 해고, 첩보전달 과정 중에 대상국가나 대상조직의 보안부서에 노출될 가능성이 상존하기 때문에 고도로 훈련된 정보관의 정보활동 요령이 필요하다.

노출방지를 위한 수집활동기법에는 가장(cover), 부분화(compartmentation) 등이 있는데, 상세내용은 본 장 제3절의 인간정보에서 살펴보기로 한다.

5. 첩보보고

첩보보고란 수집활동을 통해 획득한 자료나 첩보를 구두나 문서 또는 원형의 형태로 정보생산자와 같은 첩보소비자에게 전달하는 것을 말한다. 아무리 많은 예산과 첨단장비를 동원하여 좋은 첩보를 수집하였더라도 첩보소비자가 원하는 핵심내용이 누락되거나 보고 시기를 놓쳐버리면 무의미한 일이 되어버린다.

따라서 첩보보고는 어떤 형식으로 어떻게 작성해야 한다고 비교적 정형화되어 있지만 정보보고에 비하여 다소 덜 다듬어지더라도 최대한 자세하고 정확하게 만들어 신속하게 보고하는 것이 더욱 중요하다. 즉, 첩보수집 노력이 최고의 가치를 발휘하기 위해서는 보고할 때 다음과 같은 사항이 고려되어야 한다.

첫째, 객관성을 유지하여야 한다. 보고내용에 보고자의 편견과 같은 개인적 감정이 이입되어서는 안 된다. 임진왜란이 발생하기 직전인 1950년 전쟁발발 여부를 알아보기 위해 통신사로 황윤길과 김성일을 일본에 파견한 결과 황윤길은 전쟁이 일어난다고 보고한 반면 김성일은 전쟁 발생 가능성을 선조임금에게 보고하면 나라 전체가 혼란에 빠질 것이라는 판단하에 황윤길과 반대의 보고를 함으로써[4] 임진왜란 초기에 적절하게 대응하지 못하는 원인으로 작용하여 많은 피해를 가져왔다.

둘째, 적시성이다. 정보와 마찬가지로 첩보도 사용자가 절실히 필요로 할 때 맞추어 제공되어야 한다. 첩보의 가치는 시간이 경과하면서 점차 그 가치가 하락되는 것은 물론 일정 시점이 지나면 전혀 무가치한 것으로 될 수도 있다.

셋째, 정확성이 있어야 한다. 수집내용에 의심이 가면 경쟁 또는 적대세력의 허위정보나 역정보는 아닌지 파악하기 위해 충분한 시간과 기존 자료의 대비를 통해 사실여부를 판단하여 정확하게 보고해야 한다. 끝으로, 보고 시점에는 6하원칙에 따라 완전하게 작성하여 보고받는 사람에게 궁금함이 없도록 해야 한다.

제3절 인간정보(HUMINT)

1. 인간정보의 의의

인간정보(HUMINT)란 사람을 활용하여 첩보를 수집하는 방법을 말하는 것으로 영어인 HUMan INTelligence의 철자를 줄여서 휴민트(HUMINT)라고도 한다. 이는 사람을 접촉수단으로 하여 수집된 정보 그 자체를 의미하기도 한다. 인터넷을 비롯한 과학기술과 언론 매체가 발달하기 이전에는 주로 휴민트에 의해 첩보수집이 이루어졌으며, 오늘날에도 상대의 의도파악과 같이 기술정보(TECHINT)나 공개정보(OSINT) 방법으로 수집이 어려울 때 활용할 수 있는 유일한 방법이다.

네덜란드 출신의 무희로 제1차 세계대전 기간 중 프랑스와 독일을 오가며 이중 간첩활동을 하다 형장의 이슬로 사라졌지만 뛰어난 스파이 활동의 모델로 회자되는 마타하리(Mata Hari)의 활동이나 픽션이지만 영국 해외정보기구인 비밀정보부(MI6) 요원으로 활동하는 제임스 본드의 역할은 인간정보활동의

한 단면을 잘 보여주고 있다.

인간정보 수집활동 역시 첩보수집의 기본 절차와 동일하게 수집요구에 따라 대상 목표를 분석하고, 이를 토대로 출처를 개척한 후 출처인 정보원 또는 협조자로부터 첩보를 수집하는 절차를 거치며, 수집된 결과는 문서 또는 구두 보고 등의 형태로 수요자에게 전달한다. 이와 같이 인간정보 수집활동은 정보원을 통해 간접적으로 첩보를 수집하는 경우가 많은 부분을 차지하나, 정보관이 출처 개척 없이 직접 수집하는 경우도 적지 않다.

한편, 정보관이 직접 또는 정보원과 협조자를 통해 첩보를 수집하거나 정보원과 협조자가 목표와 관계가 있는 구성원으로부터 첩보를 얻어낼 때는 면담과 유출이라는 기법을 활용한다.

2. 첩보수집의 주체

사람이 사람을 수단으로 하여 첩보수집활동을 하는 휴민트의 주체는 첩보수집을 직접 주관하는 정보관(Intelligence Officer, I/O)과 정보관의 첩보활동에 활용되는 정보원(Agent) 및 협조자(Walk-ins, Collaborator)로 구분할 수 있다.

정보관(I/O)[5]은 첩보수집활동을 주관하는 자로 정보원을 통제하거나 협조자의 지원을 받아 원하는 첩보를 간접적으로 수집하는가 하면, 경우에 따라서는 직접 첩보를 수집하기도 한다.

정보원과 협조자[6]는 정보관을 대신하여 목표를 대상으로 스파이활동을 하여 입수한 첩보를 정보관에게 전달하는 기능을 수행한다. 그러나 양자는 보수 수령 및 협조의식 여부에 따라 구분되는데 정보원은 정식보수를 받으며 정보관에게 협조한다는 의식을 가지고 정보관의 지휘 통제를 받고 있는 반면에 협조자는 무보수인 것은 물론 자신이 정보조직을 위해 일한다는 의식을 가지고 있지 않은 경우가 많으며, 언제라도 협조를 일방적으로 단절할 수 있다는 차이가 있다.

그리고 원래 정보원과 협조자들은 정보관과의 관계에서 끝이 나기 때문에 정보조직 본부와는 직접적인 관계가 없는 경우가 대다수이다. 그러나 정보관의 신원이 밝혀지고 사회 또는 외교적 문제가 되었을 경우에는 해당 정보기구도 책임에서 완전히 벗어날 수 있는 것은 아니다. 국가정보원이 화교 출신 서울시 공무원 유○○의 간첩혐의를 규명하는 과정에서 정보원 김○○이 국정원 정보관에게 전달한 유○○의 북한 출입국 증명서의 조작 논란으로 사회적 물의가 발생하자 국정원 정보관과 정보원이 검찰에 조사받는 것은[7] 물론 국정원 국내담당 차장이 사퇴하는 일이 발생한 사례에서 알 수 있듯이 정보원의 정보활동이 정보조직의 본부에도 영향을 미칠 수 있다.

3. 정보원 운용

수집목표에 접근이 가능한 정보원의 운용여부와 운용이 되고 있다. 얼마나 능력 있는 정보원이냐에 따라 수집활동의 성패를 좌우하게 된다. 여기에서는 휴민트의 가장 핵심적 활동인 정보원의 획득과 관리방법에 대해 알아본다.

가. 정보원의 획득

정보원은 일반적으로 목표분석, 물색, 조사 및 평가, 여건조성, 내사람 만들기 과정을 통해 얻어진다. 그러나 이 과정은 통상적인 순서를 설명하는 것이며 엄격하게 지켜지는 것은 아니다. 즉, 상황에 따라서는 물색 후 바로 내사람 만들기에 들어갈 수도 있다.

목표분석(target analysis)은 첩보를 보유하고 있을 것으로 추정되는 인원, 장소, 사물을 대상으로 분석하여 첩보수집을 위해 정보원을 활용할 것인지, 아니면 관찰과 같은 기타방법을 동원할 것인지에 대해 검토하는 것을 말한다.

물색은 정보원이 될 수 있는 특정인을 체계적으로 찾는 행위로서 대상자가 목표에 대하여 어떠한 접근성을 가지고 있으며, 동기는 무엇이고 임무수행 능력은 어떠한지를 파악하여야 한다. 특히, 잠재적 정보원이 어떠한 동기로 제보자가 되는가를 이해할 때 정보원 획득이 용이해진다. 즉, 보상이 동인이면 보상이 주효할 것이다.

물색이 되면, 조사 및 평가가 이루어져야 한다. 조사란 대상자의 학력 및 경력, 종교 등에 대한 배경첩보를 수집하고 대조 및 확인하는 과정으로서 평가, 여건조성, 내사람 만들기 단계에서 활용할 수 있다. 평가는 정보원 대상자의 목표 접근성과 대상임무에 대한 적합성 여부 등의 자질 평가와 이용 가능한 동기의 유발 방안 및 조종과 통제요소를 결정하기 위한 동기평가가 포함된다.

여건조성은 정보원 대상자를 성공적으로 내 사람을 만들 수 있게 유리한 상황을 조성하는 과정을 말한다. 여건조성에서 정보관과 물색 대상자 사이에 높은 친밀감이 조성되지 않으면 대상자의 마음을 움직일 수 없기 때문에 친밀감(rapport) 조성이 여건조성단계에서 가장 주요한 과제가 된다.

끝으로 내사람 만들기란 정보원 대상자가 목표(target)를 상대로 정보관이 원하는 첩보를 수집하도록 설득하는 것을 말한다. 국제테러조직이 목표라면 같은 조직에 가담시켜 테러 기도 계획이나 리더의 동향파악 임무를 수행토록 협조를 구하는 것이다. 내사람 만들기의 성공가능성은 평가와 여건조성과정에서 조성된 상호신뢰, 신용 및 호감에 바탕을 둔 인간적 결속 여부가 크게 작용한다.

나. 정보원 관리

정보원 관리는 채용 또는 획득된 정보원을 활용하는 것으로부터 해고에 이르기까지 관리하는 것을 말한다. 이 관리는 일반적으로 정보원 조종(操縱), 교육, 임무부여, 보상, 인연 끊기로 나누어 설명할 수 있다.

정보원 조종이란 정보원을 대상으로 교육시키고 임무를 부여하며, 보상하고, 필요하면 인연 끊기를 하는 일련의 기술을 말하는 것으로 정보원을 능숙하게 조종하는 능력은 모든 정보관이 갖추어야 할 기본적이고도 중요한 기술이다. 정보원 조종을 위해서는 정보원을 대상으로 바람직한 동기 유지, 물질적 욕구 지원 등의 양성적 방법과 질책 및 물질적 보상의 유보, 내사람 만들기 당시의 약속조건과 책임 전가 등의 음성적 방법이 동원될 수 있다. 이러한 과정에서도 친밀감의 유지는 필수적이다.

도 2-1 _ 정보원 운용체계

정보원 획득	정보원 관리
목표분석	조 종
⇩	⇕
물 색	교 육
⇩	⇕
조사 및 평가	임무 부여
⇩	⇕
여건 조성	보 상
⇩	⇕
내사람 만들기	인연 끊기

교육은 정보원이 효과적인 수집을 할 수 있도록 수집에 필요한 지식과 기술을 숙달시키는 것을 의미한다. 교육내용에는 정신교육, 면담유출 방법, 사진기술, 가장, 연락수단 훈련 등이 포함된다.

임무부여는 정보원에 대한 교육이 끝이 나면 수행해야 할 임무를 주지시키는 동시에 임무수행에 필요한 행동지침을 강조하는 과정이다. 정보원에 대한 임무는 쉽고 안전한 임무에서 점차 어려운 임무로 발전시켜 나가는 것이 바람직하다.

보상도 필요하다. 정보원에게 보상 없이 정의감과 충성심만으로 일하게 하는 것은 바람직하지 못하며, 좋은 성과가 있으면 그 정도에 따라 작은 선물에서부터 상당한 보상이 필요할 때도 있다.

마지막으로 인연 끊기는 정보원의 신분 노출, 활동실적 부진, 직업변경에 따른 대상목표 이탈 등 정보원에게 결함이 발생하면 정보관과 정보원의 특별한 관계에서 일반적 관계로 되돌리는 것을 말한다. 우수한 정보원을 획득하는 것도 중요하지만 적절한 시점에서 정보원과 인연을 끊는 것도 매우 중요하다. 왜냐하면 정보원과 인연을 끊는다는 것은 정보관의 활동 정도가 노출되는 등 보안상 많은 위험이 존재하기 때문이다. 따라서 인연 끊기는 정보원이 이해할 수 있는 해고의 정당한 이유 제시 등의 설득력 있는 방법으로 최대한 우호적 방법을 강구해야 하며, 극단적 방법은 피해야 한다.

4. 면담(interview)과 유출(elicitation)

면담과 유출 방법은 정보관, 정보원 그리고 협조자가 첩보수집과정에서 자신들의 의도를 상대방에게 드러내지 않고 첩보를 수집하는 가장 강력한 수단이다.

가. 면담

면담이란 수집요원이 찾고자 하는 지식을 보유하였다고 믿어지는 사람으로부터 첩보를 찾아내는 과정으로 목적을 가진 대화이다. 이 과정에서 면담대상자는 수집요원이 무엇에 관심을 갖고 있다는 정도는 인지하게 된다.

면담의 궁극적 목적인 면담대상자가 수집요원의 관심사항을 거부감 없이 이야기하도록 하기 위한 요령을 살펴보면 다음과 같다.

첫째, 대화의 출발이 되는 최초 주제는 누구나 받아들일 수 있는 상식적인 주제나 면담대상자도 공감할 수 있는 최근 이슈로 선정하여 대화 주제에 흥미를 느끼고 대화분위기를 안락하게 느끼도록 해야 한다.

둘째, 훌륭한 경청자가 되어야 한다. 대상자의 이야기가 수집요원의 관심사항이 아니라고 경청하지 않은 태도를 보이면 대화가 단절될 수 있기 때문에 항상 좋은 경청자가 되어야 하며, 동시에 대상자 이야기에 코멘트까지 할 수 있어야 한다.

셋째, 부드럽고 품격 있는 질문이 필요하다. 민감한 문제나 신상문제에 대해서는 직접적인 질문을 하지 말아야 하며, 막연한 질문이나 단번에 여러 가지 질문도 하지 않아야 한다. 또한, 자신이 있을 때만 유도질문하고 막연한 질문은 불필요한 것이다.

넷째, 대화 주제의 변경 논리를 모색하여야 한다. 최초 대화 주제에서 관심분야로 유도하는 시점은 반드시 대화 중 주제를 전환할만한 계기가 있을 때로 한정해야 한다. 대화 주제를 바꾸면 대상자는 수집요원이 새로운 주제에 관심이 있다는 것을 나타내는 표식이 될 수 있기 때문이다. 자연스럽게 대화 주제를 변경할 기회가 올 때까지 인내를 가지고 기다리도록 해야 한다.

마지막으로 과도한 유출 노력은 금물이다. 원래 원하는 내용을 모두 획득하지 못했다고 해서 대상자의 의심을 사면서까지 추가로 대답을 얻으려고 해서는 안 된다. 비록 최초 면담에서 모든 것을 얻지 못하였다 하더라도 그 면담은 다음 면담을 위한 분위기 및 친밀한 인간관계 조성에 기여한 것으로 보고 만족해야 할 것이다.

나. 유출

유출(elicitation)은 외형적으로 무의식적인 사람 간에 대화를 하는 것 같지만, 실제는 내면적으로 철저히 무의식을 가장하여 계획적으로 첩보를 입수하는 방법을 의미한다. 대상자가 정보관의 관심사항을 이야기하도록 만드는 요령은 다음과 같다.

첫째, 면담요령과 마찬가지로 대상자에게 신뢰감과 친밀감을 조성하는 것이 필요하다. 대상자가 정보관에게는 무엇이든 터놓고 이야기할 수 있겠다는 인상을 주어야 한다.

둘째, 부정적인 접근방법이나 회의적인 태도를 표시하는 방법을 사용한다. 예를 들어 대상자가 특정 문제에 대해 알고 있는 상황에서 "이 식당에 있는 사람 중에는 이 문제에 대해 아는 사람이 아무도 없다"는 식으로 이야기하면, 대상자는 자신이 알고 있는 지식을 과시하기 위해 그 문제에 관해 이야기할 가능성이 커지는 것이다. 그리고 대화 주제에 나타난 어떤 사실에 대해 믿을 수 없다는 회의를 표시하면 대상자는 자신의 주장을 정당화시키기 위해 정보관의 관심사항을 이야기할 수도 있다.

셋째, 인간의 욕망과 약점을 이용하는 것이다. 인간은 타인으로부터 인정받고 싶은 욕망이 있기 때문에 대상자를 인정하는 것처럼 대해주면 거부감 없이 자신을 드러낼 가능성이 높다. 그리고 남의 잘못에 대해 충고하고, 가르치며, 고쳐주고, 반박하려는 인간의 습성을 이용하면 유출할 수 있다. 즉, 산업기밀 유출 혐의자와 대화를 하는 중에 대상자가 그 사건에 관련되어 있다는 주변인사의 이야기를 하면, 그 관련성을 부인하면서 실제 관련자들의 혐의 내용을 이야기 할 수도 있다.

넷째, 첩보의 내용을 확인하기 위해 그 내용이 객관적인 사실인 것처럼 인용하며 대화함으로써 나타나는 대상자의 반응에 따라 사실 여부를 확인하는 방법을 사용할 수 있다. 예를 들면 국내 폭력조직 '선○○파' 조직원에게 러시아 마피아와 공모한 대규모 마약 밀반입 사건에 '선○○파' 조직원이 관련되었다는 사실을 주한 러시아대사관에 파견된 연방보안부 직원으로부터 들었다고 하면 사실 여부를 실토할 가능성도 있는 것이다.

마지막으로, 의도하는 대화 주제와 유사한 화제를 이용할 수 있다. 정보관이 자신의 관심사항과 비교해서 설명될 수 있는 유사한 주제를 만들어 대화한다. 대상자는 그 이야기를 하는 가운데 정보관의 관심사항도 포함해서 언급할 가능성이 있다.

5. 수집활동 보안

비밀리에 수행하는 정보관의 수집활동이 노출되면 정보관의 생명이 위협을 받게 되는 것은 물론 외교적, 사회적 물의를 유발하여 국가정책집행에도 막대한 지장을 초래하게 된다. 따라서 정보관이 주목을 받지 않고 적절한 비밀활동을 수행하기 위해 보안대책을 강구하여 활용하는데, 주요 수단은 다음과 같다.

가. 가장(cover)

가장(cover)이란 정보조직, 정보조직 종사자, 그리고 정보조직이 관할하는 시설물을 타방의 관찰로부터 보호하기 위해 내 · 외부적으로 다르게 꾸미는 것을 말한다.

정보기구나 산하조직을 드러나지 않는 명칭과 형태로 바꾸는 행위나 정보활동에 사용하는 장비나 사무실 등의 시설물을 위장하는 것도 가장이라고 할 수 있다. 과거 중앙정보부를 '○○○○사'로, 군 정보부대를 '○○실업' 등으로 사용한 경우가 정보조직 가장의 한 형태였다.

정보관의 경우 국제마약조직에 침투하기 위하여 구매자로 위장하거나 해외에서 상대국 방첩기관의 추적을 피하기 위해 신분을 위장하고 그에 걸맞는 신분증 등을 소지하고 행동하는 것을 말하는데, 크게 공직 가장과 비공직 가장으로 나누어 볼 수 있다.

공직 가장(official cover)은 외교부 직원과 같이 다른 정부 부처의 공무원으로 위장하는 것을 의미한다. 13세기 경 이탈리아 도시국가들 사이에서 시작되어 오늘날 거의 모든 국가에서 실시하고 있는 정보관의 외교관 가장은[8] 그 신분이 주어지면 외교관으로서의 면책특권(diplomatic immunity)이 주어지고, 활동 지역의 다른 나라 출신 외교관이나 주재국 외교부 직원과 자연스럽게 접촉할 수 있는 등 다양한 출처에 접근이 가능할 뿐 아니라 첩보지시를 받거나 보고할 때 필요한 통신수단의 이용 및 자금을 수령하기도 편리하다.

그러나 공직 가장을 하면 단점도 있다. 먼저, 외교관계가 단절되거나 전쟁이 일어나면 모든 외교관은 해당국가를 떠나야 하기 때문에 오랜 기간에 걸쳐 구축한 첩보수집체계가 와해될 수도 있다. 그리고 많지 않은 인원으로 구성된 공관에 근무하기 때문에 주재국 방첩기관에서 누가 정보관인지를 파악하기가 비교적 쉬워 예민한 협조자나 정보원을 만나는데 많은 제약이 따른다. 이러한 이유로 정보활동에 대한 보안대책이 더욱 요구되는 것이다.

러시아 연방보안국(FSB)은 지난 2013년 5월 14일 러시아 정보기관 관계자를 미국 스파이로 포섭하려 했다며 모스크바 주재 미국 대사관 3등 서기관으로 가장한 CIA 요원인 Ryan Christopher Fogle을 체포하고 '기피인물(persona non grata)'로 선언, 러시아에서 추방했다. 이 사례는 공직 가장과 공직 가장한 정보관의 면책특권을 잘 보여주고 있다.[9)]

비공직 가장은 말 그대로 공직이 아닌 기업인, 교수, 선교사, 언론인, 종교인, 유학생, 여행가, 무역대표부 직원과 같은 민간인 신분으로 활동하는 것을 의미한다. 예를 들면, 미국 CIA 정보관이 팬암 항공사(Pan Am)나 아이비엠(IBM) 직원으로, 러시아 정보기구 요원이 국영항공사인 에어로플롯의 해외주재원으로 위장하여 활동한 것으로 알려져 있다. 그리고 국적을 변경하여 대상국에 체류하면서 정보활동을 하기도 한다. 필리핀인 '무하마드 깐수'로 알려진 북한 간첩 정수일은 평양국제관계대학 동방학부에서 교수로 재직하던 중인 1974년 대남 통일사업 요원으로 발탁되었다. 이후 북한에서 출국하여 튀니지대학의 사회경제연구소 연구원, 말레이대학 이슬람아카데미 교수 등으로 10년간에 걸쳐 해외에서 활동하였고, 마지막으로 필리핀에 거주하고 '무하마드 깐수'라는 이름의 아랍인 신분으로 대한민국에 입국한 후 1990년 단국대학교에서 박사학위를 취득하고 같은 대학 초빙교수로 임용되어 재직하다 북한의 간첩으로 확인되어 1996년 국가보안법 위반혐의로 12년형을 선고받았다.

비공직 가장은 민간인 신분이기 때문에 주재국 방첩기관으로부터 비교적 감시가 적은 가운데 다양한 출처를 접할 수 있고, 외교관계가 단절되더라도 현지 활동을 계속할 수 있다는 이점이 있다. 그러나 간첩혐의로 체포되었을 경우에는 주재국 형벌권에 의해 처벌을 받을 수밖에 없고, 현지 공관의 통신수단을 이용할 수 없기 때문에 수집한 첩보를 안전하고 신속하게 본부에 보고하기도 어렵다. 그리고 신분 가장에 필요한 민간업체의 협조를 받는데도 한계가 있는데다 가장한 민간인 신분에 맞추어 역할을 해야 하므로 첩보수집활동에 그만한 시간을 투자하기도 어렵다.

한편, 정보관의 신분을 주재국에 공개하였느냐의 여부에 따라 백색정보관(white)과 흑색정보관(black)으로 구분하기도 한다. 백색까마귀(white crow)라고도 하는 백색정보관은 주재국에 신분을 공개한 정보관으로 주로 주재국 정보기구와의 협력창구 역할을 수행한다. 흑색까마귀(white crow)로 불리는 흑색정보관은 공직 가장 또는 비공직 가장 여부와 관계없이 주재국에 신분을 노출하지 않으며 보다 더 비밀스런 정보활동에 투입된다.

나. 비밀연락

비밀연락(clandestine communication)은 정보관 또는 정보원 등이 정보활동과 관련이 있는 문건이나 물건 또는 의사를 전달하기 위하여 은밀하게 접촉하는 것을 말한다. 비밀연락은 다시 정보활동 종사자가 직접 만나는 인원회합(personal meeting)과 중간에 매개체를 두고 연락을 취하는 비인원연락으로 구분이 된다.

인원회합은 인계인수, 특별지시, 주요한 물자전달, 위로 등을 위해 만나는 것으로 접촉 사실이 주재국 방첩기관에 포착되면 강한 의심의 대상이 되고 처벌의 증거자료가 될 수 있기 때문에 철저한 보안조치가 사전에 마련되어야 한다. 정보업무 종사자는 가급적 직접접촉을 피하는 것이 원칙이나 회합이 불가피한 경우에는 접근과 탈출 및 미행이나 감시에서 벗어나기 쉬우며, 불심검문을 받을 경우 자연스럽게 해명될 수 있는 곳을 접촉장소로 선택하여야 한다. 따라서 접촉상황을 고려하여 안가(safety house)[10]를 사용하거나 다중이 이용하는 공공장소나 차량을 이용하기도 한다.

비인원연락은 정보활동 관계자들이 중간에 연락원(Courier), 수수자(Live Drop, LD), 편의주소 관리인(Accommodation Address Custodian)이라는 매개인을 통해 간접적으로 접촉하는 것을 말한다. 연락원이란 접촉해야 할 정보활동 당사자 사이를 오가며 물자를 전달하거나 연락을 중계하는 역할을 하며, 정보조직의 일원이 담당한다. 수수자는 정보활동 관계자 사이에서 물자 수수를 지원하는 사람으로 포섭된 비정보조직원이다. 정보물자를 커피숍 주인을 통해 전달받았다면 이 주인이 수수자가 되는 것이다. 그리고 편의주소 관리인은 비밀연락에 필요한 우편물을 접수하고 정보활동 관계자에게 전달하는 자를 말하며, 반드시 실존인물일 필요는 없다.

다. 신호

신호(signal)란 의사전달을 위하여 사용하는 표식, 기호, 몸짓 등을 말한다. 이 신호는 상대방의 진정한 정체 확인, 안전여부를 필요한 사람에게 알리거나 간단한 의사전달 등을 위해 사용한다.

불빛을 비추거나 약속된 동작을 하거나 표식을 하는 등 시각적인 신호를 사용할 수도 있고, 약속된 소리를 내거나 대화를 나누는 등 청각적인 신호를 이용하기도 하고, 특정한 물건을 제시하거나 교환하는 등의 방법을 쓰기도 한다. 예를 들면, 일정 사업을 진행하는 정보활동 관계자가 인원회합 중 감시를 당하고 있다는 사실을 알았을 때는 이를 알리는 신호로서 출입구에 화분을 두기로 미리 약속하였다. 이런 신호 약속을 가지고 정보활동 관계자 3명이 인원회합을 계획한 경우 2명이 먼저 만난 상태에서 회합장소를 상대국 방첩기관에서 감시하고 있다는 사실을 발견했다면, 참가가 예상되는 다른 1명의 동료 정보관을 오지 못하도록 화분을 놓아두는 것이다. 첩보영화에서도 여러 신호를 볼 수 있는데, 불빛을 일정 간격으로 깜박거리거나 약속된 장소에서 시의 한 구절씩을 읊으며 접촉하고, 찢어진 달러화를 내보이고 맞추어보는 것과 같은 장면이 이에 해당한다.[11)]

6. 인간정보의 이점과 한계

기술정보와 공개정보수집기법의 눈부신 발전에도 불구하고 여전히 인간정보만이 가지고 있는 강점이 존재한다. 우선, 타인의 심리를 읽을 수 있기 때문에 대상자의 의도와 능력을 파악하는 것이 가능하다. 물론 그 파악은 기술정보가 상대방의 마음을 읽는 것이 거의 불가능하다는 점과 비교하여 인간정보가 상대적으로 우위에 있다는 것을 의미한다. 그리고 수집활동에 소요되는 비용이 기술정보에 비해 상대적으로 적다는 점이다. 인간정보의 경우 정보원 물색, 교육, 일정액의 보수지급 등의 고정비용과 주요 협조자 매수를 위한 특별경비 등이 필요하지만, 인공위성이나 정찰기 구입 및 유지관리에 소요되는 경비에 비하면 아주 적은 비용에 해당한다.

이러한 장점에도 불구하고 인간정보는 인간이 지닌 한계에서 비롯되는 다음과 같은 단점도 있다. 첫째, 정보원의 음모와 기만이 있을 수 있다. 정보관과 정보원 사이에는 일반적인 인간관계에서 볼 수 있듯이 상호 신뢰관계가 무너질 가능성은 항상 존재한다. 따라서 정보원이 기만하거나 상대세력에 고용되어 역정보를 제공하는 경우도 있다. 둘째, 첩보의 진위여부를 확인하는데 어려움이 있다. 정보원 중에는 목표에 접근할 수 있는 능력을 과시하거나 보수를 더 받기 위해 제공하는 첩보를 과장 또는 조작하는 경우가 있으며, 장기간 고용된 정보원은 실제 출처에 접근하지도 않고 과거 활용한 자료를 수정하여 제보하는 사례도 발생한다. 끝으로 특정한 첩보수집활동이 종료된 이후에 그 활동에 참여한 정보원과 협조자가 과거 협조를 이유로 금전적 요구나 정치적 지원을 요구할 수 있으며, 협조과정에서 수집하여 보관하고 있던 비밀을 공개함으로써 정부의 입장을 어렵게 할 수 있다.

한편, 정보활동에서 인간정보와 기술정보의 비율에 있어서는 인간정보가 앞서는 것으로 평가받았다. 1994년 미국 정보공동체의 보고서에는 인간정보와 기술정보의 비율에 대한 다음과 같은 통계수치가 있었다. 376건의 특별한 정보쟁점에 대해서 인간정보는 205건의 결정적인 기여를 했다. 테러문제에서는 인간정보가 75% 가량 결정적 기여를 했고, 마약분야에서는 약 50%, 대량살상무기 확산분야에서는 약 40%, 그리고 국제 경제문제에서는 약 30% 가량 인간정보가 기술정보를 앞서서 결정적인 기여를 한 것으로 평가받았다.[12] 이와 같이 인간정보는 단점이 있는데도 불구하고 정보활동의 핵심적 요소를 이루며, 기술정보 활동과 조화를 이루면 시너지 효과를 발휘할 수 있다.

제4절 기술정보

1. 의의

기술정보(Technical Intelligence, TECHINT)란 현대 첨단과학의 산물인 영상장비와 전자장비 같은 과학기술을 수집수단으로 활용하여 첩보를 수집하는 활동으로서 지리공간정보(Geo-spatial Intelligence, GEOINT), 신호정보(Signal Intelligence, SIGINT), 흔적측정정보(Measurement and Signature Intelligence, MASINT)로 세분화 할 수 있다. 기술정보는 목표지역에 대한 접근이 어려운 경우에도 사용할 수 있는 유일한 수집수단인데다 첨단과학의 발전으로 인해 통신내용감청기술이 향상되고 원격지의 영상을 보다 고화질로 수집할 수 있게 됨에 따라 각 국가들은 많은 예산과 인원을 투입하여 기술정보활동에 대한 비중을 높여가고 있는 실정이다.

기술정보를 수집하는 수단에는 인공위성, 무인항공기를 포함한 항공정찰기, 선박, 지상기지, 특수제작 자동차 등이 사용되고 있으며, 정보관이 대상목표에 은밀하게 침투하여 직접 초소형 감청장비나 감지장비를 설치하여 첩보를 수집하는 등 기술정보의 수단과 방법도 다양화되고 있다.

북한을 대상으로 한 기술정보 수집의 대부분을 미국에 의존하였던 우리나라 역시 '정보의 자주화' 계획에 따라 1991년부터 지리공간정보와 신호정보 능력 제고를 위한 금강사업과 백두사업을 각각 전개하여 대북 정보수집능력의

40% 정도를 확보하게 되었다[13]. 군사분계선 남쪽 40~50km 지역의 상공에서 작전 중인 우리나라 주력 정찰기인 호크 800XP는 축구공 크기의 물체까지도 식별할 수 있는 레이더 장비를 탑재하고 있다.

2. 지리공간정보

가. 지리공간정보의 이해

지리공간정보(Geo-spatial Intelligence, GEOINT)란 전자적 수단 또는 광학적 수단을 활용하여 지구 상에서 관찰할 수 있거나 알려진 것을 재생하여 첩보를 획득하는 수집기법으로서 주로 인공위성과 항공기가 이용된다. 이전에는 영상정보(IMINT, Imagery Intelligence) 또는 사진정보(PHOTINT, Photo Intelligence)라는 용어로 사용되었다.

미국에서 남북전쟁 기간(1861~1865) 중 기구를 이용하여 병사를 이동시키면서 상대진영의 배치를 탐지하던 것이 효시가 되어, 제1차 및 제2차 세계대전에서는 B-17, B-24 등의 비행기를 이용하여 전장과 적 후방에 대한 항공사진을 촬영하여 작전에 활용함으로써 현대적 의미의 지리공간정보 수집체계가 정립되기 시작하였다.[14]

미국 정보공동체에서는 지리공간정보를 통한 자료는 별도의 평가나 분석 없이도 정보로서의 가치가 높다는 의미를 지닌 정보성 첩보(intelligence information)라는 말로 통용될 만큼 진실이 보장되는 가치 높은 첩보로 여겨지고 있다.

한편, 아이코노스(IKONOS)라는 미국회사가 2004년부터 상업용 정찰위성으로 0.5m의 초고해상도 영상을 판매하는 위성영상 판매시대가 도래함에 따라 자체 위성을 가지지 못한 국가도 상업위성을 통해 상대세력을 대상으로 한 지리공간정보활동을 할 수 있게 되었으며, 이러한 환경변화는 안보관련 시설이나 군사훈련 등에 대한 보안유지가 어려워지는 문제를 낳고 있다.

나. 지리공간정보의 수단

지리공간정보 수집의 주요 수단은 정찰위성과 정찰항공기라 할 수 있다. 정찰위성은 국경에 관계없이 보다 넓은 지역의 영상을 확보할 수 있기 때문에 1957년 소련이 스푸트니크(Sputniks) 위성을 쏘아올린 이후 각국이 경쟁적으로 첩보위성을 발사하고 있으며, 지리공간정보 수집의 가장 중요한 수단이 되고 있다. 미국의 최신 정찰위성인 KH-12나 라크로스(Lacrosse)는 해상도[15]가 수십 cm까지 발달한 것으로 알려지고 있어 위성을 통한 유용성은 더욱 커질 것으로 전망된다.

그러나 정찰위성은 궤도가 한정되어 있고, 촬영하는 시간에 구름이 덮여 있으면 촬영에 제한을 받게 되며, 계획과 건조에 10~15년이 걸리고, 비용도 3억에서 10억 달러에 달하는 엄청난 투자가 소요된다는 단점이 있다.

한편, 정찰항공기는 상대국의 영공이나 인접 국경지역을 비행해야 하기 때문에 피격 위험이 있기는 하지만, 인공위성에 비하여 근접 촬영이 가능하여 목적물을 보다 정밀하게 관찰 가능하고, 1개의 궤도 위성이 특정지역을 2~3일에 한 번 정도 감시 가능한데 비해 정찰기는 자주 촬영할 수 있으며, 인공위성의 운용보다는 훨씬 비용이 적게 소요된다는 강점이 있다. 최근에는 U-2, SR-72, RC-135 등의 유인 정찰기는 물론 피격 위험성을 감안하여 글로벌 호크(global hawk), 프레데터(predator) 등의 무인항공기(Unmanned Aerial Vehicles, UAV)를 사용하고 있다.

다. 지리공간정보의 장점과 단점

지리공간정보의 장점은 무엇보다 왕래가 차단되거나 경비가 철저하여 인간정보활동으로는 접근이 어려운 목표에 대해서도 활용이 가능하며, 사용자에게 정밀하고 생생하게 볼 수 있는 영상을 제공하기 때문에 자료의 신뢰성과 설득력 있는 증거로서의 기능을 할 수 있다. 그리고 지리공간정보의 주요 수단인 인공위성은 국가주권이 미치지 않는 외기권에서 이용되기 때문에 영토침범의 문제가 제기되지 않아 정치적 위험성과 책임에 대한 법적 논쟁이 제기되지 않는다. 또한 수집하는 과정에서 대상목표 외에도 주변의 많은 목표를 동시에 수집할 수 있을 뿐만이 아니라 넓은 지역에서 군사훈련이나 아편경작 실태와 같이 광범위한 지역에서 일어나고 있는 실상에 대한 자료를 얻을 수 있다.

그러나 지리공간자료의 특성은 강점인 동시에 다음과 같이 단점으로 작용한다. 첫째, 영상에 나타나는 정보는 전문사진 분석관만이 분석해 낼 수 있는 경우가 많다는 점이다. 훈련받지 않은 일반 정보관은 영상에서 나타난 자료를 들여다보아도 실체를 알기가 어려운 경우가 많다. 둘째, 지리공간정보는 스냅사진(snapshot)과 같이 특정한 시간과 장소에서 촬영된 것이기 때문에 그 촬영 전후에 발생한 일에 대해서는 아무것도 말해 줄 수 없다는 것이다. 따라서 과거의 자료를 컴퓨터에 입력하여 변화상황을 진단하는 프로그램의 개발 등 지리공간자료 분석 기법을 발전시키고 경험을 축적하여 오류를 최소화할 수 방안이 요구되고 있다. 마지막으로 상대세력에서 모조품의 설치나 실제와는 다른 군사훈련을 진행하는 수법으로 지리공간정보 수집활동을 방해할 수 있는 여지가 있다는 점이다.

3. 신호정보

신호정보(Signal Intelligence, SIGINT)란 일반적으로 신호라고 하는 전자파를 도중에 엿듣고 정보를 획득하는 과정 전반을 의미한다.[16] 신호정보는 신호종류와 수집수단별로 분류해 볼 수 있다.

가. 신호종류별 분류

수집대상인 신호의 종류에 따라 통신정보(Communiation Intelligence, COMINT), 원격측정정보(Telemetry Intelligence, TELINT), 전자정보(Electronic Intelligence, ELINT)로 구분해 볼 수 있다.

통신정보는 적대 국가, 테러조직, 마약조직과 같은 대상목표의 구성원들이 전화, 전신, 이메일, 텔렉스, 팩시밀리, SNS 등의 수단으로 주고받는 의사전달 내용을 중간에서 엿듣고 수집하는 것이다. 통신내용을 알게 된다면 무슨 생각으로 누구와 무엇을 진행하고 있는지를 알 수 있기 때문에 목표세력의 의도와 능력 그리고 동향을 파악하는 데 유용하다. 따라서 통신정보는 신호정보 중 가장 오랜 역사를 가지고 있지만, 오늘날에도 가장 많은 정보를 가장 빠르고 정확하게 획득할 수 있는 이점 때문에 여전히 유용한 수단으로 여겨지고 있다.

통신은 통신 자체가 가지는 거리와 장소, 시간을 극복할 수 있는 장점 때문에 많이 사용하고 있으나 쉽게 도청될 수 있는 한계로 인해 내용을 암호화하는 경향이 있다. 이에 따라 통신정보는 암호해독(cryptanalysis)과 밀접하게 연계되어 있으며, 암호해독 외에도 통신내용을 수집하기 위한 다양한 기법들이 발전하고 있다. 통신의 내용을 이해할 수는 없더라도 통신량 분석(traffic analysis) 기법을 통해 통신의 빈도와 다른 외부적 특성을 비교함으로써 의미 있는 정보를 수집할 수 있으며,[17) 폭발적인 통신증가에 대응하기 위해 슈퍼컴퓨터와 키워드 검색방법을 사용하여, 주요한 키워드가 통신체제에 포착되면 자동으로 추적하는 방식도 동원되고 있다.

통신량 분석의 예를 들면, 휴전선 일대에서 북한군 사이에서 통신량이 갑자기 늘어나는 상황이 포착되었다면 북한군의 대규모 훈련이 시작되었거나 남침 가능성을 예측할 수 있을 것이다.

주요 통신정보 수집사례

통신정보의 중요성은 미국 해군이 미드웨이 해전에서 일본의 암호통신문을 미리 수집하여 대응함으로써 승리한 사례에서 찾아볼 수 있다. 일본군은 암호통신문에서 공격목표를 AF로 명명하였다. 하와이의 정보분석관은 AF가 미드웨이를 의미하는 암호라고 생각하였으나, 워싱턴의 분석관들은 존스톤(Johnston) 섬이나 오아후(Oahu) 또는 미국의 서부 해안지역과 같은 다른 지점을 의미할 수도 있다고 보았다. 일본군이 공격하려는 곳이 실제로 미드웨이라는 점을 확인하기 위해 미 해군의 하와이 통신정보지국은 미드웨이의 해군사령관에게 섬에 식수가 고갈되어가고 있다고 보고하는 암호통신문을 하와이로 보내도록 지시했다. 기대했던 대로 일본은 그 통신문을 도청하였고, 이틀 후 미국에 의해 도청된 일본군의 통신문에서 AF에 식수 공급이 부족하다는 내용을 도쿄로 보고한 사실을 확인하였다. 그로 인해 일본은 부주의하게도 AF가 실제로 미드웨이임을 미국에 확인시켰다.[18]

원격측정정보(TELINT)는 새로이 만들고 있는 미사일에 부착된 실험장비와 기지국 간에 이루어지는 통신을 중간에서 몰래 수신하여 첩보를 수집하는 방법이다. 통신내용이 언어가 아니라 다양한 센서나 그 이외의 탑재장비들이 수신하는 신호들로 구성된다는 점에서 통신정보와 다르다.[19] 예를 들면, 북한이 동해상으로 실험발사한 미사일이 날아가면서 지상으로 송신되는 각종 정보를 포착하여 탄두의 크기, 연료 소비상태, 탄도궤적의 정확도 등의 첩보를 수집할 수 있다.

전자정보(ELINT)는 통신시스템과는 무관하게 전자부품을 사용한 컴퓨터, 프린트와 같은 하드웨어 시스템에서 발생하는 무선원격제어 신호나 단말기 출력신호와 같은 전자파를 분석하여 첩보를 수집하는 방법이다. 함정, 항공기에서 방출되는 전자파를 수집하면 이들이 장착한 레이더 장비의 최대운용 범위나 무기의 성능을 판단할 수 있다.[20]

한편, 외국기기정보(Foreign Instrumentation Signal Intelligence, FISINT)는 전자파 이외에도 외국의 영토나 외국 또는 자국의 영공에서 사용되는 무선신호 중 통신정보로 분류되는 양방향 통신신호가 아니고 단방향으로 전송되는 신호를 포착하여 첩보를 수집하는 활동을 말하는 것으로 양방향 통신이 아니라는 점에서 전자정보(ELINT) 수집활동에 포함하고 있다. 외국기기정보는 미국이 외국을 대상으로 신호정보 수집활동을 하면서 정의한 용어로서, 주로 미사일 발사과정에서 전송되는 신호와 같은 원격측정정보(TELINT)와 궤도위성 또는 항공기를 이용하여 영상을 촬영한 후 지상으로 송신하는 영상신호 수집 등을 포괄한다.[21)]

나. 수집수단별 분류

신호정보를 수집하는 수단에는 인공위성, 항공기, 선박, 지상기지 등이 활용된다. 인공위성은 지리정보촬영 뿐만이 아니라 신호정보를 얻기 위해서도 발사된다. 오늘날 많은 통신이 위성을 통해서 이루어지기 때문에 안테나를 장착한 기술개발위성이나 첩보위성을 이용하여 신호를 도청하는 사례가 많다. 미국의 대표적인 신호위성은 1962년 최초로 발사된 페렛(Ferret)을 비롯하여 트럼펫(Trumpet) 위성 등이 있으며, 러시아도 소련 시절인 1976년 이래 저궤도를 도는 Molniya형, 정지궤도의 코스모스형, 에오르샛(EORSAT)이라고 불리는 전자정보 해양 정찰위성 시스템 등을 운영하고 있다. 각 국가에서 공개하지 않아 자세한 통계는 알 수 없으나 지구 주변을 맴도는 위성은 3만여 개에 달하며 그 중 2만여 개는 미국에서 운용하고 있는 것으로 알려져 있다.

첩보위성 다음으로 첩보수집에 많이 동원되는 수단은 정찰항공기로서 지리공간정보뿐만 아니라 신호정보를 획득하기 위해서도 활용된다. 영상촬영 항공기인 U-2기에 신호정보 센서를 부착하는 방법 등으로 신호정보를 수집하면 지상보다는 유리한 수집환경이 되기 때문에 항공기 운용에 따른 고비용이 부담되지만 활용되고 있다.

지상의 신호정보 수집기지도 주요한 역할을 담당한다. 미국은 1940년대 후반부터 공산 진영을 감시하기 위하여 알래스카 셔미아(Shemya) 기지, 일본 소재 미자와(Misawa) 기지, 태국의 콘 킨(Khon Khen) 기지, 한국의 대구 기지 등을 운용하고 있으며, 러시아 역시 쿠바의 로우르데스(Lourdes) 기지와 베트

남의 캄란(Cam Ranh) 기지 등을 운용하면서 미국을 비롯한 러시아 국익과 결부된 나라의 신호정보를 수집하고 있다.

마지막으로 선박도 첩보수집을 위해 이용된다. 신호정보 획득을 위해 첩보수집함으로 이용되는 선박의 종류는 군함은 물론 상선, 어선, 화물선 등이 모두 포함되며, 여러 형태로 위장하여 대상세력이나 국가의 연근해로 접근하여 신호정보를 수집한다.

다. 신호정보의 장점과 단점

통신내용을 안다는 것은 영상정보로는 확인할 수 없는 대상인물이나 세력의 진정한 의도를 원거리에서 파악할 수 있다는 장점이 있다. 그러나 통신수단을 이용하는 대상자가 감청이나 도청에 대비하여 암호를 사용하거나, 정보관을 기만하기 위해 허위정보를 가지고 통화를 한다면 통화내용의 확인도 쉽지 않을 뿐 아니라 정보왜곡으로 오히려 잘못된 판단을 가져다줄 수도 있다. 그리고 정보화 사회의 도래와 함께 이메일, 인터넷 통신, 유·무신 통신 등에 따른 신호정보의 양이 방대하게 늘어나면서 정보분석의 과부하 현상이 초래되어 필요한 시기에 필요한 정보를 생산하는데 제한요인으로 작용하고 있다.

라. 흔적측정정보(MASINT)

흔적측정정보(Measurement and Signatures Intelligence, MASINT)는 감시대상에서 발생하는 통신정보와 신호정보 이외의 다양한 요소, 즉 핵방사선, 적외선, 열 등을 레이더, 방사파 탐지기, 진동 및 음향감지기를 사용하여 대상물의 흔적, 특징 등을 추적해 봄으로써 어떤 추이나 정황 등의 첩보를 수집하는 것을 말한다. 흔적측정정보 수집의 대상자료는 지리공간정보나 신호정보에 비해 원시적인 상태이며 다양한 형태로 공간에 널려 있다는 점이 특징이다.

핵실험 시 방사되는 대기성분을 분석하여 핵실험의 사실여부, 진행상황에 대한 단서를 찾을 수 있으며, 마약밀조공장으로 추정되는 건물 주변의 하수구 물을 분석하여 밀조 여부를 파악할 수 있는 하나의 근거로 사용할 수 있다. 흔적측정정보는 전자정보(ELINT)와 원격측정정보(TELINT)의 지원을 받아 비교적 최근에 활용되는 수집기법으로서 미국 정보공동체에서는 1986년부터 정보의 한 분야로 공식 분류하였다.

흔적측정정보 활동은 다음과 같은 여섯 개 분야가 있다.[22] ① 전자광학(electro-optical) 분야는 적외선, 편광, 분광, 자외선, 가시광선과 같은 다양한 유형의 빛과 레이저를 포함하여 스펙트럼의 적외선에서부터 자외선 부분에서 방출되거나 반사되는 에너지의 성질을 수집한다. ② 지구물리학(geophysical) 분야는 가청음, 중력, 자기장, 지진과 같은 지구 표면 혹은 그 근처에 있는 여러 물질적 장소들의 비정상성과 움직임을 수집한다. ③ 물질(material) 분야는 화학적, 생물학적, 핵 관련 물질의 표본들을 포함하여 기체, 액체 또는 고체의 성분과 판별자료를 수집한다. ④ 핵 방사(nuclear radiation) 분야는 감마선, 중성자, X선의 특성들을 수집한다. ⑤ 레이더(radar) 분야는 가시거리 레이더, 가시거리 외 레이더(over-the-horizon), 합성개구(synthetic apertures) 레이더와 같은 여러 유형의 레이더들을 포함하여 목표 혹은 물체로부터 반사되는 전자파의 특성을 수집한다. ⑥ 무선주파수(radio frequency) 분야는 물체에 의해 파생되는 협대역(narrowband) 또는 광대역(wideband) 전자기 신호를 수집하는 것이다.

제5절 공개출처정보

1. 의의와 중요성

공개출처정보(Open Source Intelligence, OSINT)란 인터넷 자료 등 공개된 출처에서 첩보를 입수하는 활동을 말한다.[23] 공개출처정보는 정보기구에서 오래전부터 이용되어 왔으나 그 유용성을 알게 된 것은 그렇게 오래 되지 않았다. 왜냐하면 정보기구의 기본임무는 비밀을 찾아내고 훔치는 것으로 인식한데다 공개정보보다는 비밀리에 수집한 첩보가 더욱 가치가 있다는 관념을 가지고 있었기 때문이다.[24)]

일반적으로 정보기구가 비밀정보를 수집하는 것이 본연의 임무라는 인식 때문에 공개출처정보가 정보활동에 들어가는지에 대한 논쟁이 있어온 것이 사실이다. 그러나 과거 냉전시대에는 공개출처정보 활동이 불가피하였다. 즉 북한을 비롯한 공산권 국가들에 대한 접근이 제한되었기 때문에 공산진영에서 생산된 공개자료들은 그 질이나 양에 관계없이 정보분석의 대상이 되는 중요한 자원이었고, 공개출처로부터 자료를 수집할 수 있는데도 불구하고 정보기구이기 때문에 비공개 수집활동을 한다는 것은 정보조직의 자원을 낭비하는 일이었다. 실제 나라에 따라 다르지만 생산되는 국가정보의 75%에서 90%에 이른다는 설명도 있다.

오늘날에는 다음과 같은 이유로 더욱 중요하게 여겨지고 있다. 먼저, 세계적인 민주화, 정보화 추세에 따라 공개자료의 양이 폭발적으로 증가함으로써 개인이 효과적으로 처리할 수 없게 됨에 따라 조직적이고 전문적인 활용이 필요하게 되었다. 그리고 정부기관, 기업의 정보판단부서, 학자를 포함한 분야별 전문가들이 작성한 정보판단서도 공개되는 등 공개자료의 질이 과거와는 비교되지 않을 정도로 좋아짐에 따라 공개출처의 체계적 수집과 분석이 요구되고 있는 것이다.

이에 따라 미국의 9 · 11테러진상조사위원회는 2004년 발표한 보고서에서 공개출처정보기구의 설치가 필요하다는 의견을 제시하였고, 대량살상무기정보능력위원회(the Commission on the Intelligence Capabilities of the United States Regarding Weapons of Mass Destruction)는 2005년 CIA 내에 공개출처정보국의 신설을 권고하는 의견을 제시하였다. 이와 같은 권고에 따라 미국은 2005년 국가정보국(ODNI) 산하에 CIA의 공개출처정보 부서인 해외방송모니터링서비스(Foreign Broadcast Monitoring Service, FBMS)를 흡수하여 공개출처정보센터(Open Source Center)를 설립하고 공개자료에 대한 체계적 수집과 분석을 강화하고 있다.[25)]

2. 공개출처정보의 대상과 절차

가. 대상

공개출처정보의 대상, 즉 공개출처는 크게 다섯 개 분야로 나누어 볼 수 있다. 첫째, 언론매체로서 신문, 잡지, 라디오, 텔레비전, 컴퓨터를 기반으로 하는 정보, 둘째, 웹기반(web-based)의 단체 및 개인이 생산하는 자료로서 각종 소셜 네트워킹 사이트(social networking sites), 비디오 공유 사이트(video sharing sites), 블로그(blog), 누구나 편집할 수 있는 웹페이지인 위키(wikis), 셋째, 전문가 및 학자에 관계된 자료로서 국내외 학술 컨퍼런스, 학술지, 학위논문, 직종별 전문협회 자료, 과학 및 기술전문가들의 보고서, 넷째, 공공자료(public)로서 정부생산 보고서, 청문회 자료, 의회 회의록, 기자회견문, 대통령을 비롯한 고위 관료들의 연설문, 인구 및 예산통계와 같은 공식자료, 법률안 토의자료, 환경영향 평가, 부처별 심사분석 결과, 끝으로, 일반인들의 관측보고로서 라디오 모니터 요원, 인공위성 관찰자, 아마추어 비행 감시원, 시민단체의 국정모니터 요원의 관측보고나 견문기록이 포함될 수 있다.

한편, 최근에는 상업위성회사들이 지구 전 지역에 걸쳐 수요자의 요구에 따라 고해상도의 지리공간정보를 판매하는 것은 물론 많은 자료가 무료로 제공되고 있어 상업위성영상이 대표적인 공개출처가 되는 등 공개출처는 다양하게 확대되는 추세이다.

나. 절차

공개출처정보(OSINT)의 수집 절차는 크게 4단계로 나누어 설명할 수 있다.[26] 첫째는 공개자료의 획득이다. 얻고자 하는 자료를 누가 알고 있으며, 어디에서 찾아볼 수 있는지를 확인한 다음 학술자료센터나 정부기록물 보관소 등지에서 자료를 확보하는 것이다.

둘째, 분류작업이다. 좋고 나쁜 자료, 현용 정보와 오래된 정보, 적절한 정보와 부적절한 정보를 신중하게 분류하는 것은 공개자료의 가치를 높이는 중요한 과정이라 할 수 있다. 정보의 쓰레기 더미 속에서 바늘 하나의 크기에 불과한 필요자료를 찾기 위해 많은 시간과 노력을 투자하는 것이다.

셋째, 정제작업이다(refining). 분류된 자료들은 사용자가 쉽고 적절하게 사용할 수 있도록 핵심내용만 포함된 짧은 자료를 만들어야 한다. 정제단계는 공개자료의 질을 다시 한번 제고할 수 있는 과정으로서 최종 자료는 가급적 짧은 단락으로 만드는 것이 좋다.

마지막으로 보고단계이다(delivery). 아무리 좋은 공개자료이더라도 사용자가 쉽게 이해할 수 없는 형태이거나 필요한 시점이 지난 것은 아무 의미가 없는 것이다. 따라서 최종 자료는 쉽게 작성하여 소비자가 필요로 하는 적기에 배포하는 것이 매우 중요하다.

한편, 공개출처정보수집은 공개적인 수집활동에 해당한다. 그러나 수집과정에서 공개출처정보를 수집하는 목적과 수집한 내용은 정보수집활동의 방향과 의도를 암시할 수 있기 때문에 비밀로 유지되어야 한다.

3. 공개출처정보의 장점과 단점

첩보수집기법으로서 가지는 공개출처정보의 강점은 무엇보다 출처에 대한 접근에 아무 어려움이 없다는 점이다. 특히, 시간과 공간을 뛰어넘는 위성방송과 인터넷의 출현은 세계 어느 지역에서나 공개출처에 접근할 수 있는 여건을 마련해 주었다. 그리고 같은 유형의 지식은 여러 사이트에서 여러 사람이 공개한 자료를 찾아볼 수 있기 때문에 기만과 조작된 자료가 인간정보에 비해 적으며, 비밀 수집활동에 비해 위험성은 물론 비용도 훨씬 적게 들어간다는 장점을 가지고 있다.

그러나 공개출처정보 수집은 공개된 자료가 너무 많아 유용한 자료를 탐색하고 수집하는데 많은 시간과 노력이 소요된다는 점이 가장 큰 단점으로 지적된다. 그리고 공개출처자료는 정보관이 필요할 때 공개되는 것은 아니기 때문에 정보관이나 사용자가 필요로 할 때 자료를 구할 수 없다는 한계도 가지고 있다.

1) 손자. (1969), 「손자병법」(남만성 역), 서울 : 현암사, 400.
2) 손자. 상게서, 119-132.
3) Gehlen, Reinhard. (1973), 「諜報 · 工作」(赤羽龍夫 監譯), 東京 : 讀賣新聞社, 225-226.
4) 유성룡. (2003), 「징비록」(김홍식 역), 서울 : 서해문집, 33.
5) 정보관은 통제관(controllers), 조종관(handler), 수집관(collector)이라고도 하며, 비밀공작업무를 수행할 경우에는 공작관(Case Officers, C/O)으로도 불린다.
6) 손관승. (1999), 「우리는 그들을 스파이라 부른다」, 서울 : 여백, 74-75. (정보원 역시 첩보원, 스파이, 간첩, 첩자, 제5열(제오열, fifth column), 밀정, 두더지, 인적자산으로도 불린다. 특히, 제5열이란 용어는 1936년 스페인 내전 당시 정부군이 방어하는 마드리드시를 4개의 부대로 구성된 반란군이 포위, 공격하였는데, 공격측의 '프랑코' 장군이 시내에도 반란군에 호응하는 세력이 침투해 있다고 선전하면서 이것을 제5열이라고 호칭한데서 유래되었다.)
7) News1. (2014), '국정원, 휴민트 활용 수집정보 신뢰도 크게 떨어져', 3월 10일자, http://news.naver.com/main/read.nhn?mode=LSD&mid=sec&sid1=102&oid=421&aid=0000724207/검색일 : 2015. 3. 10.
8) Herman, Michael. (1966), *Intelligence and Power in Peace and War.* Cambridge : Cambridge University Press, 19-20.
9) 머니투데이뉴스. (2013). "러시아에서 美 CIA 요원, 간첩혐의로 체포", 5월 15일자.
10) 안전가옥의 준말인 안가는 주로 정보기구에서 비밀 유지를 위하여 이용하는 집을 말한다. 타인의 감시나 관찰을 피하기 위해 마련된 안가는 독립된 가옥은 물론 호텔 객실 등 대중적 시설을 확보하여 사용하기도 한다.
11) 강원준 · 박병준, (2012), "수집활동", 국가정보연구회 편저, 「분단국의 국가정보」, 서울 : 박문각, 146-147.

12) 한희원. 전게서, 120.
13) http://terms.naver.com/entry.nhn?docId=1231629&cid=40942&categoryId=31734/검색일 : 2014. 8. 4.
14) Richelson, Jeffery T(2)., op. cit, 150-152.
15) 해상도란 이미지를 표현하는 데 몇 개의 픽셀로 나타냈는지 그 정도를 나타내는 말로서 영상에서 구분할 수 있는 최소한의 물체의 크기를 말한다. 예를 들어 1m 해상도라는 것은 정상적인 상태에서 1m×1m 크기의 지표면의 물체를 식별할 수 있다는 것을 의미한다.
16) Shulsky, Abram N. & Schmitt, Gary J., op. cit, 27.
17) Shulsky, Abram N. & Schmitt, Gary J., op. cit, 28.
18) Layton, Edwin T. Pineau, Roger & Costello, John. (1985), *And I was There : Pearl Harbor and Midway-Breaking the Secrets.* New York : Morrow, 421-422.
19) Layton, Edwin T. Pineau, Roger & Costello, John., op. cit, 30, 48.
20) Layton, Edwin T. Pineau, Roger & Costello, John., op. cit, 31.
21) 강원준 · 박병준. 전게논문, 153.
22) Lowenthal, Mark M. (2008), 「국가정보 : 비밀에서 정책까지」(김계동 역). 서울 : 명인문화사, 124.
23) http://lexicon.ft.com/term?term=open-source-intelligence/검색일 : 2014. 10. 1.
24) Best, Jr., Richard A. & Cumming, Alfred. (2007), *Open Source Intelligence (OSINT) : Issues for Congress*, CRS Report for congress, 4.
25) http://fas.org/irp/dni/osc/검색일 : 2014. 8. 7.
26) http://resources.infosecinstitute.com/osint-open-source-intelligence/검색일 : 2014. 8. 15.

제 7 장 정보분석

제1절 정보분석 개관

1. 개념과 기본원칙

정보분석이란 수집된 첩보를 분류, 해석, 평가하여 사용자가 판단하고 사용하기에 편하도록 가공하는 작업을 말한다. 특히, 국가정보분석의 경우에는 입수된 첩보 중에서 국가안보와 국가이익에 관련된 중요내용을 추출하고 의미를 평가하는 작업이 중심을 이룬다.

정보분석은 현재의 상황을 파악하는 것은 물론 미래를 예측하고 대응방안도 강구하는 어려운 업무이기 때문에 분석관의 지식과 경험뿐만이 아니라 과학적인 다양한 분석기법도 요구된다. 분석활동은 사용자의 요구와 활용수준에 따라 달라질 수 있지만 공통적으로 적용되어야 할 기본 원칙은 다음과 같다.

첫째, 정보는 적시성 있게 생산되어야 한다. 아무리 좋은 정보라도 생산이 늦어져 사용자에게 적기에 전달되지 않으면, 그 정보의 가치는 거의 없다고 할 수 있다. 적시성을 맞추려다 정보의 완전성과 정확성이 떨어질 경우에는 사용자에게 설명하고 이해를 구해야 할 것이다.

둘째, 정보분석은 상상력과 통찰력을 필요로 한다. 정보분석은 퍼즐(puzzle)

게임과도 같이 여러 첩보를 가지고 완성된 정보를 만들어가는 어려운 작업으로 분석관의 창의력이 요구된다. 따라서 소속 정보기구의 전 정보활동을 기획하는 입장에 있는 분석관의 상상력을 제한하는 제도나 지시가 있어서는 안되며, 국내외 위탁교육 등을 통한 분석관의 상상력과 통찰력을 높일 수 있는 뒷받침이 항상 있어야 한다.

셋째, 정보는 적합성(pertinence)이 있어야 한다. 생산된 정보는 사용자가 제기된 문제에 대해 올바른 의사결정을 할 수 있도록 그에 적합한 지식이 포함되어야 한다. 사용자가 이미 알고 있는 사실이나 중요하지만 사용자에게 필요 없는 지식은 그 가치가 퇴색할 수밖에 없다. 정보가 새로운 사실을 밝혀내는 등 사용자 요구를 충족시키지 못한다면 충분한 정보분석이 되었다고 보기 어렵다.

넷째, 정보분석은 국가안보와 국가이익 증진을 위한 정책결정을 지원하기 위해 수행되어야 한다. 정보분석의 목적은 국가안보와 국가이익 증진에 초점이 주어져야 하며, 정치적 목적이 개입되어서는 안 된다. 정보분석의 정치화는 정보실패로 이어지고 정보실패는 국익 손실과 정책에 대한 국민적 지지의 감소를 가져온다.[1)]

마지막으로, 정보분석 계획을 작성하여야 한다. 분석대상의 특성에 따라 분석인원, 분석시간, 분석방법을 선택하여 철저한 분석작업이 이루어져야 한다. 일반적으로 현용정보보다는 판단정보 작성에 더 많은 시간과 인원이 투입되고, 계량분석까지 동원되는 다양하고 복잡한 분석기법이 적용된다. 정보분석 절차는 제1편 제4장 정보의 순환과정 중 정보생산과정을 참고할 수 있다.

2. 분석조직과 분석관

가. 분석조직

정보기구는 근대에 이르기까지 첩보수집 중심의 정보활동을 전개하였다. 그러나 미국이 제2차 세계대전 이후 일본의 진주만 공격 첩보를 입수하였음에도 불구하고 국가적 대책이 미흡했던 것은 정보기구가 분산되어 있고 각종 첩보를 종합할 수 있는 분석 전담부서의 부재에 기인한 것이라는 판단하에 국가정보기구를 창설하고 전문분석전담 부서를 설치하였다. 이후 오늘날 대부분의 국가는 분석부서를 둔 국가정보기구를 설치해 운영해오고 있다.

분석조직의 형태는 크게 분산형, 중앙집중형, 혼합형으로 구분해 볼 수 있다. 분산형은 한 나라에 존재하는 모든 정보기구들이 각각 정보를 생산하는 체제로서 정보의 순환과정이 단축되어 신속하게 정보가 만들어지고 다양한 견해가 국가 안보정책결정에 반영될 수 있다는 장점이 있으나 중복업무에 따라 국가자원이 낭비되고 다양한 의견으로 인해 혼란을 가중시킬 수 있다는 단점이 있다. 제2차 세계대전 이전 미국, 독일, 영국 등에서 운영하던 형태이다.

중앙집중형은 개별 정보기구의 첩보를 모아서 특정한 정보조직의 분석부서에서 종합하여 분석하는 형태로서 분산형의 단점을 방지하고 국가정보역량을 모아 수준 높은 정보를 생산할 수 있다는 이점이 있으나 정보를 생산한 기관의 독단이나 오판에 대한 보완책이 없다는 점이 문제가 된다.

그리고 혼합형은 분산형과 중앙집중형의 단점을 극복하기 위한 절충형으로서 각 정보기구별로 부문적 정보분석 기능도 하면서, 국가안보정책 전반을 아우르는 종합적 판단은 특정의 중앙분석부서에서 하도록 하는 방식이다. 정도의 차이는 있지만 미국이나 우리나라가 이에 해당한다고 볼 수 있다. 미국은 중앙정보국(CIA)의 정보분석국(Directorate of Intelligence)[2]과 국방부 산하 국방정보국(DIA)의 정보생산국(Directorate of Intelligence) 등 각 개별 정보기구에서 독자적인 정보분석업무를 수행하면서도 국가차원의 전략정보 생산은 국가정보국(ODNI) 산하의 국가정보위원회(National Intelligence council)에서 정보공동체 전체의 판단을 수렴하여 행하고 있다. 우리나라는 「정보및보안업무기획 · 조정규정」(대통령령 제21214호)에 따라 경찰, 군 등 각 정보기구에서 분석업무를 수행하되 국가전반을 망라하는 정보는 주로 국가정보원에서 생산하는 방식을 취하고 있다.

나. 분석관

분석관은 정보분석 전 과정에 참여하면서 평가, 해석, 보고서 작성에 가장 많은 역할을 담당하는 분석의 핵심적인 요소라고 할 수 있다. 개별 첩보들이 국가이익 증진을 위해 좋은 내용을 담고 있더라도 정보분석이 제대로 이루어지지 않으면 사장되거나 그 가치를 발휘할 수 없다.

따라서 각 정보기구들은 유능한 분석관 확보차원에서 채용단계부터 우수인력을 모집하기 위해 유명대학과 연구소 인력자원 중에서 선발하여 전문분석관 교육을 실시한 후 정식 분석관으로 임용하거나 기존의 공직관이나 정보관 중에서 분석 자질이 높은 직원을 분석관으로 충원하는 등의 노력을 기울이고 있다. 그리고 탈냉전 이후 국가정보활동의 범위가 군사안보 분야에서 경제, 환경 분야까지 다양화되면서 분야별로 전문화 필요성이 요구됨에 따라 분석관의 전문화 현상은 피할 수 없는 현실이 되고 있다.

우수한 분석관이 갖추어야 할 기본자세로는 다음과 같은 사항들이 요구되고 있다. 첫째, 분석능력 향상을 위한 노력이 지속되어야 한다는 점이다. 하루 하루 달라지는 정보환경을 고려해 보면, 임용당시의 분석능력만으로는 대처가 쉽지 않다. 따라서 분석관은 항상 국정방향과 미래사회에 대한 통찰력을 배양하고, 현안 정보사안에 대해 문제의식을 가지고 관찰 및 검토하는 관습을 유지하며, 새롭게 소개되는 분석기법도 꾸준히 연마하는 노력을 기울여야 한다.

둘째, 투철한 안보의식과 국가이익을 기준으로 첩보의 가치를 판단하는 자세가 필요하다. 정보기구의 설립이유이기도 한 국가안보와 국가이익 증진은 무엇보다 주요한 판단요소이며, 특정정파나 개인의 이익은 철저히 배제되어야 한다.

셋째, 원인이 규명된 과거사실에 대하여는 명확히 설명할 수 있으나 미래를 예측하는 판단의 문제는 항시 잘못 생각할 수 있음을 명심하고 생자료를 접할 때는 집착을 버리고 회의적 입장에서 검토, 분석하는 습관을 가지도록 하여야 한다.

끝으로, 분석관은 자신의 생각을 설득력 있게 표현할 수 있는 문장력을 갖추어야 한다. 분석관이 판단한 결과들은 모두 정보 보고서를 통하여 표현되기 때문이다. 문장력은 타고난 능력도 있지만 하나의 테크닉이기도 하기에 꾸준한 연습을 통해 향상시킬 수 있다.

3. 분석상의 장애요인과 편견

가. 장애요인

분석관이 능력을 갖추고 좋은 첩보를 많이 가지고 있지만 이들을 가지고 올바른 판단을 하는 데는 장애요인이 있다. 이를 개인, 조직, 정책 및 국제적 차원에서 살펴볼 수 있다.

분석관 개인이 가진 장애요인으로는 ① 감정적인 요소로서 실패에 대한 공포, 분석대상이 광범위하고 당황스러운 사안인 경우 손쉽게 처리해 버리려는 유혹, 조급한 완성욕구, 중요성의 불인식 등이 해당되며, ② 방법론적인 것으로서 최선의 문제해결방법 적용의 실패, 무가치한 자료에의 집착 등이 포함되며, ③ 지각적 요소로서 문제설정의 실패, 문제해결에 대한 고정관념 등이 좋은 분석에 장애요인으로 작용한다.

조직적 차원에서는 정보기구 사이 또는 같은 정보조직 내 부서간 경쟁심리로 인한 협조가 부족하며, 분석관이 소속한 기관의 이익과 관계될 경우에는 공정한 분석을 방해할 수 있다.

정책적 요인으로 보면 국정지표 등 국가가 가지고 있는 고정적인 정책과 분석관에게 직 · 간접적으로 전달되는 지도자의 신념체계 등으로 인해 분석관도 그 틀을 벗어나기 어려운데서 비롯된다.

그리고 국제적 차원에서는 첩보에 포함되어 있는 내용을 국가간에 따라 차이가 날 수밖에 없는 문화, 종교, 역사적 경험 등의 차이로 인해 출처에서 나타난 행동이나 의도를 정확하게 파악하기가 쉽지 않기 때문에 장애로 작용한다.

나. 분석관의 편견

편견은 특정의 경향이나 추세를 가진 관념으로서 분석관이 편견을 가지게 되면 판단에 오류가 발생할 수 있다. 분석관에게 이러한 편견을 유발하는 요인을 살펴보면 다음과 같다.

첫째, 선명도에 따른 편견이다. 추상적인 첩보보다는 구체적인 첩보가, 간접적으로 접수한 첩보보다는 직접 보거나 들어서 확인한 첩보가 분석관에게 더 큰 영향을 준다. 분석관은 판단에 앞서 될 수 있는 한 근거자료를 객관적이고 냉철하게 다루어야만 좋은 판단을 할 수 있다.

둘째, 분석관들은 '보이지 않은 것은 생각하지도 않는다'는 증후군의 희생자가 되어, 근거자료가 부족하더라도 사용자의 필요를 바탕으로 해서 분석하는 경향이 있다. 따라서 오판을 방지하기 위해서는 분석관이 어떤 근거자료가 빠졌는지 확인해 보고 이에 따라 자신의 판단을 조정할 필요가 있다.

셋째, 출처에 대한 선입견이다. 사려 깊은 분석관도 자료의 진위를 결정할 때에는 단순하게 가부로 결정하는 경향이 있다. 즉 어떤 자료가 신뢰성이 없다고 생각하면 그것을 더 이상 기억하지도 않지만, 반대로 신뢰하게 되면 완전히 받아들이게 된다. 예를 들면 70%의 신뢰성을 갖는 첩보도 100% 믿을 수 있는 것으로 생각하고 처리하는 것이다.

넷째, 근거자료에 대한 집착성이 강하다는 점이다. 분석관에게 특정신념을 갖도록 만든 근거자료가 오류로 판명된 후에도 그 신념을 지속시키는 경향이 있다. 즉 분석관에게 영향을 주어 과거 근거로 삼았던 자료가 허위로 밝혀진 이후에도 계속 진실인 것으로 믿게 된다는 것이다.

마지막으로 일관성에 대한 과신이다. 근거자료들이 어떤 일관성을 띠고 있을 경우 그 자료를 매우 신뢰하는 경향이 있다. 문제는 몇 가지 첩보나 일부 편견이 있는 표본으로부터 첩보를 추출해 내고, 그 곳에서 일관성이 있다고 해서 그 첩보가 완전하고 신뢰할 수 있다고 믿어서는 안 된다는 것이다. 표본을 확대 조사함으로써 어느 정도 오류를 줄일 수 있을 것이다.

4. 분석관과 사용자와의 관계

한 나라의 안보정책결정자의 판단은 국가안보를 유지하기 위한 결정적 요소 중의 하나이며, 분석관이 생산한 국기정보는 정책결정자의 현명한 판단을 지원하기 위한 필수요소이다. 따라서 정책결정자와 분석관은 상호 긴밀한 관계가 바람직하나 반드시 그러하지는 않으며 그 요인은 다음과 같다.[3)]

첫째, 정책결정자인 사용자는 항상 바쁘다. 그래서 간단하면서 명확한 답을 요구하게 된다. 그러나 정보생산자는 복잡한 현안에 대해 간단히 설명하고 명확한 답을 제시하기가 쉽지 않다.

둘째, 정보사용자는 자칫 자신의 관심분야에만 정보를 요구하기 쉽다. 그러나 정보생산자는 사용자의 관심분야 외에도 국정현안의 전 분야를 점검하여 국가적 관점에서 정보를 생산해야 한다.

셋째, 사용자가 자존심과 편견에 의해 정보를 무시하거나 거부, 비판하는 경우가 종종 있다. 그러나 정보 없는 국정운영은 나침반 없는 항해와 같기 때문에 생산자는 이러한 사용자의 생각을 바꾸는 데 노력을 기울여야 한다.

넷째, 사용자가 정보에 대해 지나친 기대를 갖고 모든 일에 완벽한 해답을 제시해주길 바라는 경우도 있으나 생산자는 한정된 정보자산으로 사용자의 요구를 충족시키기가 어려우며, 미래예측의 불확실성 때문에 모호성을 배제하기가 쉽지 않다.

마지막으로, 정보사용자는 그 외에도 정보의 적시성, 정확성이 결여되어 있다거나 정보보고가 지나치게 학술적 또는 전문적으로 작성되어 있다거나, 예측이 틀렸다거나 정책 수립에 별 도움이 되지 않는다는 등의 불만을 가질 수 있는데 이러한 것들은 분석관이 풀어야 할 몫이라 하겠다.

따라서 정보사용자는 정보생산자가 중립성과 독립성을 유지할 수 있도록 노력해야 하며, 정보생산자는 객관성을 지키고 사용자를 꾸준히 설득해 나가는 자세가 필요하다.

제2절 정보분석의 과정

정보분석을 하는 과정은 정보의 종류나 정보활용의 시급성 등에 따라 다소 차이가 있다. 즉 인천공항에서 환승한 일본의 야쿠자 두목에 대한 정보는 신원, 인천공항 체류 중 특이사항, 출국여부, 목적지 등이 포함된 메모 보고로도 정보를 완성할 수 있다. 그러나 북한이 3달 이상에 걸쳐 동해안에서 미사일을 발사해 온 무력시위에 대한 판단정보는 이 행위와 관련되어 수집된 여러 첩보, 미사일의 제원 및 성능 분석, 북한 군부 인사 간에 이루어진 통신정보 그리고 김정은 체제유지와 도발의 인과관계 검증 등을 통해 북한의 의도와 대응방안까지 마련하는 여러 단계의 분석과정을 거치게 되는 것이다. 그러나 여기에서는 가장 일반적인 절차인 수집된 자료 및 첩보의 처리, 첩보평가, 정보분석, 정보 보고서 작성 과정으로 나누어 살펴본다.

1. 자료 및 첩보의 처리

자료 및 첩보를 처리한다는 것은 수집된 자료와 첩보를 최종 산출물인 정보로 생산하기 위한 기초자료로 만들기 위해 의미있게 처리하고 분류하여 적합한 형태로 전환시키는 것을 말한다.

이 과정에서는 기술정보로 수집한 특수자료의 해석, 외국어 자료의 번역, 불필요한 자료의 삭제, 암호화된 첩보자료의 해독과 같이 자료 및 첩보를 분석하기 용이한 형태로 바꾸는 작업이다.

2. 첩보평가

첩보의 평가는 첩보의 내용과 그 대상이 된 사실과의 차이를 찾아 해당 첩보의 진실성 여부를 검토하는 작업을 말한다.[4] 첩보수집기관에서도 수집된 첩보에 대하여 출처의 신뢰성과 정확성에 대하여 평가를 하지만 정보생산기관은 이러한 평가와는 별도로 독자적인 판단에 따라 평가를 하는 것이다.

첩보를 평가하는 기준은 관련성, 정확성, 적시성, 신뢰성을 토대로 검토한다. 즉, 첩보의 내용이 요구한 내용과 관련성이 있는지, 내용에 모순이 없고 진실성은 있는지, 현재 또는 장래 활용할 가치가 있는지 또는 적시성을 잃어버렸는지, 그리고 정보원이나 협조원들의 과장이나 허위여부를 따지는 첩보의 신뢰성을 보게 되는 것이다.

3. 정보분석

정보분석은 첩보가 정보로 만들어지는 단계로서, 평가된 첩보의 분류, 종합, 해석의 과정을 거치게 된다. 먼저 첩보의 분류는 평가된 첩보 중에서 정보요구한 내용이나 국가이익 및 국가안보와 관련하여 중요성 여부를 기준으로 선별하는 것이다.

종합은 분류된 첩보를 분석관의 지식과 기존에 수집된 첩보들을 연결하여 가설을 설정하고 검증해서 결론을 도출한다. 이 때 검증은 분석관의 폭넓은 배경지식과 판단력은 물론 검증에 필요한 첩보수집을 지시하고 수집된 첩보를 다시 검증에 활용할 수도 있다.

해석은 하나의 추리과정으로서 도출된 결론이 당면한 문제나 국가, 단체 또는 개인에게 어떤 영향을 미치고 어떤 의미가 있는지를 판단하는 것이다. 이러한 해석을 두고 대책을 마련할 수 있다.

가상의 예를 들어서 설명해 보기로 한다. 2018년 평창에서 개최되는 동계올림픽을 앞두고 북한의 테러공격에 대비해야 한다는 정보요구를 설정하였다. 가용 정보자산을 동원하여 첩보수집한 결과 북한은 여러 나라로부터 테러 공격에 사용가능한 각종 공작장비를 구입하는 사례가 늘어났다는 사실을 발견하였다. 구입장비에 대한 구체적인 내용을 입수하도록 추가지시하고 인간정보(HUMINT) 및 기술정보(TECHINT) 활동을 강화토록 하였다. 첩보 평가 및 분류작업을 통해 무인기 및 수중침투공작 장비의 구입이 크게 늘어나고 동해에서 국적불명의 공작선박이 활발하게 움직인다는 사실을 파악하였다. 이에 따라 북한의 무인기 테러 및 잠수함을 이용한 수중침투 가능성을 가설로 설정하고 과거 북한의 침투사례와 잠수함 전문 분석관의 견해를 토대로 검증한 결과, 수중침투의 가능성이 높다는 판단을 내리게 되었다. 이 판단을 근거로 강원도 동해상의 먼 바다와 취약한 해안의 경계를 강화하는 대책을 제시하는 것이다.

4. 정보 보고서 작성

정보 보고서는 정보생산자가 정보분석과정을 통해 도출된 결과물을 정보사용자에게 전달하기 위해 서류형태로 작성한 것이다. 수집된 첩보가 분석과정을 거쳐 완성된 정보가 되기 위해서는 정보 보고서로 작성되어야만 한다. 정보 보고서에 대해서는 이 장 제5절에서 상세히 기술하기로 한다.

제3절 정보분석기법

1. 개념과 종류

정보분석기법이란 수집된 자료나 첩보를 분석하는 도구로서 보다 합리적이고 과학적인 판단을 도출하기 위하여 활용된다. 정보분석을 위한 분석기법들은 기본적으로는 사회과학에서 사용 중인 연구방법과 동일하지만, 정보분석이 학문적 연구와는 달리 비공개 자료들의 활용이 가능하고, 시간적인 제약이 있는데다 보다 현실적인 대안을 제시해야 한다는 점 등이 고려되어, 학문연구에 활용되는 방법을 정보분석에만 쉽게 적용될 수 있는 기법들로 응용되어 사용되기도 한다.

중장기 정보판단과 같이 어느 정도 시간도 주어지고 많은 변수와 계량적 기법들이 동원되어야 할 경우에는 학문적 연구방법이 일반적으로 적용된다. 이 과정에서는 정보분석관뿐만이 아니라 외부 학계 전문가 즉, 정치학, 사회과학, 산업공학, 통계학 학자 등이 동원되어 분석과제 해결에 적정한 연구방법을 선택하고 작업도 함께 이루어질 수 있는 것이다.

그러나 현용정보 즉, 휴전선 일대에서 파악된 북한군의 변화동향 포착에 따른 판단, 국제테러조직 탈레반의 우리나라 공격 선언에 대한 평가 등 빠른 시간 내에 판단을 내리고 사용자에게 전파되어 대응방안을 강구해야 하는 사안들은 아래에서 설명되는 것과 같이 행렬표를 이용하여 분석관 누구나가 쉽고 즉시 적용이 가능한 '경쟁가설 분석방법'과 같은 기법을 사용할 수 있다. 물론 이 분석기법들도 원래 학문연구에 활용되던 방법들이 조금씩 변형된 것들이지만 여전히 학문적 연구방법론의 범위 내에 있는 것들이다.

정보분석기법의 종류에는 크게 인간의 사유에 따라 추론하는 방법으로서 분석관의 직관과 경험, 전문지식을 활용하는 질적분석기법(qualitative analysis techniques)과 계량화되어 있는 첩보나 계량화되어 있지 않다면 계량화하여 통계학, 컴퓨터 등의 지원을 받아 분석하는 계량분석기법(quantitative analysis techniques)으로 구분할 수 있다. 전자에는 브레인스토밍(Brain Storming) 기법, 델파이 기법(Delphi Method), 인과고리(Causal Loop Diagram) 기법, 핵심판단(Key Judgement)추출 기법, 역할연기(Role Playing) 기법 등이 포함되고, 후자에는 베이지안(Bayesian) 기법, 시뮬레이션(Simulation), 행렬분석(Matrix Method), 게임이론(Game Theory), 회귀분석(Regression) 등이 해당된다. 그리고 컴퓨터, 통계학, 산업공학의 발달에 따라 계량적인 차원에서 적용 가능한 정보분석기법들이 늘어나고 있는 추세이다.

한편, 대다수 분석관들은 양적분석기법이라고도 하는 계량분석기법은 정보현상을 조작화하여 수치화하고 이 자료를 컴퓨터를 이용하여 분석하는 방법이 주를 이루기 때문에 어렵다는 생각을 많이 하고 있다. 그러나 각 분석기법을 분석자료에 적용할 수 있는 많은 소프트웨어의 개발로 인해 얼마간의 훈련을 받으면 활용할 수 있는 경우가 많다. 만약 새로운 프로그램이 필요하거나 조작화에 어려움이 있다면 반드시 전문가의 지원을 받아야만 좋은 결과를 가져올 수 있다.

이와 같이 분석기법의 종류는 양분할 수 있지만 실제 정보분석에서는 혼용해서 사용하는 경우도 많으며, 계량분석이 첨단과학의 산물인 컴퓨터가 동원되고 분석과정 전반에 걸쳐 과학적 사고가 곁들여 있다는 생각 때문에 계량분석기법을 선호하는 경향도 나타나고 있다. 그러나 계량분석은 시간과 예산이 더 많이 필요하고 계량분석의 결과도 결국 질적인 분석이 필요하기 때문에 이 두 가지 형태의 분석기법은 분석대상의 목표와 주어진 분석시간 등을 고려하여 상호 보완적으로 사용되어야 할 것이다.

2. 주요 분석기법의 내용과 적용

여기에서는 여러 분석기법 가운데 주로 정보분석 실무에서 활용되는 기법을 3가지 범주, 즉 각종 첩보에서 가장 유력한 가설을 추출하기 위한 진단기법(Diagnostic Techniques), 유력한 가설에서 취약점 여부를 파악하기 위한 검증기법(Contrarian Techniques), 그리고 분석관의 인지적 한계를 극복하여 새로운 시각과 관점을 발전시킬 수 있는 상상력 제고기법(Imaginative Thinking Techniques)으로 나누어 설명하기로 한다.[5)]

가. 진단기법(Diagnostic Techniques)

1) 핵심가정 점검(Key Assumptions Checks)

기초적 상황판단을 좌우할 수 있는 핵심가정을 문장으로 표현하고 사실 여부를 집중 검토하는 방법이다. 핵심가정이란 정보분석관이 사실이라고 받아들인 가정으로서 상황판단 또는 평가의 기초가 되는 중요한 가설을 의미한다. 정보분석관은 현재 상황을 판단하거나 미래의 전개방향을 전망하는 과정에서 불완전하거나 불확실한 증거, 때로는 기만적인 증거를 어떻게 해석할 것인가 하는 문제에 부딪히게 된다. 이러한 문제를 해결하기 위해 핵심가정을 수립하게 되는데, 기존의 지식이나 과거의 정보보고 등 상당히 신뢰할 만하다고 생각되는 것을 기초로 한다. 예를 들면, 어떤 국가의 의도 또는 능력, 행정부의 정책결정방법, 정치세력 간 역학관계, 핵심출처의 신뢰성, 새로운 상황변화 가능성 등을 미리 상정하여 두고 이를 기초로 불확실한 증거 등을 해석하는 것이다. 정보분석관은 의식적이든 무의식적이든 핵심가정을 일단 사실로 받아들이고 나면 좀처럼 재검토하거나 바꾸려고 하지 않는 경향이 있다. 그러므로 핵심가정을 의식적으로 분명한 형태로 추출하고 이것이 성립하게 된 기초가 확실한가, 변화되었을 가능성은 없는가 등을 철저하게 검토하는 것이 중요하다.[6)]

예를 들면, 잘못된 핵심가정으로 피해를 키운 사례는 2002년 10월 2일부터 약 3주간에 걸쳐 미국의 수도 워싱턴 DC 일대에서 10명이 '얼굴 없는 연쇄저격'으로 사망한 사건에서 찾아볼 수 있다. 당초 이 사건을 담당한 수사관들은 초동 현장점검 결과를 기초로 '범인은 단독범으로서 군사훈련을 받은 경험이 있는 백인 남성이며 흰색 밴을 운전하고 있다'는 가정을 수립하였다. 그리고 이러한 가정에 입각하여 수사대상을 설정하고 범행증거를 해석하고자 하였다. 그러나 범인을 체포한 결과 흑인인 존 앨런 무하메드와 그의 양아들로서 같은 흑인인 존 리 말보에 의한 총격사건으로 확인되었다. 당초 잘못된 핵심가정을 수립한 결과 수사관들은 범인을 조기에 검거하지 못하고 희생자가 늘어난 결과를 초래하였다. 범인에 대한 핵심가정을 수립할 때 또는 수립한 다음에도 수시로 핵심가정을 면밀하게 검토하였다면 보다 신속한 범인검거가 가능하였을 것이다.

2) 변화징후 검토(Indicators of Change)

변화의 징후를 사전에 파악하여 지속적으로 관찰하고 모니터링함으로써 새로운 상황 변화를 신속하게 파악하는 방법이다. 징후란 장차 나타나게 될 변화를 미리 포착할 수 있는 관찰가능한 현상이나 사건 등을 의미한다. 징후는 대상국의 정치·사회적 불안정 사태, 인권위기 상황, 임박한 군사공격과 같은 바람직하지 않은 상황 도래를 미리 파악하는 데에도 활용할 수 있고, 경제상황 개선이나 민주화 진전과 같이 바람직한 상황을 미리 파악하는 데에도 활용할 수 있다. 이러한 징후를 파악하고 관심을 가지고 관찰하면 자칫 간과할 수 있는 의미 있는 변화를 조기에 포착하는 것이 가능하다. 어떤 상황판단에 대해 서로 의견대립이 있는 경우 징후목록을 공유하고 함께 추적하게 되면 자연스럽게 이견을 해소할 수 있는 경우도 있다.[7]

〈표 2-1〉은 어떤 국가의 정치적 불안정성 평가를 위해 행정부 운영능력, 통치체제의 정당성, 반정부활동 동향, 경제상황, 체제변화 촉발사건 등으로 항목을 나누어 나타날 수 있는 징후를 정리하고 분기별 점검표를 작성한 예이다.

표 2-1 _ 특정국가의 정치적 불안정성 평가 징후목록(예)

분야	징후	2014				2015			
		I	II	III	IV	I	II	III	IV
행정부 운영능력	통치능력, 정부조직 운영상태	◎	◎	◎	●	⊙	◎		
	공공수요 대응능력	◎	◎	⊙	◎	◎	○		
	기초 생필품 조달능력								
	조직보안 능력								
통치체제 정당성	사법·경찰 시스템 가동력								
	정치참여의 폭과 깊이	○	○	○	◎	◎	◎		
	부패 정도	◎	○	○	○	◎	◎		
	인권침해 정도	○	○	○	○	○	○		
	시민사회 건전성								
	국제범죄조직 침투정도								
	정부에 대한 외국 지지도								
......	......								

△무시 가능 ○낮은 관심 ◎보통 관심 ⊙높은 관심 ●심각(우려)
출처 : U.S. Government, 전게서, 13.

이 표를 살펴보면 행정부 운영능력과 통치체제의 정당성 측면에서 비교적 안정세를 보이고 있다. 다만 행정부 운영능력 측면에서 통치능력과 정부조직의 운영상태가 악화되는 징후를 보이고 있기 때문에 집중적인 관심을 가져야 하는 것으로 나타나고 있다.

3) 경쟁가설분석(Analysis of Competing Hypotheses, ACH)

경쟁가설분석(ACH)은 분석사안에 대해 최대한 많은 가설을 도출하고 가설과 모든 증거 자료의 일치 여부를 검토하는 방법으로서, 가장 그럴듯한 가설을 입증하는 데 중점을 두는 것이 아니라 각종 증거와의 배치가 적은 가설을 중심으로 결론을 도출하는 방법이다. 경쟁가설분석은 많은 자료가 있으면서도 불확실한 상황이 지속되는 복잡한 사안을 판단하는데 유용하며, 오판가능성을 줄여주는 기법이다. 또한 대안적 가설을 설정하여 기만가능성을 검증하는데 유익하며, 정보분석관 또는 정보분석 조직 사이에 의견이 대립할 경우 경쟁가설 행렬표를 이용하여 견해 차이의 원인을 객관적으로 파악할 수 있게 함으로써 주장의 타당성을 높이고 원활한 의사소통을 가능하게 한다.[8]

경쟁가설분석의 절차는 다음과 같다.[9] 1단계, 정보분석관은 브레인스토밍 등을 활용하여 다양한 가설을 최대한 많이 도출한다. 2단계, 분석사안과 관련된 모든 증거와 주장의 목록을 작성한다. 3단계, 가장 위쪽에 가로 방향으로 가설을 기록하고 가장 왼쪽에 세로 방향으로 증거를 기록한 행렬표(matrix)를 작성하고, 각각의 증거와 가설이 서로 일치하는가, 배치되는가, 상관관계가 없는가를 판단하여 표시한다. 4단계, 추가되어야 할 새로운 가설은 없는지, 추가로 입수되어야 할 증거는 없는지를 검토하여 행렬표를 수정한다. 5단계, 각각의 가설과 일치하는 증거와 배치되는 증거의 숫자를 계산한다. 6단계, 분석결과에 가장 큰 영향을 미치는 중요한 증거가 무엇인가를 파악하고, 만약 이 증거가 잘못되었다든지, 잘못 해석되었다든지, 상대 세력의 기만 결과라고 할 경우에 어떤 영향을 미칠 것인가를 분석한다. 특히 유력할 것으로 예상되었던 가설을 뒷받침하는 증거가 입수되지 않았다면 상대 세력의 부인과 기만에 의해 증거가 은폐되었을 가능성이 있는지 판단한다. 7단계, 추가 첩보수집에 의해 확인이 필요한 가설을 포함하여 가능성이 있는 모든 가설을 기초로 하여 결론을 도출한다. 이 경우 가능성이 있는 모든 가설에 대해 실현될 가능성의 정도를 평가하는 것이 필요하다. 8단계, 결론에 포함된 모든 가설이 장차 시간 경과에 따라 사실로 판명되거나 거짓으로 판명될 수 있는 징후를 결정하여 두고 이를 지속적으로 점검한다. 이 경우 어떤 가설과 일치하지 않는 자료가 입수될 경우 그 의미가 무엇인가에 대해 탐구한다.

2003년, 미국이 이라크 공격을 앞두고 이라크 핵 프로그램에 대해 경쟁가설분석을 진행하였다면 다음과 같이 될 것이다.[10] 이라크 핵 프로그램에 관한 가설은 세 가지이다. 첫째 가설은 이라크 핵무기 개발 프로그램은 1991년 걸프전 이후 중단된 상태가 지속되고 있다. 둘째 가설은 이라크가 핵 프로그램을 재건하기 위한 비밀활동을 재개하였으나 핵무기 제조기술을 거의 확보하지 못하였다. 셋째 가설은 이라크 핵 프로그램이 비밀리에 진행되어 3년 이내에 핵무기를 보유할 것이다. 이와 같은 세 가지 가설과 각종 증거자료를 행렬표로 작성하면 〈표 2-2〉와 같다. 이 표에서 일치정도를 보면 중단폐기(H1) 6개, 개발재개(H2) 6개, 보유임박(H3) 4개로 나타나고 있어, 이라크의 경우 핵무기 보유가 임박하지는 않으며 핵무기 개발의 중단 또는 개발재개 가능성이 높은 것으로 해석할 수 있는 것이다.

경쟁가설분석은 1980년대 중반 CIA 분석관 교육을 위해 개발된 이래 현재는 미국의 모든 정보공동체 교육기관에서 교육되고 있으며, 2006년에는 컴퓨

표 2-2 _ 이라크 핵 프로그램에 대한 경쟁가설분석 행렬표

증거	출처	신뢰도	관련성	중단 폐기 (H1)	개발 재개 (H2)	보유 임박 (H3)
후세인의 UN사찰단 협력거부 및 미국 정보활동에 대한 거부·기만 프로그램은 무엇인가 숨기고 있다.	추론	H	H	I	C	C
후세인이 1991년 걸프전 이전 핵무기 개발을 시도한 것으로 볼 때 재개 가능성이 있다.	가정	M	H	I	C	C
비밀 수입한 고강도 알루미늄관은 핵과 비핵에 모두 사용할 수 있는 이중용도 물품이다.	정보보고	H	H	C	C	C
니제르에서 옐로우케익(우라늄정광)을 수입하려는 시도가 보고되었다.	인간정보	L	M	I	C	C
UN사찰단은 핵무기 프로그램 재건에 관한 물증을 찾지 못했다.	정보협조	M	H	C	C	I
미국 정보기구는 핵무기 프로그램 재건에 관한 물증을 찾지 못했다.	정보부재	H	H	C	I	I
정통한 고위 이라크 망명자가 후세인이 WMD 프로그램 폐기를 명령했다고 보고했다.	인간정보	M	H	C	I	I
핵 프로그램 재개를 위해서는 다수의 수입금지 품목을 비밀리에 입수할 필요가 있을 것인데 현재 확인된 것은 알루미늄관과 옐로우케익뿐이다.	추론	M	H	C	C	C
이라크의 은폐공작은 핵개발 은폐가 목적이 아니라 쿠르드족, 시아파, 이란, 이스라엘에 대해 핵무기 포기를 숨기기 위한 목적이다.	검증가설	L	H	C	I	I

H : 상, M : 중, L : 하, C : 일치, I : 불일치

출처 : George, Roger Z. & Bruce, James B. (eds.), 전게서, 254–255.

터 소프트웨어로 개발되어 보급되었다. 해군정보실 등의 지원을 받아 팔로 알토 연구소(Palo Alto Research Center)에 의해 개발된 소프트웨어는 현재 비밀이 해제되어 장차 정보공동체 또는 법집행기관에서 근무하기를 희망하는 대학생들을 위해 대학교육에서도 사용되고 있다.[11)]

4) 핵심판단(Key Judgement)추출 기법

분석대상에 대하여 다수의 가설을 설정한 후 그 가설을 뒷받침할 수 있는 자료나 첩보를 토대로 다시 몇 개의 중요한 가설로 압축한 후 이를 중심으로 핵심적인 가설의 진위를 판단해 내는 기법이다. 이 기법은 복잡한 분석과제를 두고 무엇이 핵심적인 사항이며, 무엇을 우선적으로 분석해야 하는지를 가려내는데 활용할 수 있다.

이 방법의 분석절차를 살펴보면, 먼저 문제 설정단계에서 여러 가설을 상정하여, 각 가설을 평가할 수 있는 증거를 수집하고, 각 가설별로 증거들을 분류, 평가한 후에 몇 개의 중요 가설을 선택한다. 그리고 중요 가설을 비교 분석하여 핵심판단을 추출한다. 이 기법을 이용할 때 유의할 점은 생각할 수 있는 최대한의 가설을 상정하여 처음부터 검토에서 제외되는 가설이 없도록 하고, 각각의 가설을 평가할 때에도 선입견이나 편견으로 특정 가설만을 선호하고 이에 해당하는 증거자료만을 채택하지 않도록 하는 것이다. 이 기법을 동원하여 미국 CIA는 이란·이라크 전쟁 시에 이란의 항복 가능성을 예견한 것으로 알려져 있다.[12)]

나. 검증기법(Contrarian Techniques)

1) 약점탐색 분석(Devil's Advocacy)

약점탐색 분석(Devil's Advocacy)은 중요한 정보사안과 관련하여 분석방향 또는 핵심전제가 거의 결정되었으나, 간과한 검토사항이 있는지 확인하고 중요한 분석전제가 잘못되지는 않았는지 점검하기 위해 활용되는 기법이다. 전쟁 또는 군사적 공격여부를 결정하는 것과 같은 중요한 사안에 대해 이미 상당기간 동안 정보분석이 진행되어서 주류를 형성하고 있는 분석팀의 분석방향이 결정되어 있다면, 개인적 의견제시를 통해 새로운 관점을 도입하거나 분석방향을 수정하는 것은 어려운 경우가 많다. 이 경우 정보관리자가 약점탐색기법을 도입하여 어떤 분석관 또는 분석팀에게 문제점과 새로운 관점을 발굴하도록 임무를 부여하면 생각하지 못했던 분석의 약점을 보완하고 기존 분석팀의 고정관념을 재검토할 수 있는 기회가 된다.[13]

약점탐색 분석은 다음과 같은 방법으로 진행된다. 첫째, 기존 분석팀의 중요한 판단내용과 핵심적 가정을 파악하고 이러한 분석판단에 도달하게 된 증거자료를 확인한다. 둘째, 기존의 분석판단과 배치되는 결과를 도출할 수 있는 한 개 이상의 가정을 수립한다. 이 가정은 기존의 분석과정에서 검토된 것일 수도 있고 검토되지 않았던 것일 수도 있다. 셋째, 첩보를 재검토하여 타당성이 의심스러운 것, 기만첩보의 가능성이 있는 것, 중요한 첩보 중 입수되지 않은 것이 있는지 등을 확인하고, 기존의 분석판단과 배치되거나 대안가설을 지지할 수 있는 증거를 집중 발굴한다. 넷째, 기존 분석팀에게 잘못된 가정과 부실한 증거자료 또는 기만자료 등을 제시한다. 다섯째, 기존 분석팀이 중요한 분석결함을 수정하지 않을 경우에는 별도의 검증 보고서를 제출한다. 별도의 검증 보고서를 제출할 경우에는 기존 분석판단의 핵심을 분명히 제시하고 악마의 변론기법에 입각하여 도달하게 된 결론임을 밝히면서 새로운 문제를 제기하여야 한다. 그렇지 않으면 분석보고를 받는 사람에게 혼란을 야기할 수도 있기 때문이다.[14]

약점탐색 분석을 활용하면 기존 분석팀이 특별한 환경에서 전개될 수 있는 상황을 고려하지 못하여 핵심가정을 잘못 설정하는 것을 수정할 수 있는 장점이 있다. 그러나 약점탐색 분석에 의한 의견 제시는 대부분의 경우 전통적 분석에 의한 분석결론보다 설득력이 부족한 경우가 많고, 정보기구의 고위급 간부 또는 정책결정자에 의해 채택되기가 쉽지 않은 측면이 있다.

2) 팀경쟁 분석(Team A / Team B)

팀경쟁 분석(Team A / Team B)은 중요한 분석대상을 가지고 처음부터 두 가지 견해가 비슷한 비중을 가지고 대립할 경우에 유익하게 활용할 수 있다. 약점탐색 분석은 유력한 가설이 하나만 있을 때 이것을 검증하기 위한 방법인데 비해, 팀경쟁 분석은 유력한 가설 두 개가 서로 대립할 때 이를 검증하기 위한 방법이다. 이 기법은 정책결정자에게 서로 다른 전문적 분석시각을 보여줄 수 있고, 정보기구 책임자와 같은 고위간부에게 분석관들 사이에서 이견이 없는 최소한의 공통분모적 의견만을 보고하는 대신에 설득력 있는 상반된 주장을 보고할 수 있는 기회를 제공해 준다. 정책결정자는 두 개 팀의 핵심 가정과 이를 뒷받침하는 첩보의 차이점을 분명하게 파악하고, 스스로 장단점을 판단하거나, 정보분석관에게 추가질문을 하여 판단을 내릴 수도 있다.[15)]

팀경쟁 분석은 1단계인 분석단계와 2단계인 토의단계로 이루어진다. 1단계인 분석단계는 A팀과 B팀이 각자 정보분석을 진행하는 것이다. 우선 비슷한 설득력을 가진 서로 다른 가설이나 관점을 발전시킬 두 개의 팀 또는 분석관을 임명한다. 각 팀은 각자의 입장과 관련된 기존 첩보를 검토하고 가설을 입증하는 데 필요한 첩보를 수집한다. 핵심가정과 증거 그리고 뒷받침하는 논리를 분명하게 제시하여 각자의 주장을 구조화한다. 2단계인 토의단계는 각 팀이 각자의 주장을 프레젠테이션하면서 상대팀의 반박에 대해 방어하는 것이다. 토의를 진행할 때에는 브레인스토밍 효과가 날 수 있도록 충분한 시간을 주고, 발표내용에 대해 질문하는 독립적인 평가단을 참석시켜서 어느 쪽 주장이 더 설득력이 있고 추가로 조사할 사항 및 수집할 자료 등에 대해 의견을 청취한다.[16)]

3) 높은 영향 / 낮은 확률 분석(High-Impact / Low-Probability Analysis)

높은 영향 / 낮은 확률 분석(High-Impact / Low-Probability Analysis)은 실현될 가능성은 낮지만 만일 실현될 경우에는 중대한 파급영향을 초래할 가능성이 있을 때 이를 검증하는 기법이다. 이 기법은 실현가능성이 낮기 때문에 평소에는 그 파급영향에 대해 거의 주목하지 않는 사안에 대해 정책결정자에게 경고할 수 있는 기회를 제공한다. 예를 들면, 일본 Sony의 쇠퇴, 소련붕괴, 독일통일 등은 많은 사람들이 실현가능성이 낮다고 생각하여 분석주제로 삼지 않았지만, 실현될 경우에 어떤 파급영향을 미치고 어떤 과정을 거쳐 실현될 것인가를 분석하였다면 많은 의미가 있는 결과를 도출할 수 있었을 것이다.[17]

높은 영향/낮은 확률 분석은 실현될 경우 초래될 위험한 결과를 밝히는 것이 중요하다. 이것이 바로 실현가능성이 낮은 데도 불구하고 분석을 실시하는 이유이다. 이러한 사태가 발생할 경우에 거치게 될 경로(pathways) 또는 변화의 전체 모습을 설명할 수 있는 모델을 만들고, 변화를 촉발시킬 사건이나 계기를 상정한다. 역사적인 대규모 사건의 예를 보면 변화촉발의 계기는 자연재해, 핵심적 지도자의 건강문제, 새로운 정치·경제적 사건발생 등이 있다. 급격한 변화를 촉발시킬 수 있는 계기를 찾아낼 때 다양한 경험을 가진 정보분석관들과 브레인스토밍을 하는 것이 유용하다. 사태가 전개될 수 있는 경로를 시나리오로 작성하고, 시나리오별 징후 또는 관측가능한 현상을 규정하여 두면 실제로 사태가 발생되었을 때 어떤 시나리오에 해당되는지 확인할 수 있다. 또한 바람직한 방향으로 사태가 발전되도록 촉진시키는 요소와 악화시키는 요소를 구분해 두는 것도 바람직하다.

다. 상상력제고기법(Imaginative Thinking Techniques)

1) 브레인스토밍(Brain Storming)

브레인스토밍(Brain Storming)은 광범위하게 활용되고 있는 아이디어 창출 기법이다. 브레인스토밍은 정보분석을 시작할 때 분석과제와 관련하여 다양한 가설을 도출하는 데 사용되며 다른 분석기법을 적용하는 과정에서 보조적으로 사용되기도 한다.

브레인스토밍은 정보분석팀 및 관련 그룹이 함께 참석하는 것이 바람직하다. 정보분석 프로젝트를 시작할 때 또는 중요한 분석 포인트에 대해 브레인스토밍을 하게 되면 많은 시간이 필요하지만, 다양한 의견을 참고하여 분석주제를 구조화하는 데 많은 도움이 된다. 브레인스토밍은 정보분석관의 고정관념을 완화시켜 주고 습관적인 업무관행을 재검토하게 하는데 특히 유용하다. 또한 새로운 아이디어를 도출해내고, 분석과제에 대해 종합적인 시각을 갖도록 하며, 불분명한 부분들이 무엇인지 가려내고, 어떤 가설에 대해 성급하게 판단하는 것을 방지할 수 있다.[18)]

브레인스토밍을 진행할 때 준수하여야 할 기본원칙은 다음과 같다. 첫째, 창출된 아이디어를 비난하거나 비판적으로 평가해서는 안 된다. 둘째, 아무리 우스꽝스러운 아이디어라도 수용해야 한다. 셋째, 아이디어는 많으면 많을수록 좋다. 넷째, 이미 제안된 아이디어로부터 다른 아이디어를 이끌어 낼 수 있도록 한다.[19)]

정보분석을 위한 브레인스토밍은 2단계로 나누어 진행하는 것이 효과적이다. 1단계는 새로운 아이디어와 시각을 창출하는 확산적 사고단계(divergent thinking phase)이고, 2단계는 도출된 아이디어를 핵심개념 중심으로 그룹화하고 조직화하는 수렴적 사고단계(convergent thinking phase)이다.

확산적 사고단계는 다음과 같은 방법으로 진행한다. 분석의 핵심과제를 문장으로 표현하여 제시하고, 바람직한 인원으로 여겨지는 5~20여명으로 구성한 참석자들에게 메모지와 펜을 지급한다. 그리고 한 장의 메모지에 해결방안을 한 개씩 기록하여 모두가 볼 수 있도록 벽이나 보드에 부착한다. 참석자의 아이디어가 더 이상 나오지 않더라도 추가 아이디어가 나올 수 있도록 시간을 부여한다. 모든 아이디어가 제출되었다고 생각되면 수렴적 사고단계로 넘어간다.

수렴적 사고단계는 다음과 같이 진행한다. 우선 참석자들에게 공통점이 있거나 유사한 내용의 메모지를 그룹화하도록 한다. 이 경우에 한 장의 메모지 내용이 두 개 그룹에 해당될 때에는 복사하여 사용하도록 한다. 그룹화가 마무리되면 각 그룹의 특징을 고려하여 이름을 붙인다. 어느 그룹에도 속하지 않는 아이디어가 있을 경우에는 주제와 무관한 것인지 아니면 새로운 그룹화가 필요한 내용인지를 판단한다. 브레인스토밍 결과 도출된 새로운 아이디어가 무엇인지 확인하고 추가로 브레인스토밍이 필요한 부분이 있는지 확인한다. 참석자들에게 가장 주목하여야 할 그룹의 아이디어가 어느 것인지 질문하고 그룹별 순위를 부여한다.[20] CIA는 이 기법을 적용하여 소련의 붕괴가능성을 미리 예측한 것으로 알려져 있다.

2) 홍팀 분석(Red Team Analysis)

홍팀 분석(Red Team Analysis)은 외국의 지도자나 의사결정 그룹이 결정한 내용을 파악할 때 거울 이미지(mirror image)에 의한 왜곡현상을 줄이고 최대한 실제에 가깝게 파악하기 위한 기법이다. 정보분석관들은 어떤 이슈에 대해 외국의 행위자들도 자신들과 유사하게 이해하고 같은 동기와 가치관으로 행동할 것이라고 생각하는 경향이 있다. 전통적 사고에 의하면 위협과 기회가 있을 때 외국의 지도자들도 자신과 같이 합리적으로 생각할 것이라는 전제하에서 분석한다. 그러나 역사적으로 볼 때 외국의 지도자들은 문화적, 조직적, 개인적 경험이 상이하기 때문에 정보분석관의 판단과는 다르게 반응한 경우가 많았다. 홍팀 분석은 분석대상인 개인 또는 그룹과 유사한 문화적, 조직적, 개인적 요소를 의식적으로 설정하고, 유사한 환경하에서 판단을 이끌어내는 방법이다.[21]

홍팀 분석은 다음과 같은 방법으로 진행된다. 정보분석관은 분석을 위한 홍팀을 구성함에 있어 분석대상 정보환경에 대한 깊은 지식이 있고, 분석대상이 되는 인물이나 집단의 개성을 잘 파악하고 있으며, 이들의 평소 사고방식에 익숙한 사람들로 구성하여야 한다. 홍팀 구성원들은 단순히 해당 외국어를 할 수 있는 사람이 아니라 그 문화를 체험한 사람들이어야 하고 인종적 배경을 공유하거나 비슷한 정보환경에서 활동한 사람들이어야 한다. 홍팀은 분석대상이 처해 있는 것과 같은 환경하에 있다는 것을 전제로 의사결정을 한다고 생각하여야 한다. 분석대상이 자신에게 할 것으로 예상되는 일인칭 질문을 발굴하여야 한다. 예를 들면, "새로 들어온 정보에 대해 나는 어떻게 생각해야 하는가?", "내가 개인적으로 관심이 있는 것은 무엇인가?", "나는 누구에게 의견을 물어보아야 하는가?"와 같은 것이다. 그리고 분석대상인 외국이나 적대세력이 자신들의 지도자가 할 것으로 예상되는 특별한 결정이나 권고사항 또는 조치사항을 구체적으로 표현하는 정책결정서를 작성한다. 정책결정서에 분석대상에 대한 문화적 · 개인적 특성이 정확하게 반영되면 될수록 분석과제에 더 많은 유익한 시사점을 제시해 줄 수 있다.[22)]

3) 대안 미래분석(Alternative Future Analysis)

대안 미래분석(Alternative Future Analysis)은 현재 전개되고 있는 상황이 매우 복잡하고 유동적이어서 미래에 출현할 것으로 예상되는 모습이 대단히 불투명할 때 활용되는 기법으로 미래 시나리오 분석(Future Scenarios Analysis)이라고도 한다. 대안 미래분석은 복잡하게 전개되는 사건이나 상황에 대해 합리적인 결과를 예측가능하게 함으로써 정보분석관이나 정책결정자가 대책을 검토할 수 있도록 해준다.

대안 미래분석은 불확실한 미래상황을 예측하기 위해 핵심 행위자들 사이에 존재하는 요소, 추동력, 촉진제 등이 서로 어떻게 영향을 미치고 작용하는지를 파악하는 구조화된 모델화 방안을 모색한다. 미국 정보공동체의 경험에 의하면 정책결정자들은 불확실한 미래상황을 판단한 대안 미래분석의 결과를 비교적 원만하게 수용하였으며 핵심적 사항을 파악하지 못할 경우에 초래될 위험에 대해서도 수월하게 이해하였다고 한다.[23)]

대안 미래분석은 다음과 같은 방법으로 진행된다. 첫째, 분석주제와 관련된 업무를 수행하는 전문가와 공직자 등을 대상으로 체계적인 인터뷰를 진행하여 핵심이슈가 무엇인지 파악한다. 둘째, 내부 및 외부전문가 그룹을 구성하여 핵심이슈에 영향을 미치는 주요 요소와 추동력을 파악하고 토의하기 위한 브레인스토밍을 진행한다. 셋째, 가장 큰 영향을 미치는 두 개의 요소를 도출하고 두 개의 축으로 배열한다. 이 경우 축의 양 끝에는 그 요소의 극단적인 상황을 상정한다. 예를 들면, 경제성장이 가장 중요한 요소라고 한다면 경제성장 축의 양 끝은 '고성장'과 '저성장'이 되거나 '개혁적 성장'과 '안정적 성장'이 될 수 있을 것이다. 넷째, 두 개 축을 바탕으로 서로 조합하여 네 개 영역의 미래 모습을 도출한다. 각각의 미래 모습에 대한 구체적 시나리오를 구성하고 현실적으로 실현될 때 나타날 수 있는 징후나 특징적 현상들을 점검한다. 다섯째, 정보분석관 또는 정책결정자는 네 개 영역으로 나타나는 미래의 모습에 대응하여 어떠한 정책이나 전략을 수립할 것인지를 검토한다.

예를 들어 한국에 대한 테러공격 가능성을 대안 미래분석으로 검토하면 〈도 2-1〉과 같다. 브레인스토밍 결과로 도출된 테러공격의 핵심요소인 '무기성능과 종류', 그리고 '공격대상의 범위'를 X축과 Y축에 배열하고, 2 × 2 행렬표의 네 개 영역에 잠재적 공격행태를 기록하였다. 예를 들면, 테러난체가 WMD를 가지고 광범위한 공격을 시도한다면 예상되는 행위는 컴퓨터 네트워크를 공격하여 마비시키거나 국내 의약품 공급망을 통해 오염된 의약품 공급을 시도하는 것 등을 상정할 수 있다.[24]

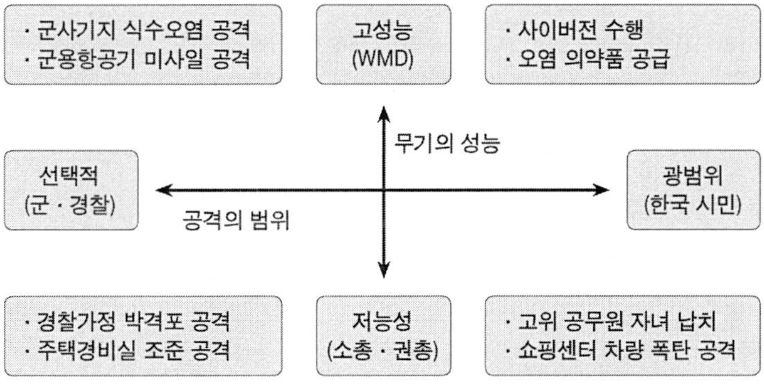

출처: U.S. Government, 전게서, 35.

도 2-1 _ 테러공격 가상 대안미래 분석표

4) 역할연기(Role Playing)

역할연기(Role Playing)란 원래 현실에 근접한 상황을 설정하여 참가자에게 특정역할을 연기하게 함으로써 각각의 역할과 입장을 이해하게 하거나, 현실에 맞서는 주체성과 창조성을 높이기 위한 체험기법을 의미한다.[25)]

정보분석에서는 분석과제에 대하여 잘 알고 있는 여러 전문가에게 서로 역할을 분담하여 상호 역할을 연기하도록 하고 나타나는 결과를 토대로 분석에 활용할 수 있다.[26)] 이 기법은 여러 변수가 혼재되어 분석관 혼자서 판단하기 어려운 협상결과 예측 등에 이용할 수 있다.

예를 들면, 황금의 삼각지대에서 아편 생산량을 감축하기 위한 미얀마, 라오스, 미국, 한국이 참가하는 4자 회담에 앞서 각국의 이해관계를 미리 알려고 하는 경우 각 나라의 입장을 대변할 전문가를 역할 연기자로 선정하여 회의를 진행함으로써 사전에 결과를 예측하는 것이다. 역할 연기자는 주제에 대해 전문지식은 물론 감정적으로 동화하는 정도가 크면 클수록 좋은 결과를 도출할 수 있다.

5) 인과고리(Causal Loop Diagram) 기법

인과고리 기법이란 분석대상에 영향을 미칠 수 있는 변수를 최대한 도출한 후 이 변수들 간의 관계를 도표로 작성하여 인과관계를 추정하는 것은 물론 향후 추세도 예측하는 기법이다. 작성된 도표에 추가되는 첩보를 더하여 점검함으로써 향후 변화추세를 알아낼 수 있는 것이다.

이 기법은 여러 분석관과 전문가의 의견을 수렴하여, 분석대상에 영향을 미칠 수 있는 변수를 최대한 많이 망라하는 것이 중요하다. 그리고 변수들 사이의 인과관계를 알아내기 위해서는 영향을 주는 변수와 영향을 받는 변수를 파악하도록 노력하여야 한다.

예를 들어 살펴보면, 마약 밀수 증가의 원인과 전망을 분석함에 있어 우리 사회의 향락풍조 만연→마약사용자 증가→마약 밀수입 증가→정부의 출입

경 통제 강화라는 인과고리를 상정할 수 있다. 즉 마약 밀수 증가는 우리 사회의 향락풍조가 만연한데서 비롯되고 있으며 정부의 출입경 통제가 강화될 것으로 예상할 수 있다.

제4절 정보 보고서 작성

1. 정보 보고서의 의의

정보 보고서란 완료된 정보분석 결과를 사용자에게 전달하기 위해 문서형태로 작성한 것이다. 분석관이 분석결과를 보고서로 잘 작성해야만 사용자는 필요한 시기에 올바른 결정에 필요한 지식과 통찰력을 가질 수 있다. 그러나 분석관이 제대로 작성하지 못한다면 사용자는 필요한 자료를 얻지 못하거나 정보를 잘못 이해하여 그릇된 결정을 할 수 있는 것이다.

따라서 정보 보고서의 작성은 사용자의 요구조건이나 분석결과로 나타나는 내용에 따라 달라질 수 있지만 공통적으로 적용되는 것은 사용자가 정보내용을 쉽게 이해할 수 있고, 보충설명 없이 문서만으로도 내용을 완전히 이해할 수 있게 의문이 없도록 작성하는 것이다.

정보 보고서는 일반적인 학술논문과는 달리 분석 결과물의 모든 내용을 포함하되 쉽고 간략하게 작성해야 하기 때문에 초급 정보관에게는 상당히 어려운 작업에 해당하는 것으로서 정보 보고서 작성 능력을 키우기 위해서는 많은 노력과 시간투자가 필요하다. 따라서 일반 직장에서 보고서 작성을 잘 하는 사람이 업무능력이 있다고 평가되는 것처럼 정보조직에서도 보고서 작성 능력은 같은 평가를 받고 있다.[27)]

2. 보고서의 종류

정보 보고서를 기본정보 보고서, 현용정보 보고서, 경보 보고서, 판단정보 보고서, 정기간행물로 구분하여 설명하려 한다. 이러한 분류가 반드시 정확하고 옳은 것은 아니나, 정보를 생산하는 방법과 미국에서 일반적으로 구분하는 기준을 토대로 분류한 것이다.

가. 기본정보 보고서

기본정보 보고서란 과거로부터 변화가 거의 없는 정적인 상태를 기술한 정보를 담은 보고서이다. 정치, 경제, 사회, 군사 등 제 요소에 걸친 단편적인 지식과 이를 종합한 나라별, 지역별, 특정 문제별 종합정보가 포함된다.

이 보고서는 공개적으로 이용 가능한 자료와 모든 출처에서 나오는 정보에 기초하여 주어진 상황을 최대한 완벽하게 묘사하려고 한다. 예를 들면, 한 국가의 정치체제에 대한 기본정보 보고서는 주요 정치세력과 인물 및 그들의 관점과 이해관계, 그리고 그들의 상호 연결관계 등에 관한 설명이 포함된다.[28)]

그리고 기본정보 보고서의 항목구성은 다음 예시와 같이 활용하기에 편리한 순서에 따라 작성하는 것이 일반적이다.

국가별 기본정보의 사례(예시)

- 제목 : 러시아 현황
- 내용

1. 지리
   가. 자연지리
   나. 행정구획

2. 정치
   가. 권력구조

나. 사상·정치투쟁사
다. 러시아 정당
라. 정부기관 및 기타 정치조직

3. 외교
가. 대외정책의 변천과정
나. 외교원칙
다. 대외관계기관
라. 외교관계 수교현황
마. 우호관계조약 체결현황
바. 대외관계

4. 군사
가. 건군원칙 및 당·군관계
나. 군사제도
다. 각 군의 편성 및 배치
라. 군수공업
마. 러시아군의 전략전술
바. 핵개발 현황 및 우주개발 계획
사. 국방현대화 계획
아. 러시아의 국경문제

5. 경제
가. 자본주의 정착 기본 계획
나. 경제정책추이
다. 경제개발기구 및 주요 경제제도
라. 경제현황 및 산업별 현황
마. 무역, 경제원조, 외자도입

6. 과학기술
7. 사회문화

■ 부록
• 헌법
• 주요인물 약력

나. 현용정보 보고서

현용정보 보고서는 보고시점까지 계속 변동이 있는 동태에 관한 정보로서 의사결정자에게 그때그때의 동향과 의미 등을 알리기 위해 작성한 보고서이다. 이러한 개념 속에서 보면, 정보기구와 언론매체는 유사한 기능을 수행한다고도 할 수 있다.[29)]

이 보고서 형태는 생정보(raw intelligence), 시사정보(current reportorial intelligence), 수시정보(occasional intelligence), 정기정보(periodic intelligence)로 구분할 수 있다. 생정보는 간단한 분석을 할 만한 시간적 여유가 없을 정도로 긴박한 사실에 관한 정보이다. 테러단체의 다중이용시설 공격사실이나 북한의 국지도발 등의 사건은 설명적인 분석이 있어야 하지만 사안이 긴박한 만큼 우선 입수한 내용을 그대로 보고하는 정보를 말한다. 시사정보는 현용정보 중 어떤 사실에 관한 일부 또는 전부가 표면화됨으로써 시사성을 갖는 정보인데, 현재 계속되는 정보사항이라고 해도 그것이 시사성을 갖지 못하면 시사정보가 되지 못한다. 수시정보는 전체사항을 종합평가한 것이 아니라 어떤 현상의 부분적인 상태를 나타내는 정보로써 적시정보(適時情報)라고도 한다. 정기정보는 1일, 주간, 월간 등 정기적으로 그리고 계속적으로 진행 중인 특정 사안의 동태를 종합적으로 취급하는 정보이다. 미국에서 생산되고 있는 현용정보 보고서는 다음과 같다.

1) 대통령 일일 브리핑(President's Daily Brief, PDB)

이 보고서에는 대통령이 국가 안보와 관련된 임무를 수행하기 위해 알아야 할 가장 중요한 정보를 포함하고 있다. 대통령이 매일 업무를 시작할 무렵에 10분 내지 15분 안에 읽을 수 있도록 작성된 것으로 뉴스매체에서 선정된 것도 있으나 주로 CIA, DIA, NSA에서 수집된 민감한 정보들로 구성[30)]되어 있기 때문에 대통령, 부통령, 그리고 대통령이 지명한 소수의 관료들에게만 배포가 된다.

2) 고위관료용 정보요약(Senior Executive Intelligence Brief, SEIB)

고위관료용 정보요약(Senior Executive Intelligence Brief, SEIB)은 고위 공무원을 위한 일일정보이다. 국가안보와 관련된 업무를 수행하고 있는 미국 정부 내 고위 관료 수백명이 활용할 수 있도록 간추려진 핵심적인 정보사항들로서 다수의 1급비밀 정보들이 수록되어 있다.

이 보고서는 1960년대 CIA국장이던 William Colby의 제안으로 만들어졌던 '국가정보요약(National Intelligence Brief)'이 '국가일일정보(National Intelligence Daily, NID)'라는 이름으로 배포되다가 명칭이 변경된 것으로서 CIA, DIA 정보공동체 내 기관들이 협의하여 작성하고 있다.

3) 일일경제정보요약(Daily Economic Intelligence Brief, DEIB)

일일경제정보요약(Daily Economic Intelligence Brief, DEIB)은 클린턴(Clinton) 정부부터 경제부서 국장급 이상의 관료들에게 배포되기 시작한 보고서로 외국의 무역관행, 국제 자원개발 동향, 불법금융거래 실태 등 경제관료들이 관심을 갖는 안건들이 포함되어 있다. 주 5회 생산되는 것으로 알려져 있다.

4) 군사정보요약(Military Intelligence Digest, MID)

이 보고서는 1990년대 초반부터 생산되기 시작한 국방부의 최고 현용정보 보고서이다. 잡지형식으로 월요일부터 금요일까지 생산된다. 지역안보, 핵무기 안전, 대량살상무기 확산문제, 군정책, 군과 관련된 제반 이슈, 전략과 자원 문제 등이 포함되어 있다.

다. 경보 보고서

이 보고서는 정보생산자가 위협을 받고 있는 국가나 단체 또는 개인이 위협에 대응하여 저지, 회피 등의 조치를 취할 수 있도록 하기 위해 위협요소를

식별 · 판단하여 사용자에게 경보를 발하는 보고서이다. 현용정보 보고서의 한 종류에 해당한다.[31)]

경보 보고서는 서방진영과 공산진영의 국가들이 수천 기의 핵탄두와 군부대들을 서로를 향해 배치해 놓았던 냉전기간 중에 중요하게 여겨졌으며, 북한과 휴전상태에 있는 우리나라의 입장에서는 오늘날에도 무엇보다 중요한 정보형태이다.

분석관들은 군대의 전진배치 등 위협을 구성하는 각 요소별 '표지'인 징표(indicators)가 실제로 발생하고 관찰된다면 징후(indications)로 간주하고 이 징후를 전체적으로 종합하여 경보를 발령하게 된다. 1980년대 초 영국주재 KGB 거점이 감시할 임무를 맡은 징표들은 다음과 같다.[32)]

- 수상관저가 소재한 다우닝가 10번가, 국방부, 외교부, 영국주재 미국 대사관, 영국의 정보 및 보안기구의 동향(야간 조명 여부 등)
- 위 시설들 간 전령의 왕래 빈도
- 수상과 주요 장관들의 왕래 정도(수상의 이례적인 버킹검궁 방문 등)
- 식량비축 또는 비상혈액은행의 혈액준비상황 점검과 같은 민간인 방어를 위한 일상적이지 않은 조치의 시행

한편, 미국은 변화하는 정보환경에 맞추어 여러 유형의 경보 보고서를 생산하고 있는데, 주요 보고서들은 다음과 같다.

1) 경보경계목록(Warning Watchlist)

주간으로 작성되며, 향후 6개월 내에 미국의 안전과 정책에 대한 잠재적인 위협의 가능성에 대해 추적하고 지정하는 보고서이다.

2) 경보전망(Warning Forecast)

국방정보국에서 미국의 안전과 관련하여 향후 2주 단위의 주간경보전망(Weekly Warning Forecast), 향후 2~6개월 단위의 반기경보전망(Quarterly Warning Forecast), 그리고 향후 1년간은 연간경보전망(Annual Warning Forest) 보고서를 생산하여 잠재적 위협을 전망한다.

라. 판단정보 보고서

판단정보 보고서는 현재의 특정 상황을 체계적으로 분석하고 평가하여 앞으로 어떻게 전개될 것인지를 예측한 보고서이다. 정보 보고서 유형 중 분석관들이 많은 지식과 경험을 토대로 작성하는 가장 야심찬 형태이다. 미국에서 생산되는 주요 판단정보 보고서는 다음과 같다.

1) 국가정보판단서(National Intelligence Estimates, NIEs)

1979년 창간되어 글로벌 브리핑(Global Briefing)이라는 명칭으로 5년마다 생산되는 국가정보판단서는 세계 각국의 정치, 경제, 군사 등의 분야에 대한 장기예측이다. 국가정보국장(DNI) 산하의 국가정보위원회(NIC)에서 미국 내각 정보기구의 의견과 민간학계의 자문도 받아 종합적으로 판단하는 가장 권위 있는 보고서로서 2013년 'Global Trends 2030'을 생산하였다.

2) 특별국가정보판단서(Special National Intelligence Estimates, SNIEs)

특별국가정보판단서(Special National Intelligence Estimates, SNIEs)는 국가정보판단서보다 분량이 적고 긴급을 요하는 요구에 부응하여 작성된 것으로서 압축판 미래예측 보고서라고도 한다.

3) 국방부 국가정보판단서(Department of Defense, NIEs)

국방부 산하 국방정보국(DIA)에서 독자적으로 생산하는 판단서이다. 첨단 과학기술의 발전에 따라 새로이 개발되는 무기 및 각국의 군사력 동향 등에 대해 심층 분석한 내용을 담고 있다.

마. 정기간행물

미국에서 특정분야 또는 안건에 대한 정보를 연속해서 정기적으로 생산하는 판단정보 보고서는 다양하다. 중앙정보국이 발행하는 ① 무기거래보고(Arms Trade Report), ② 테러리즘 평론(Terrorism Review), ③ 마약감시(Narcotics Monitor), ④ 주간 경제정보(Economic Intelligence Weekly), ⑤ 월간 유럽 리뷰(European Monthly Review), ⑥ 반기별 국제에너지 리뷰(International Energy Statistical), ⑦ 무기확산다이제스트(Proliferation Digest)가 대표적인 정기간행물이다.

국방정보국은 주간 공군정보(Air Force Intelligence Weekly), 월간 마약정보와 반기 정보추세 다이제스트(Monthly Digest of Drug Intelligence and Quarterly Intelligence Trends)를 배포한다. 그리고 국무부 정보조사국(Bureau of Intelligence and Research)은 격주로 정보분석국 저널(INR Journal)과 평화전망(Peacekeeping Perspectives)을 생산한다.

3. 정보 보고서 작성방법

가. 작성 절차

1) 작성목적의 정립

우선 정보 보고서를 작성하는 목적을 설정하여야 한다. 긴급상황 발생에 따른 상황보고 인지 또는 안보와 관련된 장기정책결정의 지원을 위한 것인지 등 보고서를 작성하는 이유를 정하거나 파악하여야 한다. 이러한 목적은 상관의 지시나 사용자의 요청, 그리고 분석관 개인의 판단에 따라 설정되는 것이다.

2) 보고내용 구상

보고하는 목적이 무엇인지 알았다면, 이 목적을 충족시킬 수 있도록 담아야 할 내용을 구상하여야 한다. 그 구성을 위해 우선 다양한 첩보나 정리된 분석 자료를 토대로 주제를 선정하여야 할 것이다. 많은 자료를 가지고 의미있는 이슈를 찾아내고 보고주제를 선정하는 것은 매우 중요한 일이다. 보고주제가 선정되었다는 것은 이미 보고해야할 부분이 일정한 분야로 정해졌다는 의미도 포함되어 있기 때문이다.

일단 보고주제가 선정되면 보고방법과 종류, 보고서 제출시한, 보고 대상자 등을 고려하여 보고서의 틀을 구상한다.

3) 자료 정리

보고서 작성에 필요한 자료의 정리가 필요하다. 주어진 보고서 작성에 활용할 수 있도록 분석된 자료, 통계, 사진, 법령 등을 모아 쉽게 사용할 수 있는 위치에 두고 필요하면 자료의 재분류도 할 수 있다.

그리고 과거에 생산된 보고서를 검토하여 어떻게 보고되었으며 조치되었는지를 검토해 보는 한편 해당 분야의 외부전문가나 선배, 상관의 조언도 구해 둔다.

4) 보고서 작성

정보 보고서는 철저하게 사용자의 눈높이에 맞추어 보고서 작성요령과 원칙에 따라 작성하여야 한다. 분석관은 자신의 지식과 전문성을 과시하고 싶은 유혹이 있기 때문에 전문적인 보고서가 설득력이 높을 것으로 생각하기 쉬우나 그것은 잘못된 생각이다. 모든 정보 보고서는 쉽고 간단명료해야 한다. 보고서 작성원칙과 보고서 구성 및 전개방식은 다음 항에서 상술하기로 한다.

5) 보고 후 후속조치

보고서를 전달받은 사용자의 반응과 요구에 따라 생산된 보고서를 복사하여 배포선을 확대하거나 보고내용과 관련된 후속 동향이 있거나 추가 보고사항이 발생하면 추가 보고서 작성 여부를 검토한다.

나. 작성원칙

1) 간결성

정보 보고서는 많은 양의 정보를 압축해서 표현해야 하기 때문에 구성이 산만하지 않고 간결, 명료해야 하며, 불필요한 미사여구나 수식어는 피해야 한다.

장황한 보고서는 스스로 논리적 모순에 빠지거나 사용자의 관심과 집중력을 떨어뜨릴 수 있다.

따라서 정보의 종류에 따라 다를 수 있지만 대개 양은 2~3장 정도로 압축하고 부가적인 정보나 자료는 첨부하는 방식이 좋다.

2) 적시성

정보 보고서는 사용자가 절실하게 필요로 하는 시점에 제공되어야 한다는 것이다. 시사성 있는 보고서는 사태발생 이전에 제공되어야 하며, 다소 시간적 여유가 있는 정책보고서라도 최대의 기능을 발휘하기 위해서는 보고시기를 적절하게 선택하는 것이 중요하다.

3) 정확성

내용이 정확하지 못한 보고서는 무용지물이거나 오히려 사용자의 판단을 악화시키므로 사실로 확인된 것이어야 한다. 인용된 통계는 가장 최신의 것이어야 하며, 단편적이거나 일부 사안이 전체인 양 과장되어서는 안 된다.

정확하게 판단하는 것이 어려운 미래에 미칠 영향과 전망 역시 100% 정확성을 기하기 위해 노력해야 하며, 회귀분석 등의 실증적인 방식이 동원될 경우 설득력도 높아진다.

4) 완전성

정보 보고서는 내용과 형식에 있어 단편적이거나 부분적이지 않은 그 자체로 완전한 내용과 형식을 갖추어야 하며 별도의 추가적인 설명이나 자료가 필요하도록 만들어져서는 안 된다.

비록, 한 가지 사안을 가지고 연속적으로 보고하는 경우에도 매 건의 보고서는 완전한 내용과 형식을 구비하여야 한다. 따라서 특정한 접근방법으로만 분석하여서는 안 되며, 다양한 지식과 경험 그리고 합리적인 사고를 동원하여 보고서를 작성하여야 한다.

5) 평이성

보고서는 사용자가 쉽게 이해할 수 있도록 만들어져야 한다. 사용자는 모든 분야에서 능통하지 않으므로 당해 분야 전문가의 입장이 아닌 사용자의 입장에서 이해할 수 있도록 쉬운 문장과 용어를 선택하여 작성되어야 한다.

따라서 지나치게 전문적인 용어 대신에 일상적으로 사용하는 어휘가 바람직하며, 전문용어가 꼭 필요한 경우 '첨부'나 '※' 등을 사용하여 부연 설명하는 것이 좋다.

6) 효율성

정보 보고서는 많은 시간과 노력, 그리고 축적된 경험을 투자하여 작성되는 만큼 보고서가 사용자에게 전달되어 어느 정도의 효율성을 가졌는지도 평가하여 가치를 높여나가는 기준으로 이용하여야 한다.

보고서의 가치를 그때그때 건별로 따질 수는 없지만, 배포 후 일정기간이 지나 투입 대 산출 측면의 능률성과 얼마나 정보목표를 달성했는가를 의미하는 효과성을 측정함으로써 정보의 가치를 측정할 수도 있다.

7) 능동적인 표현

보고서의 문장은 능동태로 작성하는 것이 바람직하다. 예를 들면, '국제마약조직이 경찰청 외사수사대에 의해 일망타진되었다'라기보다는 '경찰청 외사수사대가 국제마약조직을 일망타진했다'고 서술하는 것이 좋다.

능동태로 작성하면 간결하게 보이며, 문장에 힘을 주게 되며, 읽는 사람으로 하여금 주제로 유도하고 주의를 집중하게 하는 효과를 가져올 수 있다.

한편, 오랜 역사와 많은 일처리를 하면서 의미 있는 성과를 도출하고 있는 미국 CIA 역시 능동태(active voice) 표현을 통해 생산자의 자신감을 강조하는 원칙을 두고 있다.[33)]

다. 보고서의 전개

1) 보고서의 구성

보고서의 구성은 보고할 내용과 보고의 종류에 따라 다를 수가 있지만 대개의 경우 결론 또는 중요 내용을 두문에 기술하고, 비교적 표준된 양식에 따라 전개한다. 결론과 중요내용을 앞쪽에 두는 것은 사용자의 관심을 끌고 관심이 덜한 주제에 대해서는 두문만 보는 방식으로 시간을 절약할 수 있도록 하기 위한 것이다.

보고서 형태는 일반적으로 2단계의 현황과 대책, 3단계의 문제의 제기, 현황 및 문제점, 대책, 4단계의 개요, 현황 및 문제점, 대책, 결론 및 건의, 5단계의 개요, 현황 및 문제점, 향후전망, 대책검토, 결론 및 건의사항으로 작성할 수 있다. 보고서 작성자는 보고내용, 긴급성, 사용자의 의도, 보고서 제출기한 등을 고려하여 보고서 형태를 선택할 수 있다.

2) 단계별 구성 내용

제목 선정과 함께 4단계 형식, 즉 개요, 현황 및 문제점, 대책검토, 결론 및 건의사항별로 설명하기로 한다.

'제목'은 개요 기술에 앞서 정하는 것이 중요하다. 제목은 보고내용을 압축하여 표현한 것으로서 제목만 보고도 보고사항을 개략적으로 알 수 있어야 한다. 제목의 크기는 한 줄로 요약하되 10자에서 20자 사이가 바람직하며, 사용자의 관심과 흥미를 유발하도록 하고 너무 포괄적인 내용을 담지 않도록 해야 한다. 즉 '국제테러조직의 국내 침투 동향'이라고 정하는 것보다는 '알 카에다, 국내 급진 이슬람교도 대상 의식화 교육 강화'로 구체화하는 것이 좋다.

'개요 또는 문제제기'는 머리말 부분으로 보고서의 핵심내용을 요약한 것인데, 보고내용 중 결론부분을 간단하게 요약하거나 대책방향을 제시하는 것이 좋다. 예를 들면, '…으로 예상되어 어떤 형태의 적극적인 대책강구가 필요함'과 같이 작성하는 것이다. A4용지 1~2장 분량의 보고서라면 3줄 정도가 적당하다.

'현황 및 문제점'은 본문에 해당하는 부분으로 대부분 결론을 먼저 기술하고 판단근거나 사례를 제시하는 두괄식을 사용한다. 그러나 여러 가지 징후나 사례를 제시하고 난 후 판단을 내리는 미괄식도 사용할 수 있으며, 경우에 따라서는 두괄식과 미괄식을 혼합하여 사용하는 경우도 있다. 이 부분에서는 결론을 맺기 위해 필요한 빈틈없는 논리와 논거를 제공해야 하며, 일관성과 통일성을 유지해야 한다. 전체 보고서에서 가장 긴 부분을 차지하지만 한 단락은 3줄 정도로 작성하여 사용자의 피로감을 줄이도록 해야 한다.

'대책'에서는 사용자가 조치해야할 사항을 아이디어 차원에서 제시하는 부분으로 실현가능하고 구체적인 내용이 포함되어야 한다. 법률, 예산, 국제관

도 2-2 _ 보고서의 단계별 구성 예시

최근 IS의 국내 폭력조직 OO파 접촉 … 동향

1. 개요

테러단체 IS(Islamic State)는 최근 ....

....

.... 하였음

2. 현황 및 문제점

[현황]

○ .... 지도자는

....

....

○ ....

.... OO파 접촉

[문제점]

○ .... 하였고

○ .... 하였으며

○ .... 소지

3. 대책

○ ....

.... 하고

○ ....

.... 할 필요

4. 결론 및 건의

○ .... 판단

....

○ .... 예산 확보하고 .... 차단 건의

계, 부처 간의 이해관계, 국민여론, 정치상황 등 국내외 사정과 사용자의 의중도 고려되어야 하기 때문에 어려운 단계에 해당한다.

마지막으로 '결론 및 건의사항'은 검토해야할 부분이 많아 비교적 본문이 길어지는 경우에 사용되는 단계로서 본문에서 제시한 여러 사례에 대한 종합 판단을 결론으로 맺으면서, 요약도 하는 의미를 포함하고 있다. 그리고 보고내용의 추진과 조치를 위한 예산확보, 인사조치사항 등을 건의할 수도 있다. 그러나 대부분의 정보 보고서는 결론 및 건의사항 없이 대책으로 끝이 나는 경우가 많다.

제5절 정보분석의 발전방향

첩보수집활동은 정보의 역사라고도 할 수 있을 정도로 오랜 자취를 가지고 있으며 오늘날에도 정보활동의 중요한 영역을 차지하고 있다. 이에 반해 정보분석은 상대적으로 21세기에 들어와 과학기술의 발전과 정보대상이 다양화되면서 중요성이 부각되고 있는 분야이다. 컴퓨터를 활용한 빅데이터의 처리와 경쟁팀 분석기법, 약점캐기 기법과 같은 다양하고도 과학적인 분석방법을 동원하여 수집이 제한된 첩보를 가지고도 완전한 정보 생산에 큰 역할을 담당할 뿐만 아니라 미래를 예측하여 위협을 사전에 방지하는 역할 등을 하기 때문에 더욱 관심을 받고 있는 것이다.

그러나 정보분석의 질 향상을 위한 환경개선이 빠르게 이루어지고, 수요자가 질이 높고 다양한 정보를 요구하는 사례가 증가함에 따라 분석하는 능력도 높아지고 있으나 분석관과 사용자의 관계, 분석업무를 하는 관계기관과의 경쟁 등으로 인해 다음과 같이 개선해야 할 과제도 안고 있다.

첫 번째, 정보의 정치화이다. 특정 정책을 옹호하는 등 특정한 의도를 가지고 정보를 왜곡시키거나 왜곡하여 사용하는 정보의 정치화는 정보실패를 가져오고 결국 정책실패로 귀결되는 부작용을 가져온다. 미국에서 정보가 정치에 이용된 사례를 보면, 1981년 레이건 행정부는 대규모 군비확장을 정당화하기 위해 1970년 이후 소련이 군사력에 미국보다 3천억 달러를 더 투입했다는 CIA 통계를 이용하였다. 그러나 정보학자 등은 이 통계는 CIA가 소련의 GNP 대비 군비예산비율을 과대평가한 것이라며, 정보분석이 정치적으로 이용되었다고 비판하고 있다.[34)]

두 번째, 정보를 생산하는 기구가 다양화되면서 상호간 경쟁이 심화되는 가운데 정보분석의 질 향상을 위한 정보기구의 노력이 더욱 요구되고 있다. 정보의 주사용자인 정책결정자가 활용할 수 있는 정책정보는 다양한 기구에서 생산되고 있어 이 기구들 간의 경쟁은 불가피한 상황이다. 즉 정보기구는 우수한 인력과 예산을 가지고 수준 높은 정보를 생산해 내는 민간연구소, 학회지와 학술논문 및 학술세미나 등을 통해 좋은 정보를 발간하는 학계, 그리고 우수한 기자들을 동원하여 기획기사 등의 수많은 정보를 만들어 내는 언론매체와 경쟁적인 관계에 놓여 있다. 이러한 상황은 정책결정자에게 정보판단을 어렵게도 하지만 정보기구의 분발을 요구하고 있다.

끝으로 도제구조하에서 양성되는 정보분석관은 창의성이 부족한 단순한 정신노동자로 전락할 위험성을 가지고 있다. 도제제도는 선배로부터 정보분석 일반론과 비법 등을 전수받음으로써 짧은 기간 내에 실용적인 분석기술을 배울 수 있다는 이점이 있다. 그러나 이 제도는 개인의 독창성과 창조성을 둔화시켜 분석관을 단순기술자로 만들 위험성을 안고 있기 때문에 변화하는 정보환경에 적용할 수 있는 능력 있는 분석관 양성이 요구되고 있다.

이에 따라 정보분석업무가 가지고 있는 단점을 보완하여 정보분석능력을 지속적으로 발전시키기 위해서는 다음과 같은 조치들이 필요하다.

첫째, 분석관에 대한 체계적인 전문분석 교육이 강화되어야 한다. 정보의 질은 수집된 첩보는 물론 분석관의 판단에 따라 크게 좌우되기 때문에 분석관의 능력을 제고하는 것이 무엇보다 중요하다.

그리고 정보분석 교육만을 대상으로 하는 과정은 민간기관에서 찾기는 여전히 어렵다. 이러한 점을 고려하여 정보기구 내에 전문 분석관 교육과정을 개설하여 분석관에게 교육기회를 넓혀 주는 한편 국내외 대학이나 유수의 연구기관에 교육이나 파견기회를 제공하여 새로운 지식을 획득하고 민간조직에서 개발한 신(新) 분석기법을 최대한 빠른 시간 내에 습득하고 적용할 수 있는 교육을 받을 수 있도록 제도적으로 지원해야 할 것이다. 즉 정보분석 교육과정을 초급, 중급, 고급반 또는 통계분석, 계량 의사결정, 신(新) 분석기법반 등으로 구분하고 분석관이 한 자리에서 3~5년이 지나면 반드시 교육과정을 이수하도록 하는 등의 조치가 제도화될 필요가 있다. 도제도 필요하지만 빠르게 변화하는 분석환경에 적응하기 위해서는 신지식과 신(新) 분석기법을 외부에서 도입하여 정보분석기법으로 정착시키는 것도 중요하다.

둘째, 정보수요의 다변화에 대비하여야 한다. 국가정보의 경우 과거에는 수요자가 대통령 등 최고정책결정자 그룹에 한정되는 경향이 있었으나 근래에는 치안부서, 경제부서 등 국가정책을 집행하는 대부분의 부처로 확대되고 있으며, 정보활동의 관심영역 역시 탈냉전 이후 군사안보 위주에서 테러, 마약 등 신안보분야로 크게 확대되고 있다.

따라서 다양한 수요분야에 맞추어 채용단계부터 분야별 전문가를 수시로 채용하는 것은 물론 기존 분석관의 안목확대 및 분석능력 향상을 위해 외부 교육기관이나 연구소의 구성원과 공동프로젝트 추진, 기관 간 인원교류 기회 등을 제공하여야 한다. 특히, 정보조직 책임자의 리더십 변화를 통해 이러한 필요성을 간부들이 깨닫고 실천하는 것이 무엇보다 중요하다.[35)]

끝으로, 정보의 정치화를 방지하여야 한다. 이를 위해 먼저, 정보조직 책임자에게는 임기제를 도입하여 정치적으로 임명된 자신이 임명권자나 정부의 영향 없이 오직 국가안보와 국익을 위해 일하는 여건을 조성함으로써 국회나 정보조직 외부로부터 분석관과 그 관리자에게 영향을 미칠 수 있는 외부 영향요인을 차단할 수 있어야 한다.

그리고 정보분석관 역시 자체 교육 및 선진 정보기관 교육 등을 통해 최고의 판단기준은 국익과 국가안보라는 점을 머릿속에 각인할 수 있도록 명확히 할 필요가 있다. 다만 분석관이 정보의 정치화는 경계를 해야 하지만 국가정책 자체에 초연해서는 안 될 것이다. 필요하면 정책결정자를 접촉하여 진정한 정책의 함의를 알아내는 것은 올바른 정보판단의 지름길이기 때문이다.

1) Lowenthal, Mark M(2). (2000), *Intelligence : From Secrets to Policy.* Washington, DC : CQ Press, 94.
2) https://www.cia.gov/about-cia/todays-cia/검색일 : 2015. 3. 11.
3) 강원준 · 최준택. (2012), "국가정보의 분석", 국가정보연구회 편저, 「분단국의 국가정보」, 서울 : 박문각, 173-174.
4) 이병곤. (1995), 「정보개론」, 서울 : 정양사, 80.
5) 이길규. (2013), "정보분석", 한국국가정보학회 엮음. 「국가정보학」, 서울 : 박영사, 137-148 요약 및 일부 수정.
6) U.S. Government. (2009). *A Tradecraft Primer : Structured Analytic Techniques for Improving Intelligence Analysis*, 7.
7) U.S. Government. 전게서, 12.
8) George, Roger Z. & Bruce, James B. (eds.), (2008), *Analyzing Intelligence : Origines, Obstacles, and Innovations.* Washington D.C. : Georgetown University Press, 257.
9) U.S. Government., op. cit, 14-15; Heuer, Richards J., Jr. (1999), *Psychology of Intelligence Analysis.* CIA. 95-107.
10) George, Roger Z. & Bruce, James B. (eds.), op. cit, 253-255.
11) George, Roger Z. & Bruce, James B. (eds.), op. cit, 257.
12) 국가정보포럼. 전게서, 98.
13) U.S. Government., op. cit, 17.
14) U.S. Government., op. cit, 17-18.
15) U.S. Government., op. cit, 19.
16) U.S. Government., op. cit, 21.
17) U.S. Government., op. cit, 22.
18) U.S. Government., op. cit, 27.
19) http://ko.wikipedia.org/wiki/%EB%B8%8C%EB%A0%88%EC%9D%B8%EC%8A%A4%ED%86%A0%EB%B %8D/검색일 : 2015. 3. 13.
20) U.S. Government., op. cit, 29.
21) U.S. Government., op. cit, 31.
22) U.S. Government., op. cit, 31.
23) U.S. Government., op. cit, 34.
24) U.S. Government., op. cit, 35.
25) http://terms.naver.com/entry.nhn?docId=2178485&cid=51072&categoryId=51072/검색일 : 2015. 3. 13.

26) 이군희. (2004), 「사회과학연구방법론」, 서울 : 법문사, 178.

27) 이영무 · 신경엽. 전게논문, 73.

28) Shulsky, Abram N. & Schmitt, Gary J., op. cit, 123.

29) Gerge Lardner, Jr. (1992), On This Network, All the News Is Top Secret : Defence Intelligence Agency Acts to Win Back Audience from CNN. *Washington Post*, March 3, A1; Gerge Lardner, Jr. & Pincus, Walter. (1992), Clearance Sought for New CIA Network : Agency Would Transmit Latest Intelligence Only to Select Top Officials. *Washington Post*, February 5, A1; Shulsky, Abram N. and Schmitt, Gary J., op. cit. 200-201 재인용(이를 두고 정보기구와 언론매체를 경쟁관계로 간주하는 경우도 있으나 사실은 정보기구가 불리한 입장에 있는 경우가 많다. 즉 미국 관리들이 1989년 파나마의 군사쿠데타가 실패했다는 정보를 CNN을 통해 알았다는 보도내용은 미국 정보기구의 정보실패 증거라고 암시하고 있으나 CIA가 시시각각 전개되는 상황들을 즉시 보도할 목적으로 설치된 것이 아니기 때문에 공정한 비교라고 할 수는 없다).

30) Meyer, Cord. (1980), *Facing Reality : From World federation to the CIA.* New York : Harper and Row, 352.

31) Shulsky, Abram N. & Schmitt, Gary J., op. cit, 60

32) Andrew, Christopher & Gordievsky, Oleg. (Eds). (1991), *Instructions from the Centre : Top Secret Files on KGB Foreign Operation, 1975~1985.* London : Hodder and Stoughton, 67-90.

33) 미국 CIA의 정보 보고서 작성 10대 원칙은 다음과 같이 알려져 있다. ① 전체구도를 결정한다(determine the big picture). ② 결론을 먼저 서술한다(put conclusion first). ③ 보고내용을 논리적으로 구성한다(organize logically). ④ 정보의 종류에 따른 보고서의 유형을 작성한다(understand different format). ⑤ 적합한 용어를 사용한다(use specific language). ⑥ 단순하고 간결하게 생각한다(think simple and concise). ⑦ 명료하게 생각한다(strive for clarity of thought). ⑧ 능동태를 사용한다(use the active voice). ⑨ 보고서 배포 전에 철저하게 교정하고 편집한다(self-edit). ⑩ 정보사용자가 무엇을 필요로 하는지 생각한다(know the readers's needs).

34) 김윤덕. 전게서, 166.

35) George, Roger Z. & Bruce, James B. (eds.)., op. cit, 303-304.

제 8 장 비밀공작

제1절 비밀공작의 의의

1. 개념과 특징

가. 개념

비밀공작(covert action)이란 국가정보기구의 4대 정보활동 중의 하나이지만 그 개념은 각국의 관행이나 입장에 따라 약간의 차이가 있다.

CIA는 “미국 정부의 개입사실을 숨길 수 있는 범위 내에서 대외정책을 지원하기 위해 수행되는 특수 해외활동(special activity abroad)”으로 정의[1]하고 있으며, 미국 정보공동체는 “자국의 대외정책 목표를 달성하기 위해 타국의 정치, 사회상황 및 사건 등에 영향을 미칠 목적으로 수행하는 정치적, 경제적, 군사적 활동과 선전활동을 포함하는 것이다”[2]라고 설명하고 있다. 그리고 미국 정보수권법(Intelligence Authorization Act)에서는 “정부의 역할이 숨겨진 가운데 전통적인 방첩활동이나 외교 및 군사활동 또는 법집행 이외의 활동을 통해 외국의 정치, 경제, 군사 상황에 영향을 미치려는 미국정부의 행위”[3]로 정의하고 있어, 미국은 해외상황에 영향을 주기 위해 수행하는 비밀활동으로 국한하고 있다.

러시아에서 비밀공작의 의미로 사용하는 '적극적 조치(active measures)'는 "다른 나라에서 발생하는 사건들과 외국의 형태에 영향을 미치기 위해 비공개적인 방법을 사용하는 것은 물론 공개적인 수단"을 모두 의미하고 있어 미국의 개념과는 차이가 있다.[4] 그리고 이스라엘은 해외정보기관인 모사드(Mossad)의 명칭 자체에 비밀공작업무가 있다. 즉 모사드의 영어명칭은 '정보와 특별임무국(Institute for Intelligence and Special Tasks)'인데 여기서 특별임무가 비밀공작을 의미한다.

한편, 비밀공작이라는 용어는 위에서 언급한 적극적 조치, 특수활동이라는 표현 외에도 '조용한 방안(quiet option)', '제3의 방안(the third option)'이 사용되며, 영국에서는 특수정치활동(special political action)[5]이라고도 한다. '제3의 방안'이란 미국에서 결정적인 국가이익이 걸려 있는 경우에 외교교섭을 전개하는 '제1의 방안(the first option)'과 직접 군사개입을 하는 '제2의 방안(the second option)'을 구별하여 비밀스러운 중간조치라는 뜻으로 사용하는 완곡한 표현이다.[6]

이와 같이 비밀공작은 비밀활동 중의 비밀활동으로 최고의 보안과 비밀을 전제로 활동하는 정보활동의 의미를 담고 있으며, 비밀공작이라는 용어를 그대로 사용하는 경우에 적의 관심을 유발하여 비밀이 노출될 우려가 있기 때문에 평범한 것처럼 나타내기 위해 용어를 부드럽게 표현하고 있는 것을 알 수 있다. 따라서 여기에서 비밀공작이란 '설정된 국가정책을 달성하기 위해 고도의 보안을 유지하면서 정보기구가 직접 다양한 정보활동 방법으로 집행하는 것'으로 정의한다.

나. 특징

비밀공작은 수행목적과 수행결과에 있어서 다음과 같은 특징을 가진다. 먼저, 비밀공작의 결과는 노출될 수밖에 없다는 점에서 첩보수집활동과는 차이가 있다. 첩보수집활동은 비밀리에 첩보를 수집하는 자체가 목적이기 때문에 정보관이나 정보원의 신원은 물론 활동내용을 숨기기 위해 노력한다. 즉, 첩보수집활동은 어떤 내용을 언제, 어떻게 수집하였는지에 대한 비밀유지에 초점을 둔다. 그러나 비밀공작은 암살, 파괴공작, 준군사작전 수행, 선전과 같은 공작결과는 알려질 수밖에 없기 때문에 활동 자체를 숨기기는 어렵지만 배후세력이 누구인지 모르게 은폐하는데 활동의 초점을 두는 것이다.

두 번째, 비밀공작은 정책을 집행하는 기능을 수행한다는 점에서 여타 정보활동과는 큰 차이가 존재한다. 즉 일반 정보활동은 첩보를 수집하여 분석을 한 후 정책결정자에게 한 나라의 안보정책이나 국가이익 확보에 기반이 될 정보를 제공하는 서비스 기능이 본질인 반면에, 비밀공작은 정부가 몰래 외교나 군사력 등을 사용하는 것과 같이 한 국가가 사용할 수 있는 외교정책 수단들과 유사하다고 할 수 있다.[7]

세 번째, 비밀공작의 실행은 비합법적인 경우도 많다. 비밀공작은 대상이 다양하고 진행방법도 여러 가지이며, 시간적인 제약도 있기 때문에 합법적인 방법만으로는 추구하는 목표를 달성할 수 없다. 폭력, 납치, 살해 등 상대국의 법을 위반하는 초법적인 방법이 동원된다. 따라서 비밀공작이 실패하는 경우에는 국제적인 비난은 물론 외교관계 단절과 전쟁까지 초래할 수도 있다.

실제 발생한 사례를 보면, 2010년 1월 팔레스타인 하마스의 간부 마무드 알 마부(Mabhouh)가 두바이의 한 호텔에서 피살되었다. 이스라엘 정부의 부인에도 불구하고 이스라엘 정보기관 모사드(Mossad)가 유력한 용의자로 지목되었다. 암살사건은 성공하였지만 26명의 공작원이 동원되어 영국, 프랑스 위조 여권을 사용한 사실과 두바이 항공 및 호텔 폐쇄회로에 활동과정이 노출되었다. 이에 따라 UAE는 이스라엘 총리에 대한 구속영장 발부와 모사드 국장 메이르 다간의 해임을 요구하였으며, 영국정부는 런던 주재 모사드 요원을 추방하는 등 국제사회로부터의 비난과 외교적 마찰을 발생시켰다.[8]

마지막으로, 비밀공작은 반드시 적국이나 외국만을 대상으로 하지 않으며, 국가정책 목표에 따라 방첩, 대테러분야에서도 진행될 수 있다.[9] 대부분의 나라들은 자국민을 대상으로 하는 비밀공작활동을 금지하고 있거나 제약을 가하고 있지만 그 원칙이 반드시 지켜지지 않는 경우도 있다. 민주화가 덜 이루어진 독재국가나 권위주의적인 정권, 내전이 있는 나라, 전쟁상황에 직면해 있는 경우에는 자국민을 대상으로 비밀공작을 전개하기도 한다.

그리고 과거에는 비밀공작이 전쟁터에서나 실행되며, 일반적인 비밀 정보활동보다는 좀 더 비밀스럽게 조직적으로 추진되는 정도로 인식되었다. 그러나 국가안보와 국익이라는 국가적 필요성과 판단이 선다면 비밀공작의 특정목표는 테러, 국제조직범죄 분야 등에서 여러 형태로 설정하여 추진되어 갈 수 있다.

한편, 비밀공작은 정책을 집행하는 수단이라는 점에서 정보활동의 일부로 간주할 수 있는지에 대한 논란이 있어왔다. 그러나 오늘날에는 비밀공작이 높은 보안성이 요구되는데다 비밀공작에 참여하는 공작관 및 공작원들이 첩보수집활동도 해야 하는 필요성 때문에 정보기구의 정보활동으로 보는 것이 일반적이다.

2. 비밀공작의 필요성과 법적 근거

가. 필요성

비밀공작은 범죄수법까지 동원되는 불법성이 내포되어 있는데다 사실상 다른 나라에 대한 은밀한 내정간섭(covert intervention)도 포함될 수 있다는 점에서 부당한 내정간섭을 금지하는 UN의 헌장에도 위배되는 등의 문제점이 적지 않다.

이러한 부정적인 요소에도 불구하고 많은 나라의 정보기구에서 비밀공작 업무를 지속하고 있는 것은 다음과 같은 이점이 있기 때문이다.

먼저, 비용이 적게 소요된다는 점이다.[10] 비밀공작은 상대적으로 오랜 시간이 걸리는 외교 교섭이나 막대한 인원과 물자가 동원되는 전쟁에 비하여 예산이 적게 들어가는 장점이 있다. 외교교섭은 북한의 핵문제 해결을 위한 6자 회담이 수년이 지났지만 해결기미도 보이지 않을 만큼 많은 시간이 소요되며, 미군의 월남전, 이라크전, 아프가니스탄전에서 볼 수 있듯이 군사개입 또한 많은 시간과 인명피해, 그리고 천문학적인 비용이 소요되는 문제점을 안고 있다.

둘째, 비교적 신속하고 부드럽게 외교목표를 달성할 수 있다. 외교 교섭은 일반적으로 큰 무리 없이 원만하게 주어진 목표를 달성할 수 있는 장점이 있으나 위에서 언급한 6자 회담처럼 결과를 기약할 수 없는 한계를 지니고 있다. 그리고 군사개입 역시 파병에 따른 국내외적 비난을 감수해야 하는 약점을 지니고 있다. 이에 비해 비밀공작은 외교수단보다는 시간이 적게 걸리고 전쟁보다는 조용한 가운데 외교목표를 성취할 수 있는 것이다.

끝으로 높은 보안성이 요구되는 정책의 집행이 필요한 경우가 있다. 은밀하게 활동하는 테러조직, 마약조직, 간첩단 등은 공개수사나 전통적인 정보활동으로는 노출 가능성 등에 따라 그 조직을 색출하기가 어렵다. 따라서 철저한 비밀활동으로 시간을 두고 대상목표에 접근하여 해낭 조직을 파악한 후 일망타진할 필요성이 존재하는 것이다.

나. 법적 근거

비밀공작에 대한 법적인 논란은 크게 두 가지 관점에서 찾아볼 수 있다. 하나는 비밀공작을 일반정보기구와 별도의 행정조직 중 어디에서 행하는 것이 적합한지 하는 수행주체의 문제이고 또 다른 하나는 비밀공작을 정보활동의 한 부분으로 간주할 수 있느냐 하는 비밀공작의 성격에 관한 문제로 나누어지는데 아래에서 보다 구체적으로 살펴본다.[11]

1) 수행 주체

오늘날 이러한 논쟁을 유발했던 영국과 미국을 비롯한 대부분의 국가는 비밀공작 임무 수행을 단일기구형, 즉 통합기구 형태로 운영한다. 그 같은 결론은 결국 구체적인 운영과정에서 나타난 시행착오에서 얻어진 것이다.

CIA는 창설 1년 후인 1948년 비밀공작만을 전담하기 위해 CIA 내에 정책조정실(Office of Policy Coordination)이라는 특별 부서를 설치했다. 행정상으로는 CIA 내의 조직이지만 국무부와 국방부의 직접적인 지휘와 통제를 받았고 부서장도 국무부장관이 임명했다.

정책조정실은 방첩활동을 통해 첩보를 수집하던 특별공작실(Office of Special Operation)과도 구분되는 부서였다. 그러나 이와 같은 이중적인 조직구도는 제대로 운용될 수 없는 것으로 판명되었고, 1952년에 이르러 기획국(Directorate for Plans)[12)]으로 통합되었다. 같은 대상에 대한 첩보·공작 활동도 서로 모르게 관점과 방향을 달리하여 중복접근하기도 해서 정작 필요한 때에는 오히려 협조도 이루어지지 못한 경험을 했던 것이다.

영국의 경우를 보면, 제2차 세계대전 중 통상적인 해외 정보수집 활동을 수행하는 비밀정보부(MI6) 외에 '유럽을 화염에 휩싸이게 하는' 비밀공작 임무를 부여받은 특수전위원회(Special Operations Executives)라는 비밀공작기구를 병행 운영하였다. 그러나 두 기구가 제한된 정보자원을 놓고 경쟁함으로써 업무의 효율성은 이루지 못하고 긴장관계만 형성되었다.

이 같은 사례 등에 비추어 보거나, 실제적으로 비밀공작은 풍부하고 정확한 정보 없이는 효과를 극대화할 수 없다는 관점에서 볼 때 동일한 기구 내에서 정보지원을 통해 공작을 수행하게 되는 단일구조형이 좋다고 할 수 있다.

2) 비밀공작의 통제

오늘날 대체로 비밀공작이 정보공동체의 주요한 임무의 하나로 이해되고 있지만 권한남용이 문제가 될 때마다 시비의 대상이 되면서 역사적인 논쟁이 지속되고 있다.

미국에서 비밀공작 활동에 대한 통제는 의회의 통제와 감독의 문제로 보았다. 실제로 미국 정보기구의 1960년대 정보활동에 대한 철저한 조사를 진행하였던 처치위원회(Church Committee) 보고서는 다음과 같이 권고했다. "비밀공작 활동 중에서도 정치적으로 위험하고 고비용이 들어가는 비밀공작은 해당 의회위원회의 승인을 받아야 한다. 다만 저위험 활동은 CIA 내부 결정에 의해 수행이 가능하다. 그러므로 의회는 비밀공작의 절차를 정할 수 있고 의회가 제정한 절차는 존중되어야 한다"는 권고를 발령했다.[13] 이러한 권고에 대해 엄청난 반론도 있었다. 비밀공작 활동은 실행계획 자체가 비밀성과 신속성을 기본성질로 하기 때문에 비밀공작 업무를 의회의 통제에 둔다는 것은 사실상 비밀공작 활동을 하지 말라는 것과 같다는 주장으로 상당한 설득력이 있었던 것이 사실이었다.

그러나 연방대법원도 Little v. Barreme 사건에서 '미국 대통령이라 하더라도 국민의 대표기관인 의회에서 통과된 법을 무시할 어떤 고유 권한도 없다'라고 판시해 비밀공작에 대한 대통령의 권한은 헌법 내재적인 것이 아니라 의회 입법에 의해 부여된 것으로서 의회의 통제 하에 있음을 명백히 했다. 이것이 바로 국가정보기구의 임무에 대한 입법부와 사법부 통제의 시발점이 되었다. 오늘날 미국 정보공동체에서는 역설적으로 비밀공작의 권한에 대한 의구심으로 시작했던 의회의 논의가 국가정보기구의 비밀공작의 정당한 권한에 대한 최고의 권위로 원용되고 있다. 그러나 한국의 현행 국가정보원법에는 비밀공작에 대한 직접적인 규정도 없고, 대통령에 의한 기타 임무부여 조항도 발견되지 않는다. 이는 정보법치와 관련하여 보면 커다란 맹점이다.

제2절 비밀공작의 종류

비밀공작은 공작의 주체, 공작의 목적 그리고 공작대상에 따라 달라지기 때문에 그 종류도 다양하다. Lowenthal[14]은 선전공작, 정치공작, 경제공작, 쿠데타공작, 준군사공작으로 분류하였으며, Shulsky 외[15]는 우호정부에 대한 지원, 외국정부의 인식에 대한 영향, 외국의 사회인식에 대한 영향, 우호적 정치세력에 대한 지원, 정치적 사태에 대해 폭력수단을 통한 영향력 행사와 같이 다섯 가지로 구분하였다. 여기에서는 공작의 목적을 중심으로 정치공작(political operation), 경제공작(economic operation), 선전공작(propaganda), 기만공작(deception operation), 준군사공작(quasi-military operation), 현대공작(modern operation)의 여섯 가지로 구분하여 살펴본다.

1. 정치공작(political operation)

정치공작(political operation)이란 공작 대상 국가의 정세를 자국에 유리한 방향으로 바꾸기 위한 공작으로서 대상 국가 내에 자국에 우호적인 세력을 구축하고 그 구축된 세력과 조직을 지원하기 위해 추진하는 것이다. 예를 들면, 동남아 개발도상국들이 미국이나 중국의 군사원조를 획득하거나 자국에 대한 정치 및 외교적 지원을 받아내길 원할 경우 미국과 중국의 행정부나 의회, 언론기관, 유력 정치인 등에 대해 로비활동을 전개하는 것이 하나의 정치공작이라고 할 수 있다.

정치공작의 대상에는 정당이나 정치인, 행정관료들만이 아니라 노동 및 사회단체, 정보요원, 반정부 단체 종교지도자 등도 포함된다. 사례를 들어보면, 미국 정부는 폴란드 정부가 1981년 계엄령을 선포한 후에도 폴란드의 '자유노조(Solidarity)가 계속 폴란드의 민주화 운동을 주도해 나갈 수 있도록 지원하기 위해 로마 가톨릭 교회와 미국 노조의 협력을 얻어 자유노조에 대한 재정 지원과 비밀 통신장비 등을 제공하였다.[16]

한편, 정치공작의 한 방식인 영향공작은 대상국가의 정치세력 판도가 아닌 특정정책이 공작 주체국가에 유리하게 영향을 끼치는 경우를 말하는데, 이 공작의 대상은 존경 받는 종교인, 고위 공직자, 언론인 등이 해당된다. 영향 공작의 사례는 KGB에 협조한 혐의로 처벌을 받은 프랑스 언론인 '삐에르 샤를 빠스(Pierr-Charles Pathe)' 사건에서 찾아볼 수 있다. 삐에르 샤를 빠스는 1976년 KGB로부터 자금지원을 받아 프랑스 정치인을 주요 독자로 하는 뉴스레터

'Synthesis'를 발행하였다. 그는 고급정보에는 접근할 수 없었으나 프랑스 정계 내부 사정에 정통한 자신의 전문지식을 이용해서 프랑스 정치인들의 정책판단에 영향을 미치려고 시도하였다. 즉 프랑스와 미국 등과의 이해관계가 일치하지 않는 측면을 집중 부각하거나 과장하는 반면, 구소련과 소련의 동맹국들의 입장은 변론하는 식이었다. 그러나 그는 파리 교외에서 KGB 공작관과 은밀히 접선하던 도중 현장에서 적발되어 5년형을 선고받았다.[17)]

2. 경제공작(economic operation)

경제공작(economic operation)은 대상국가의 경제정책이나 통상관련 상황이 자국이 의도하는 대로 움직이도록 추진하는 것이다. 즉 우호적인 국가에 대해서는 대상국가의 경제정책이 자국에 유리하게 수립되고 집행되도록 하고, 비우호적인 국가에 대해서는 대상국의 경제기반을 붕괴시켜 정치적 불만과 폭동을 유도함으로써 정권붕괴까지 이르도록 하는 것이다.

경제공작을 통해 대상국 내 노사갈등의 파업유도, 대상국의 전기공급망 폭파, 위조지폐 발행 등의 수단으로 경제활동의 마비를 초래할 수 있다. 또한, 사이버 테러를 통해 인터넷 기반의 항공관제탑을 혼란에 빠뜨리거나 발전소, 홍수조절 통제소의 중앙통제 시스템을 작동 불능상태로 만들어 경제활동을 일시에 마비시키는 혼란을 야기할 수도 있다.

대표적인 경제공작으로는 레이건(Reagan) 정부 당시 추진되었던 '전략방위구상(Strategic Defence Initiative)'[18)]을 들 수 있다. 레이건 행정부는 1984년에 실시했던 실험 결과를 과장 발표함으로써 소련으로 하여금 이에 대응하기 위해 막대한 예산을 낭비하도록 유도했으며, 그 결과 소련의 붕괴가 약 5년 정도 앞당겨졌다고 한다. 이와 관련하여 소련의 외무장관인 알렉산드로 베스메르티니흐(Alexander Bessmertnykh)도 미국의 전략방위구상으로 인해 소련의 몰락이 앞당겨졌다고 인정한 바 있다.[19)]

3. 선전공작(propaganda)

선전공작(propaganda)이란 대상국의 구성원들이 자기 정부나 체제에 대해 비판적이고 부정적인 생각을 갖게 하고, 공작 주체국에 대해서는 호의적이고 긍정적인 생각을 갖게 할 목적으로 추진하는 심리전 활동이다. 넓은 범위의 목표를 대상으로 전시와 평시 구분없이 합법과 비합법적인 방법을 동원하여 전개된다.

선전공작은 다른 비밀공작의 기초가 되는 전초적인 활동으로서 정치, 경제, 준군사 공작의 기반이 된다. 실제로 CIA 직원과의 인터뷰를 통해 파악한 조사에 의하면, 냉전기간 중 수행한 전체 공작 중 선전공작이 40%로서 가장 많은 비율을 차지하였으며, 그 다음으로 정치공작(30%), 준군사공작(20%), 경제공작(10%)의 순으로 나타났다.[20)]

선전공작은 출처를 정직하게 밝히는 정도에 따라 흑색선전(black propaganda), 백색선전(white propaganda), 회색선전(grey propaganda)으로 구분하고 있다.

흑색선전은 허위정보나 폭로정보 등을 제공하기 위하여 출처를 숨기는 방식을 말하는 것으로, 외국의 언론매체에 자국에게 유리한 기사가 게재되도록 하는 방식을 많이 사용한다. 주로 출처를 숨기는 것이 대상국가의 국민들을 설득하는데 유리하다거나,[21)] 특정대상에게 선전하기를 원하나 여러 외교상의 이유로 선전내용과 관계되지 않기를 바랄 때[22)] 이용한다.

백색선전은 출처를 정직하게 공개하는 방식이라고 할 수 있다. 그러나 항상 정직한 내용만을 제공하는 것이 아니며, 상황에 따라서는 다소 과장되거나 허위성 정보가 포함될 수도 있다. 이 선전은 주로 대상국가에서 호감을 얻을 수 있는 내용들을 언론매체 등에 게재함으로써 자국의 신뢰를 얻고자 할 때 사용된다.

회색선전은 출처가 완전하게 은폐되지는 않았다 하더라도 정확하게 공개하지 않아 출처가 공개되지 않는 방식을 말한다. 예를 들면, 미국정부는 1949년과 1951년 각각 Radio Free Europe과 Radio Liberty를 설립하였지만 그 설립 주체를 밝히지 않은 채 외부 정보로부터 격리된 동유럽 공산주의 국가의 국민들에게 외부의 소식을 전달하고 공산주의 내부에서 벌어지는 소식 등을 전달하는 형태를 취하였다. 그러나 실제에 있어서는 출처를 숨기기 위해 설립과정도 민간기관인 것처럼 위장한데 이어 민간인을 대상으로 설립 기부금을 모금하는 형식도 갖추었다.[23] 그리고 Ray Cline에 의하면 방송국이 미국과 연결되어 있다는 점이 은폐될 경우 방송이 보다 효과적일 수 있을 것이라고 생각되었기 때문에 정보기구인 CIA가 이 두 방송국을 운영하게 되었다고 설명한다.[24]

선전공작의 수단은 주로 신문, 라디오, 전단 살포, 인터넷, SNS(social network service) 등을 사용하고 있다. 실제, 6 · 25전쟁 당시 연합군에 의해 살포된 전단은 40억 장으로 지구 열여섯 바퀴를 덮을 양이라고 한다. '적을 종이(삐라)로 묻어라'라고 한 미 육군장관 Frank Pace Jr.의 지시는 효과를 거두었는데, 북한이나 중공군 포로들이 항복한 이유의 33.1%가 삐라를 포함한 심리전의 영향으로 나타났다.[25] 그리고 인터넷과 SNS의 발달로 과거의 전단살포보다는 사이버공간을 이용한 선전공작을 선호하고 있으나, 북한과 같이 전면적인 사이버공간을 공유하지 못하는 지역에서는 여전히 확성기나 라디오 방송 등을 이용할 수밖에 없다.

한편, 선전공작은 부작용으로 역류(blowback) 현상이 발생할 수 있기 때문에 정보분석이나 비밀공작을 수행할 때 항상 고려해 넣어야 할 부분이다. 역류란 대상국가의 여론을 조작할 목적으로 게재한 기사를 자국 언론매체가 모르고 외국의 시각이라는 형태로 국내에 소개되는 현상을 말한다. 이러한 게재내용이 자국 내 여론에 부정적인 영향을 미칠 수 있으나 선전공작에 따라 불가피하게 파생되는 것으로써 어느 정도의 부작용은 불가피하다.

4. 기만공작(deception operation)

기만공작(deception operation)은 자신의 약점과 의도를 숨기고 적에게 자신이 실존하지 않는 힘이 있는 것처럼 속이거나 적이 인지하고 있는 내용을 왜곡시킴으로써 공작주체가 원하는 목적을 달성하는 것을 말한다. 즉 적이 당면한 정치, 경제, 군사 상황에 대해 잘못된 정보분석을 하도록 유도함으로써 기만활동을 수행하는 공작주체의 이해관계에 부합되는 방향으로 행동하게 한다.

기만공작의 목적은 크게 세금 인상설 유포, 특정 정치지도자 인식공격 및 모함 등으로 적국 내부 사회를 혼란에 빠뜨려 전력을 약화시키고, 과잉반응을 유도하여 국력을 소진토록 하며, 기만통신 등을 통해 적의 관찰이나 정보수집활동을 방해하거나 적의 의도와 실체를 표출시키도록 하는 데 있다.

기만공작을 위해서는 적이 무슨 생각을 하고, 무엇을 예측하고 있는지 알아야 하며, 준비된 기만정보는 적에게 충분한 설득력이 있는 것들로 마련하는 등 장기간에 걸친 준비가 필요하다. 이 공작은 이중공작원을 이용한 역용공작을 통해 많이 이루어지며, 평화시 보다는 주로 전시에 빈번하게 활용된다. 그리고 기만정보의 유포는 흑색선전의 하나로 간주될 수도 있으나 흑색선전활동이 대중을 대상으로 한다면, 기만정보활동은 특정 소수인원이나 조직이 대상이 된다는 점에서 차이가 있다.

기만공작의 사례를 살펴보면, 1950년대 소련은 서방국가들로부터 힘을 바탕으로 한 정치적 양보를 얻어낼 목적하에 미국 내에서 폭격기 보유능력이 소련에 크게 뒤쳐져 있다는 우려가 일어나도록 유도하였다. 즉 소련은 1955년 7월에 개최된 경축행사에서 보유한 비슨(Bison) 폭격기가 실제 보유한 것보다 많다는 것을 보여주기 위해 첫 번째 폭격기 편대가 관람인들의 시야에서 사라진 후 다시 두 번째 편대로 돌아오도록 하는 방법으로 총 28대의 비슨(Bison) 폭격기를 비행시켰다.[26]

5. 준군사공작(paramilitary operation)

준군사공작(paramilitary operation)은 국가정보기구가 전쟁이 아닌 방법으로 수행하는 전쟁에 준하는 활동이다. 즉 적에게 직접적인 타격을 가할 목적으로 대규모 무장단체에게 장비를 지원하거나 훈련시키는 것을 말한다. 규모가 가장 크고, 가장 폭력적이며, 위험한 비밀공작이기 때문에 처음부터 준군사공작에 착수하기보다는 정치, 경제 및 기타 공작을 시도한 다음에 큰 효과가나타나지 않을 때에만 신중하게 착수를 검토하여야 한다. 준 군사작전에서는 국가의 자체 군 인력을 전투요원으로 활용하지 않고 있는데, 그 이유는 실질적인 전쟁을 피하기 위해서이다.[27)]

그러나 정규전쟁을 하다가 체포될 경우 국제법적으로 범죄자가 아닌 전쟁포로로서 정당한 권리가 주어지는 반면에 준군사공작을 수행하다가 요원이 체포되면 범죄자이지 포로가 아니라는 점에서 정규전쟁과 준군사공작은 커다란 차이점으로 나타난다.

준군사공작의 사례로서, 소련은 1979년 지지기반이 취약한 친소정권을 지탱시켜 주기 위해 아프가니스탄을 무력침공하자 CIA 공작국 특수활동과(Special Activities Division)가 중심이 된 준군사부대들이 반군(무자헤딘)에게 무기 제공, 훈련 지원 등을 통해 반군들의 반소 투쟁을 지원함으로써 소련군이 결국 철수하였다.

그리고 CIA는 2014년 이후 이슬람 수니파 무장세력인 이슬람국가(IS) 퇴치를 위해 요르단을 포함한 시리아 인근 국가에 요원을 증파하여 중동지역 우방국의 정보기구들과 연합 첩보 서비스 체계를 크게 강화해 IS 지도자들의 신상, 위치정보, 훈련기지, 통신망 같은 정보를 제공할 뿐만 아니라, IS를 겨냥하여 에르빌 지역에 있는 CIA 드론(무인기) 기지를 확장하고 자체 드론 공습을 강화하였다. 그리고 CIA는 그동안 아프가니스탄과 파키스탄 등지에서 알 카에다 요원이나 기지를 상대로 비밀 전투를 수행해온 것으로 알려져 있다.[28)]

준군사공작의 한 유형으로 볼 수 있는 쿠데타 공작의 핵심은 대상국 군대로 하여금 정부 전복을 부추기거나 고무시키는 것이다. 이때 개입 흔적을 남기지 않는 것이 매우 중요하기 때문에 정보기구는 공작주체국의 대사가 직접 군부를 만나 지지 입장을 암시하거나 정보기구가 간접적이면서도 매우 애매모호한 암시를 통해 군부를 자극함으로써 쿠데타를 유도한다.

한편, 암살공작도 준군사공작의 하나인데 암살이 가지는 극단적인 이미지 때문에 집행공작(executive action), 무력화(neutralize), 축축한 일(wet affairs), 말살(liquidation)과 같은 완곡한 표현을 사용하기도 한다. 주로 적대적인 인물을 제거함으로써 대상국의 정치상황을 자국에 유리하게 만들 목적으로 수행된다. 미국 CIA는 1961년부터 1965년 사이에 쿠바의 카스트로(Castro) 대통령을 암살하기 위해 8차례나 시도했으나 실패한 사례가 있다.

6. 현대공작(modern operation)

현대공작(modern operation)이란 기존의 비밀공작활동의 범주에 포함되지 않았지만 오늘날 정보환경의 변화에 따라 새로이 전개되는 활동을 의미하는 것이다. 즉 신(新)안보위협으로 등장한 테러, 국제조직범죄, 마약, 사이버테러 등에 대하여 정보기구가 높은 보안성을 유지한 채 대응활동을 전개하는 것을 말한다.

공작활동의 범위가 전통적인 공작활동은 주로 외국을 대상으로 하였다면 현대공작은 그 대상이 국내에서도 존재하는 경우가 많기 때문에 국내외 모든 지역에서 이루어질 수 있는 것이다. 신(新)안보위협으로 등장한 사이버테러, 테러, 마약 밀거래 등은 사실상 국경을 초월한 범죄가 대다수인데다 범행 역시 조직적이고 은밀하며, 첨단 범행수법을 동원하여 전개되기 때문에 기존의 수사방식이나 정보활동으로는 대응에 한계가 있다. 특히, 이 위협들은 예방을 하지 못하면 전쟁에 버금가는 피해를 가져오는 등 국민에게 심각한 결과를 초래할 수 있다.

따라서 신(新)안보위협 대상은 고도의 비밀성을 유지하면서 장기적이고 체계적으로 접근하여 실체를 파악한 후 위협을 제거해야 하기 때문에 공작적 방법이 불가피한 것이다.

예를 들면, '인도(renditions)'가 현대공작의 한 방법이 될 수 있다. 테러 용의자가 외국에 거주하고 있지만 이들을 수감하기 위한 법률적 수단을 사용할 수 있는 국가가 아니라면 이 용의자를 자국의 관할로 비밀리에 데리고 오는 것이다.[29] 물론 해당 외국정부의 도움을 받을 수도 있지만 여건이 허락되지 않으면 비법적인 수단으로 인도를 할 수 있는 것이다.

오늘날 우리나라의 정보 및 수사기관에서는 내부적으로 비밀공작의 실질적 의미와는 다소 다르더라도 정보 대상에 대하여 고도의 보안을 유지하면서 그 추적을 위해 첩보를 수집하거나 그 대상을 색출하기 위한 활동을 공작이라고도 한다. 이를 현대공작이라고 할 수 있을 것이다.

제3절 비밀공작의 운용 원칙과 절차

1. 운용 원칙

가. 공작 운용의 기본인식

비밀공작은 임무 자체가 특정 국가나 세력의 역량에 영향을 미치고 사안에 따라서는 생명을 다루는 문제이기 때문에 공작을 전개하는 과정에는 예측하지 못하는 돌발적인 상황과 생명을 잃을 수도 있는 위험에 항상 직면할 수 있다. 따라서 공작관은 비밀공작의 착수단계부터 종료될 때까지 변화무쌍한 공작환경에 적절하게 대응할 수 있도록 다음과 같은 기본적인 마음의 자세가 필요하다. ① 다양한 사고력과 임기응변 능력을 갖추도록 노력하고, ② 공작목표에 대한 열정과 집중력을 잃지 말아야 하며, ③ 공작의 장애요소에 대한 정보수집 노력을 지속하며, ④ 공작 운용 전체의 일체성과 연합성을 항상 염두에 두는 것이다. 즉 조직과 집단의 지원활동, 흑색 및 회색 선전활동, 공작원과 협조자의 활용, 기만정보의 유포, 준군사적 활동, 가장업체의 운영, 기타 관련 활동 등 비밀공작의 전반적인 상황을 적극적으로 고려하는 자세가 필요하며 시행하는 경우도 있는 것으로 알려져 있다. 이를 현대공작이라고 할 수 있을 것이다.

나. 비밀공작의 운용 원칙

비밀공작이 '더러운 전쟁(dirty war)', '더러운 일(dirty work)' 그리고 '더러운 기술(dirty trick)'로도 불려지는 것처럼 공작 목적을 달성하기 위해 상대방의 약점을 최대한 이용하는가 하면 암살 · 선동 등 불법적인 행위를 수단으로 하고 있기 때문에 정보활동 중에 가장 많은 논란과 문제점을 가지고 있다. 따라서 공작의 부작용을 최소화하면서 비밀공작을 성공적으로 이끌기 위해서는 다음과 같은 원칙을 철저하게 지키도록 하여야 한다.[30]

첫째, 비밀공작은 계획단계 이전에 확실한 성공의 길을 먼저 찾아야 한다. 일단 전쟁이 발생하게 되면 어떤 명분도 승리보다 우선이 될 수는 없는 것이다. 비밀공작에 일단 착수하게 되면 오직 성공만이 필요한 것이고 실패에 뒤따르는 이유나 변명이나 후회는 용납되지 않는다. 따라서 초기 공작시행 단계 이전에 확실한 성공의 길을 찾는 것은 당연한 것이다.

둘째, 비밀공작은 계획단계에서 그 대상과 시간, 공간에 부합하는 다양한 공작 실행방법을 강구해야 한다. 공작이 진행되는 동안 발생할 수 있는 새로운 환경에 대비한 철저한 가장과 완벽한 여건조성, 그리고 비밀유지 방안을 강구해야 하는 것이다. 실례를 들어보면, 이스라엘의 가장 유명한 첩보원이었던 엘리 코헨(Elie Cohen)은 전형적인 제3국 우회침투를 통한 첩보수집 사례를 보여준다. 엘리 코헨은 이집트 태생의 유대인으로서 1951년 이스라엘에서 정보원 및 사보타주 훈련(sabotage)을 받고 모사드 정식요원이 된다. 이어 그는 카밀 아민 타벨(Kamal Amin Thaabet)이라는 이름으로 레바논에 이주한 시리아인으로 위장한 후 아르헨티나의 시리아인 공동체에서 활동을 시작한다. 그리고 그

곳에서 훗날에 시리아 대통령이 될 아르헨티나 주재 시리아 무관 아민 엘 하페즈(Amin al-Hafiz) 장군 등 저명인사들과 접촉하여 친분관계를 쌓는다. 이후 그들의 소개장을 갖고 1962년 시리아로 잠입하여 시리아 고위층과도 친분관계를 쌓아가면서 막대한 정보를 입수했다. 코헨이 획득한 정보에는 소련 고문단이 작성한 이스라엘 공격계획, 소련이 시리아에 제공한 무기사진, 골란고원(Golan Heights)의 시리아군 배치도 등 결정적인 내용들이 포함되어 있었다. 특히 골란고원 내 시리아군의 배치도는 1967년에 벌어진 제3차 중동전쟁(6일전쟁)에서 이스라엘군이 대승을 이루는 데 결정적인 기여를 했다. 그러나 코헨은 6일전쟁 이전인 1965년 시리아 방첩부대에 체포되어 다마스커스 순교자 광장에서 교수형에 처해졌다.

코헨이 이스라엘에서 교육을 받고, 레바논에 들어가서 시리아 인사들과 여건을 조성한 후 제3국을 통해 우회적으로 시리아에 잠입한 후 합법적 신분으로 고급정보를 수집할 수 있었던 것은 빠르고 다양하게 변화하는 정보환경에 알맞은 공작실행 방법을 강구했기에 가능한 것이었다.

따라서 비밀공작은 여러 가지 위기상황에 대비하여 정상적인 절차와 예측을 뛰어 넘는 돌발상황과 초법률적인 위기극복 모델도 염두에 두어야 한다. 합법적인 방법만으로는 그 목표를 달성할 수가 없고 상대방 국가의 법과 규정을 넘어서는 초법적인 상황, 즉 공작원 매수나 기만, 폭력, 납치 등과 같은 범죄수단까지도 고려해 두어야 하는 것이다.

셋째, 비밀공작의 설계는 공작 자체의 보안 이상으로 후원자의 정체(the identity of sponsor)를 은폐하는 데 중점을 두어야 한다. 앞서 설명한 것처럼 비밀공작이 실패할 경우 책임과 부담이 크기 때문에 비밀공작의 배후 세력을 은폐하는 데에 중점이 주어져야 한다. 따라서 비밀공작은 만약의 실패에 대비한 설득력 있는 완벽한 부인(否認)대책도 강구해 두어야 한다.

마지막으로, 공작이 종료된 이후의 사후 조치까지 고려해야 한다. 공작이 성공적으로 종료되었다고 하더라도 비밀공작 사실이 사후에라도 폭로되면 국가적 손실과 부담은 여전히 남아있게 된다. 그러므로 공작원이 해고된 이후라도 '비밀을 무덤까지 가지고 간다'는 공작원칙을 지킬 수 있도록 철저한 보안 조치와 충분한 보상조치를 해두어야 한다. 만약에 공작이 실패하여 공작원이 체포되고 생명까지도 위태로운 상황에 처하게 될 경우에도 그의 가족들을 돌볼 수 있는 조치를 취해 둔다면 공작보안을 유지해 갈 수가 있을 것이다.

2. 비밀공작의 절차

가. 계획 수립

1) 적합성 검토

비밀공작의 선택은 특정한 정책목적을 달성하기 위하여 외교교섭이나 군사적 개입 등 다른 수단으로는 할 수 없을 때 적합성을 인정받는다. 즉 비밀공작은 소위 말하는 제3의 대안(Third Option)으로 고려되는 것이다.

비밀공작은 국제사회의 상호의존성이 커지고 민주주의와 투명사회를 지향하는 세계적인 추세 속에서 득보다 실이 많을 수도 있다. 따라서 계획과정에서 국가안보가 위험에 처하고 국익증진에 장애요인이 발생하여 비밀공작만이 최선의 수단이라는 판단이 내려질 때 적합성이 확보된다.

2) 수행능력 검토

적합성 검토가 이루어지면 이를 실행할 정보기구의 수행능력을 점검해야 한다. 비밀공작 추진이 적합하더라도 이를 실행할 능력이 없다면 현실성이 없는 것이다.

공작수행능력에는 공작 기획, 공작원 확보, 예산확보, 공작지원에 필요한 능력 등이 포함된다. 즉 공작전반의 이해를 바탕으로 전체적인 사업을 기획, 조정할 능력이 있어야 하고 유능한 공작원과 협조자를 확보하여야 하며, 이동수단 · 무인 수수소(dead drop) · 도청장비와 같은 공작지원체계(plumbing)도 구축할 수 있어야 한다. 특히, 이러한 공작수행능력을 구비하는 데에는 오랜 시간이 걸릴 수도 있기 때문에 예산부서를 이해시켜 충분한 예산을 확보하는 것도 중요하다.

3) 위험도 점검

비밀공작의 위험도는 크게 두 가지 관점에서 검토해야 한다. 하나는 실패에 대한 위험도 평가이다. 비밀공작이 실패하면 인명피해와 공작주체국과 대상국 사이에서 발생하는 외교적인 문제와 국제적 비난이 불가피하며, 국내에서 정부 또는 정보기구가 져야 하는 정치적 부담도 적지 않은 등 다양한 손실이 따른다.

또 다른 하나는 노출에 따른 위험이다. CIA국장 William Colby는 재직하면서 발생했던 대규모의 정보활동 조사를 회고하면서 "국장은 정보기구의 비밀공작이 언젠가는 대중들에게 알려지게 될 것이라고 항상 가정하고 있어야 한다"고 언급한 것처럼 비밀공작은 언젠가는 노출될 수 있다는 사실을 염두에 두어야 한다. 비밀공작을 집행한 직후 바로 노출되는 것과 십년 또는 이십년 후에 알려지는 것과는 외교적, 법률적 차원에서 발생하는 부작용 측면에서 보면 큰 차이가 있다. 하지만 오랜 기간 알려지지 않았던 활동이 노출되는 경우에도, 정치적으로 큰 손실이 야기되는 곤란한 상황이 발생할 수 있다.[31)]

따라서 이러한 두 가지 관점에서 위험도를 평가한 후 당면한 국가이익을 위해 다른 대안이 없으면 위험성을 감수하더라도 비밀공작은 실행된다.

4) 사례 연구 및 최종 점검

새로이 추진하는 공작은 과거 공작사례를 검토함으로써 취약점과 보완방안을 찾을 수 있다. 특히, 유사한 사례가 있다면 생각할 수 없었던 위험요소나 공작 추진상 장애요인을 극복할 수 있는 아이디어를 얻을 수도 있다.

이와 같이 과거사례로부터 많은 교훈을 얻을 수 있기 때문에 현재 계획하고 있는 공작의 점검 리스트로 활용할 수 있다. 점검 리스트에는 동일한 국가 혹은 동일지역에서 시도되었던 유사공작들이 있었는가? 그들의 결과는 어떠했는가? 공작수행에 따른 위험요소들은 그 전과 다른가? 착수하려는 비밀공작 유형과 유사한 공작이 다른 지역에서 시도된 적은 없었는가? 만약 있었다면, 그 결과는 어떠했는가? 등이 있을 수 있다.[32] 따라서 적합성, 위험도, 수행능력과 함께 리스트에 따라 추진 중인 비밀공작을 평가함으로써 최종점검을 해야 한다.

나. 비밀공작의 결정

비밀공작의 최종 결정형태는 나라마다 다르기 때문에 일률적으로 설명하는 것은 적절하지 않다. 다만 여타 국가에 비하여 상대적으로 정보공개가 잘 되고 있고 선진정보기구를 운영하는 것으로 평가받고 있는 미국의 절차를 중심으로 살펴본다.

1) 대통령의 승인

비밀공작은 공식적인 승인을 필요로 한다. 대통령은 비밀공작 계획을 보고 받은 후에 비밀공작이 국가의 외교정책을 지원하는 데 필수적이고 국가이익에 중요하다는 확신을 하면 정보기구 내부에서 통용되는 대통령 승인서(Presidential Finding)라고 하는 승인명령에 서명한다. 현재 대통령 승인서는 법률적 의무이며, 비상시를 제외하고는 반드시 서면으로 승인하여야 한다. 비상시의 경우에도 서면기록이 보관되어야 하며, 48시간 내에 승인서가 만들어져야 한다. 대통령의 승인서는 공작실행부서로 전달되며, 상원과 하원의 정보위원회 소속의원과 의회 내 지도부에게도 제한적으로 통지서(Memo of Notification)라는 형식으로 전달된다.[33]

이와 같은 대통령 승인서의 법률적 절차와 승인과정은 비밀공작의 최종 결정권자인 대통령이 해당 공작의 의의와 목적, 필요성 등을 정확히 인지하고 승인했음을 확실히 하는 데 있다.

2) 의회의 통제

의회 정보위원회는 비밀공작 결정과정에서 반드시 거쳐야 되는 필수기관이다. 의회는 대통령과는 별개로 예산의 최종승인자로서 비밀공작을 보고받을 권한이 있다. 의회는 정보공동체가 의회에 예산을 요청할 때 1년간의 비밀공작 활동계획을 함께 제출해야 하기 때문에 비밀공작을 개괄적으로는 먼저 인지할 수도 있으며, 대통령의 승인서와 공작내용에 대해 브리핑을 받을 수도 있다.

그러나 의회는 예산승인을 거부하는 방법으로 공작추진에 제동을 걸 수는 있지만, 공작 자체에 대한 승인이나 공작의 내용을 변경시켜 예산을 승인할 권한은 없다. 의회는 공작예산 불승인권 외에도 반군과 테러 지원국에 대한 무기나 훈련지원 및 암살을 금지하는 법이나 행정명령 등으로 비밀공작을 통제할 수 있다.

한편, 위원회 소속 위원들이나 위원회 참모들이 심각한 문제를 제기하면, 비밀공작팀은 이러한 사실을 지휘부에 보호하게 된다. 지휘부는 이 보고를 검토한 후 공작을 그대로 진행시키거나 의회의 의견을 고려하여 공작계획을 변경할 수도 있다.

미국 의회의 비밀공작에 대한 통제는 점차 강화되는 추세를 보이고 있다. 1947년 CIA 창설 이후 1974년까지는 느슨한 감독형태를 보였으나, 1974년 비밀공작을 대통령이 서면 승인하도록 요구하고 대통령이 승인한 비밀공작에 대해 상·하원 정보위원회에 보고서를 제출할 것을 규정한 「휴즈-라이언법(Hughes-Ryan Act)」이 제정되자 결정과정이 보다 공식화되었으며, 1980년에는 의회에 모든 비밀공작을 보고할 것을 요구하는 내용이 포함된 「정보감독법(Intelligence Oversight Act)」이 제정되면서 더욱 강화되고 있다.[34)]

다. 비밀공작의 수행

비밀공작에 대한 대통령의 승인과 예산확보 문제가 해결되면 비밀공작의 수행은 정보기구가 하게 된다. 비밀공작을 수행하는 과정에서 핵심적으로 고려해야 할 사항은 공작원의 운용과 비밀유지 문제이다. 비밀공작 자체가 공작관이 직접 수행할 수도 있으나 대개는 공작원을 통해 이루어지며, 비밀공작 자체가 무덤까지 안고 가야 하는 비밀성을 기본으로 하기 때문에 공작에 대한 비밀이 유지되지 않을 경우 최악의 실패로 끝이 날 수밖에 없기 때문이다.

비밀공작사항을 지시받은 공작관(case officer)은 공작 수행계획을 수립하고 공작원(agent)을 획득한 후 조종하면서 비밀공작을 수행하게 된다. 따라서 우수한 공작원의 획득여부는 비밀공작의 성패와도 관련되는 중요한 요소로써 포섭절차는 앞서 제1장 첩보수집에서 설명한 정보원 획득과정과도 맥락을 같이 한다. 즉 목표분석(target analysis), 물색(spotting), 조사(investigation), 평가(assessment), 여건조성(development), 그리고 모집(recruitment) 또는 내사람 만들기 단계를 거치게 된다. 공작원 포섭은 매수, 약점조성을 통한 협박, 설득 등 다양한 방법이 동원될 수 있으며, 포섭하여 활용하는 중에는 이중공작원 여부와 배신할 경우에 대비한 철저한 대책을 강구하고 수시로 점검하여야 한다.

그리고 비밀공작의 성공을 위해서는 수행과정에서 비밀이 유지되는 것이 매우 중요하다. 비밀공작 참여자를 대상으로 각종 테스트를 통해 점검해야 하고, 비밀연락기술을 사용하여 방첩기관이나 대상세력으로부터 노출되는 것을 피해야 하며, 연락망을 점조직 형태로 운영하고 참여인원을 최소화하여 어떠한 증거물도 남기지 말아야 한다.

제4절 비밀공작의 쟁점과 전망

1. 비밀공작의 쟁점

비밀공작의 필요성에도 불구하고 정책지원이 아닌 정책을 집행한다는 점, 정보활동 중 가장 은밀한 비밀성을 가지고 있다는 점, 군대와 같은 물리력을 동원하는 점 그리고 경우에 따라서는 비합법적인 수단도 동원된다는 비합법성을 속성으로 하기에 다음과 같은 논란들이 지속되고 있다.

가. 위장부인

위장부인(plausible denial)이란 어떤 문제사안이 발생하면 최종책임자의 법적, 도덕적 책임을 회피하기 위해 최종책임자와의 직접 연관성을 그럴듯하게 부인하는 것을 말하는 것으로 '그럴듯한 부인'이라고도 한다. 비밀공작은 말 그대로 비밀리에 수행되는 활동이라는 점에서 사건에 개입한 것을 감출 필요성이 당연히 발생한다. 만약 비밀공작이 어느 나라에 의해 수행되었다는 것을 알게 된 경우에는 그 나라의 어느 수준의 정책결정자 수준까지 관여했느냐 하는 문제에 따라 외교적 파장이 크게 달라진다. 이러한 이유로 단계별로 은폐할 수 있는 장치가 필요하며, 위장부인은 그 장치의 대표적인 수단이다.

그럴듯한 부인 원칙이 효과적으로 적용되기 위해서는 비밀공작 관여자가 가능한 최소한의 정부 관료들로 한정되어야 하고, 그 활동을 승인하는 공식적인 절차나 그 승인이 기록된 문서가 존재하지 않아야 한다. 비밀공작 자체도 가능한 최소한의 기록을 유지하면서 수행되어야 하고, 활동 중 작성된 문서들은 아주 사소한 것이라도 활동이 종료된 후에는 파기되어야 한다. 이 조건들이 달성될 경우 비밀공작이 승인되었는지 여부가 제대로 파악될 수 없고 불분명해지는 상황이 조성될 것이다. 특히, 문서화된 기록이 없다면 대통령이나 다른 고위 관료들의 개입을 판단하는 것은 거의 불가능할 것이다.[35)]

미국은 국제법적으로 특정 주권국가의 내정에 간섭하려 했다는 좋지 못한 명예를 얻지 않기 위해 비밀공작에서 위장부인을 비밀성과 함께 절대적인 요소로 간주한다. 그러나 위장부인은 여러 가지 쟁점을 유발한다. 우선, 법적인 문제로서 그럴듯한 부인을 통해 대통령이 법적인 책임에서 과연 면할 수 있는가의 문제와 대외관계 또는 대통령은 법적 책임에서 벗어나더라도 실행자의 책임도 면책되는가의 문제가 논란이 되고 있다. 이와 관련하여 1975년 미국 정부의 정보활동을 연구하기 위하여 결성된 처치위원회(Church Committee)는 국내에서 헌법상의 책임을 면할 수 없다고 결론지었으며, 이미 설명한 휴즈-라이언법(Hughes-Ryan Act)과 정보감독법(Intelligence Oversight Act)의 제정에 따라 그럴듯한 부인은 어렵게 되었다. 또 하나는 운영의 문제로서 위장부인은 책임자가 실체가 없는 권한을 통해 하위 구성원에게 단지 책임을 전가하기 위한 수단으로 전락할 수 있으며, 위장부인이 성공한다고 하더라도 정부가 명령계통이 무질서하게 운영되고 있다는 사실을 자인하게 되는 비판을 받을 수 있다.

나. 정당성

불법적 수단도 동원되는 비밀공작을 합법성과 절차를 중시하는 민주주의 국가의 정당한 정책집행방법으로 사용할 수 있는가에 대한 논쟁이 있다. 즉 이상주의자들의 불법성설과 현실론자들의 합법성설로 분류할 수 있다.

이상주의자들은 한 국가가 다른 국가의 국내문제에 은밀하게 개입하는 것은 합의된 국제적 행위규범을 위반하는 것으로 불법이라는 입장이다. 이 견해는 주권국가의 평등을 선언하고 권리평등과 자결권을 존중하며 우호 선린관계를 유지함이 세계평화 유지를 위한 첩경임을 밝히고 있는 유엔헌장과 국제규범에 반하는 불법행위로서 결코 정당성을 인정받을 수 없다는 주장이다. 특히, 탈냉전으로 비밀공작의 필요성이 감소한데다 비밀공작을 통해 득보다는 실이 더 많다고 주장하면서 비밀공작이 더 이상 국가정보기구의 임무로 유지되어서는 안 된다는 주장도 제기한다.[36)]

이에 반해 현실론자들은 이상주의론자들의 견해를 이해하면서도 비밀공작은 국가안보를 위한 정책수단으로 활용하는 것은 불가피하며, 전쟁을 회피한 차선책으로써 오히려 세계평화에 기여하는 것이라고 주장한다. 따라서 비밀공작은 현실적인 필요에서 정당성을 가지는 것이기 때문에 실정법적으로 규정만 되면 적법성은 인정되며, 역사적으로 여러 국가에 의해 무수히 사용되어 왔기 때문에 각국이 용인하는 관행으로 국제법상의 관습법이 되었다는 논리이다.

국제연합헌장 제51조에서 무력공격이 발생한 경우, 개별적 또는 집단적 지위의 고유한 권리는 침해받지 않는다고 규정함으로써 자위권에 근거한 특정한 조치는 개별국가의 내재적 권리로 인정하고 있으며, 국제법에서도 전쟁이라는 수단을 특별한 상황에서는 최선의 정책수단으로 인정하고 있음에 비추어 비밀공작의 정당성을 부인하기는 어렵다고 볼 수 있다. 따라서 개별행위의 정당성이나 적법성 논쟁은 있을 수 있으나 정책수단으로서의 필요성 자체는 부인하기 어렵다.

다. 암살

일부 국가의 정보기구들이 암살을 유용하고 필요한 비밀공작의 수단으로 사용하고 있는 것에 대하여 암살 자체는 명백한 살인의 일종이기 때문에 금지해야 한다는 주장과 그렇지 않다는 주장이 맞서고 있다. 암살금지를 주장하는 사람들은 국가가 특정인을 제거의 대상으로 규정하고 살인을 하는 것은 도덕적으로 옳지 않기 때문에 어떤 경우에도 금지되어야 한다는 견해를 나타내고 있다.

반면에, 암살을 찬성하는 사람들은 상황에 따라서는 암살이 최선의 선택으로 피해를 최소화할 수 있는 첩경이고 오히려 도덕적으로도 정당한 것이라고 주장한다. 예를 들면, 미국이 2011년 CIA 주도하에 알 카에다(Al-Qaeda) 지도자 오사마 빈라덴(Osama Bin Laden)을 사살한 것은 2001년 9 · 11테러에 대한 단죄이자 향후 알 카에다에 의해 발생할 수 있는 피해를 최소화할 수 있는 큰 이유가 있다면서 암살수단은 자위수단을 인정한 국제법은 물론 도덕적으로도 정당한 방법이라고 주장한다.

그러나 미국은 1981년 레이건(Reagan) 정부에서 대통령령 제12333호를 발령하고 암살을 정보활동에서 제외시켰다. 다만 보충의견을 발표한 국방부 법률자문변호사 Hays Parks는 미국의 국가안보에 급박한 위협을 초래할 위험이 있는 인물의 저격이나, 전쟁 중의 공개적 무력 폭격이나 은밀한 방법에 의한 암살은 위의 대통령 명령이 금지하는 암살이 아니라고 밝혔다. 이에 따라 미국 행정부 당국자는 미국의 알 카에다 지도자 오사마 빈라덴의 살해는 미국이 합법적으로 테러조직의 인프라를 공격할 수 있는 당연한 권리를 가지고 있으며, 특정한 영토개념이 없이 이동을 주요 요소로 하는 테러조직의 특성상 오사마 빈라덴은 '테러조직 인프라의 정점'이라는 점에서 암살을 금지하는 대통령령에 반하는 것은 아니라고 주장한다. 그리고 오늘날 테러와의 전쟁으로 전쟁상황이므로 테러범에 대한 암살은 정당하다는 견해도 있다. 실제 미국에서 테러단체 지도자들에 대한 암살은 논쟁거리가 되지 못하며, 미국이 테러와의 전쟁을 선언하면서 테러분자에 대한 암살은 적법화되었다고 할 수 있다.[37)]

라. 비밀공작의 평가

비밀공작의 결과에 대한 평가는 어려운 판단문제로 남아 있다. 비밀공작에 대한 기록이 다양하며, 이 공작들을 평가하는 일반적인 기준이 있는 것도 아니기 때문이다. 대성공으로 보이던 비밀공작 결과도 시간이 지나면서 진상이 표출되고 부작용이 나타나면 오히려 하지 않은 것보다 못하다는 비판도 받고 있다.

예를 들면, 1953년 미국과 영국의 정보기구는 이란에서 민족주의자로 외세를 배격하고 원유산업을 국유화하려던 민선 수상 모사덱(Mohammed Mosaddeq)을 이란 군부를 지원하는 방법으로 실각시키고 친서방 팔레비(Pahlevi) 정권을 출범시켰다. 그러나 26년이 지난 1979년 부패한 팔레비 정권은 성난 민심에 의해 축출되고 반미를 기치로 한 호메이니 체제가 들어섰으며 오늘날까지도 가장 반미적인 대표정권으로 이어지고 있다. 이러한 결과를 두고 26년의 친 서방체제보다 긴 37년의 반 서방체제를 탄생시켰다고 할 수도 있는 반면에, 중동처럼 변덕스러운 지역에서 미국에 우호적인 정권을 26년이나 유지시켰다고 긍정적인 평가를 내리는 사람도 있다는 것이다.

또 하나의 사례는 아프가니스탄에서도 찾아볼 수 있다. 미국과 북대서양조약기구(NATO)가 CIA를 중심으로 1979년 소련의 아프가니스탄 침공에 대응하여 아프가니스탄의 무자헤딘(Mujaheddin) 반란군을 지원한 공작은 매우 성공적이었고 소련 붕괴에도 중요한 역할을 하였지만, 서방의 관념과는 달리 시민의 권리와 여성의 권리를 억압하는 탈레반 정권의 출현에 기여함은 물론 현재까지도 여전히 정부군과 알 카에다의 지원을 받는 탈레반 간의 전투는 지속되고 있는 상황은 과연 CIA의 아프가니스탄 내의 공작이 성공한 것으로 볼 수 있는가라는 의문을 제기하고 있다.

2. 전망

서방과 공산진영이 첨예하게 대립하던 냉전시기에는 각 진영이 체제적, 사상적 우위를 점하기 위한 경쟁으로 인해 정보기구의 필요성이 증대되면서 비밀공작과 같은 공격적인 활동의 증가도 불가피한 상황이었다. 그러나 1991년 냉전이 종식되자 정보기구의 역할 축소와 함께 비밀공작의 필요성이 대폭 감소하였으며, 여러 가지 부작용도 적지 않았다며 더 이상 수행하는 일은 없어야 한다는 주장도 있다.

그러나 이러한 주장에도 불구하고 테러와 같은 신(新)안보위협에 적극 대처하고 다양한 대외정책 목표를 달성하기 위해서는 공개적인 방법이나 외교적인 노력만으로는 불가능한 일이기 때문에 비밀공작은 필요하다는 것이 현재까지의 지배적인 견해이다. 즉 대량살상무기의 확산저지, 산업기밀 유출 방지, 테러조직과 국제범죄조직에 대한 대응 필요성 등으로 인해 비밀공작의 중요성은 여전하다.

현재 미국 정보공동체의 주요한 비밀공작은 테러조직 붕괴, 마약선적 저지, 무기거래대금 송금차단 등에 중점이 있다. 이러한 요청은 화력 등 현장 물리력이 아닌 첨단과학을 이용한 비밀공작 활동을 필요로 한다.

신무기 개발 등 대량살상무기 확산방지를 위한 비밀공작을 살펴보면 북한, 이라크, 이란 등은 꾸준하게 무기개발에 열성을 다하는 나라들이다. CIA는 이에 대해 세계 각국을 상대로 거래자체를 금지하는 외교·경제정책을 취할 뿐만 아니라, 거래를 저지하지 못한 경우에도 그들 거래품에 불량부품 등이 공급되게 함으로써 연구개발이 계속 실패되게 유도하고 결국 좌절시키는 등의 비밀공작 활동을 했다. 또한 리비아나 이란으로부터 CIA가 판단한 비밀공작 대상국가에 원유 수출이 행해지는 경우, 거래에 비밀리에 개입해서 원유에 다량의 물을 투입하는 등의 방법으로 양측에 불신을 초래하고 국제사회에서 신용을 저감시키는 등의 비밀공작도 수행했다.[38)]

비밀공작의 필요성과 중요성이 여전한데도 불구하고 이미 설명한 바와 같이 비밀공작에 대한 정당성, 공작결과의 평가 그리고 비합법 또는 불법적인 수단이 사용된다는 도덕적, 윤리적 문제가 계속 제기되고 있는 점을 감안하여 비밀공작은 다음과 같은 점을 고려하여 신중하게 결정되어야 한다.[39)] ① 정책결정자는 국제분쟁에 대한 외교적 해결을 우선 고려해야 하며 가능하면 비밀공작은 하지 않아야 한다. ② 기만이 국가안보에 아주 중요한 경우를 제외하고는 비밀공작은 공개적으로 규정된 정책목표와 부합하여야 한다. ③ 비밀공작을 집행하기 전에 정책결정자들은 공작전문가들뿐만 아니라 정보분석관과 대상국가에 대한 전문가들과 광범위한 분야에 걸쳐 상의를 하여야 한다. ④ 정책결정자들은 비상시기 외에는 의회보고를 포함하여 비밀공작 결정과정을 반드시 이행해야 한다. ⑤ 정책결정자들은 비밀공작을 지원함에 있어 법을 위반하여서는 안 된다. ⑥ 정책결정자들은 민주국가들에 대해서는 저수준의 비밀공작도 피해야 한다. ⑦ 정책결정자들은 독재국가와 같은 비민주 국가에 대해서도 저수준의 덜 침략적인 수단을 사용토록 해야 하며, 고수준의 수단들은 다른 모든 수단이 실패했을 경우에만 사용될 수 있도록 노력해야 한다. ⑧ 공작관들은 공작원이 암살, 테러, 마약밀매, 인권유린, 기타 미국법령 위반 등 불법행위에 연계될 경우 정보기구와의 관계가 끝난다는 사실을 지속적으로 경고해야 한다. ⑨ 정책결정자들은 비밀전쟁, 쿠데타, 그리고 극단적 조치를 거의 모든 경우에 거부해야 한다. ⑩ 비밀공작을 고려할 때에는 모든 국민들에게 존경받고 오랫동안 고수해 온 페어플레이(fair play) 정신을 잊어서는 안 된다.

앞으로 안보위협은 많으나 이에 대응할 수단이 넉넉하지 못한 나라일수록 비밀공작에 대한 수요가 많을 것으로 보인다. 그리고 선진국일수록 첨단과학

장비와 기술을 동원하여 법의 테두리를 엄격히 지키는 가운데 대외정책의 일부분으로서 외교 및 군사적 수단과 유기적인 협조체제를 가지면서 비밀공작을 추진할 것으로 전망된다.

1) Swenson, Allan & Benson, Michael. (2003), *The Complete Idiot's guide to the CIA*, Indianapolise, IN : Alpha Books, 118.
2) Carl, Leo D., op. cit, 128.
3) Intelligence Authorization Act, Fiscal Year 1991, L. 102-88, August 14, 1991(50 USC 413b).
4) Schultz, Richard H. & Godson, Roy. (1984), *Dezinformasia : Active Measures in Soviet Strategy*, McLean, VA : Pergamon Brassey's, 193.
5) Lochart, John Bruce. (1987), "Intelligence : A British View," in K. G. Robertson(ed.), *British and American Approach to Intelligence*, London : Macmillan, 37.
6) Johnson, Loch K. & Wirtz, James J. (eds). (2004), *Strategic Intelligence : Windows Into a Secret World, Los Angels,* CA : Roxbury Publishing Co., 370.
7) Shulsky, Abram N. & Schmitt, Gary J., op. cit, 76.
8) 중앙일보. (2010), '독약, 여자, 위조여권 … 곳곳에 모사드 냄새', 2월 16일자.
9) 이갑헌. 전게서, 228.
10) Johnson, Loch K. & Wirtz, James J. (eds)., op. cit, 253.
11) 한희원. 전게서, 214-217 요약 및 일부 수정.
12) 후일 공작국(Directorate of Operation)으로 명칭이 변경되었다가 2007년 국가비밀국(National Clandestine Service)이 되었다.
13) 즉 의회의 세세한 통제라면 비밀공작의 실효성을 이룰 수 없다는 전제하에, 의회가 상황에 따라서 어떤 경우에는 준군사작전이 아니라 군사작전을 하라든가 또는 고도의 비밀성이 요구되는 내용임에도 임무진행 중에 수시로 관련 내용에 대한 보고를 요구하고 또 임무지시도 할 수 있다는 것인가? 라는 반론이 제기된다. 이 반론에 대한 오늘날의 대답은 '그렇다' 이다.
14) Lowenthal, Mark M(1)., op. cit, 221-243.
15) Shulsky, Abram N. & Schmitt, Gary J., op. cit, 78-90.
16) Meese, Edwin Ⅲ. (1992), *With Reagan : The Inside Story.* Washington DC : Regnery Gateway, 170-171.
17) Schultz, Richard H. & Godson, Roy., op. cit, 133-149.
18) '전략방위구상'이란 미국 본토를 대상으로 발사되는 ICBM(대륙간 탄도미사일)을 발사 초기 단계부터 탐지한 후 요격 미사일 등을 이용해서 요격하는 방어장비 개발 계획이다.
19) Holt, Pat M. (1995), *Secret Intelligence and Public Policy.* Washington DC : CQ Press, 142.
20) Treverton, Gregory F. (1987), *Covert Action : The Limits of Intervention in the Postwar World.* New York : Basic Books Inc, 14-15; 이기덕. (2013), "비밀공작", 한국국가정보학회 엮음. 「국가정보학」, 서울 : 박영사, 163 재인용.
21) O'Toole, G. J. A. (1991), *Honorable Treachery : A History of U.S. Intelligence, Espionage and*

Covert Action from American Revolution to the CIA. New York : Atlantic Monthly Press, 236-239. (영국 정보기구는 제1, 2차 세계대전 기간 중 참전에 미온적이던 미국 내 여론을 반전시키려면 전쟁 당사국인 영국 정부 명의로 홍보하는 것보다는 출처를 숨기는 것이 효과적이라는 판단하에 친영국 성향의 미국 언론매체인 the Providence Journal을 활용하였다).

22) Shulsky, Abram N. & Schmitt, Gary J., op. cit, 85. [(소련은 이란에서 미국인 인질사태가 벌어지던 중(1979~1981년) UN에서는 국제법 및 관례에 따라 이란의 인질 사태를 비난하였지만, 내부적으로는 흑색 라디오 방송인 '이란 국민의 소리방송(the National Voice of Iran)'을 동원하여 이란 내 반미 감정을 부채질하였다].

23) Godson, Roy & Wirtz. James J. (2002), *Strategic Denial and Deception : The Twenty-First Century Challenge.* New Brunswick, NJ : Transaction Publisher, 18.

24) Cline, Ray S. (1982), *The CIA : Reality vs. Myth, rev. ed.* Washington DC : Acropolis Books Inc., 151.

25) 동아일보. (2013), "적을 뻬라로 묻어라!", 3월 28일자.

26) Prdos, John. (1982), *The Soviet Estimate : US Intelligence Analysis and Russian Military Strength,* New York : Dial Press, 42-43.

27) Lowenthal, Mark M(1)., op. cit, 163.

28) 조선일보. 2014. "IS 격퇴 나선 오바마 … 지상軍 대신 CIA 투입", http://news.chosun.com/site/data/html_dir/2014/09/20/2014092000414.html?news_Head2_02/검색일 : 2015. 3. 14.

29) Lowenthal, Mark M(1)., op. cit, 164-165.

30) 이갑헌 · 김만복, (2012), "비밀공작", 국가정보연구회 편저, 「분단국의 국가정보」, 서울 : 박문각, 103-106.

31) Lowenthal, Mark M(김계동 역). 전게서, 224.

32) Lowenthal, Mark M(1)., op. cit, 160.

33) Lowenthal, Mark M(1)., op. cit, 160-161.

34) Johnson, Loch K. & Wirtz, James J. (eds)., op. cit, 386.

35) Shulsky, Abram N. & Schmitt, Gary J., op. cit, 130-131.

36) Godson, Roy (ed.). (1989), *Intelligence for the 1990's, Lexington.* MA : Lexington Books, 271.

37) 한희원. 전게서, 253; Lowenthal, Mark M(1)., op. cit, 169-170.

38) 한희원. 전게서, 259.

39) Johnson, Loch K. (2006), *"Ethics of Covert Action," in Jan Goldman(ed.), Ethics of Spying : A Reader for the Intelligence Professional,* Lanham, Maryland : The Scarecrow Press, Inc., 288-289.

제 9 장 방첩활동

제1절 방첩활동 개관

1. 방첩활동의 의의

방첩활동(counter-intelligence)을 가장 일반적으로 규정하면 상대세력의 정보활동에 대항하는 정보활동으로서 첩보수집, 정보분석, 비밀공작과 함께 4대 정보활동의 한 분야를 차지한다. 그러나 방첩활동의 내용에는 단지 상대세력에 대한 수동적인 방어개념뿐만이 아니라 자국을 목표로 하는 적대국 정보기구의 정보수집능력에 대한 첩보를 수집하는 것, 적대국 정보기구의 자국 정보기구 침입행위에 대해 방어를 하는 것 그리고 자국 정보체계에 대한 침입행위를 확인한 후 이 침입자를 활용하거나, 이 침입자에게 허위정보를 제공하여 침입행위를 역이용하는 공격적인 정보활동도 포함하고 있기 때문에 방첩활동의 성격을 둘러싸고 많은 논쟁이 있다.[1] 이러한 이유로 방첩활동의 개념도 사용주체에 따라 다의적으로 해석하고 있어 명확한 개념설정에 어려움을 겪고 있다.

1947년 제정된 미국의 「국가안보법(National Security Act of 1947)」 제3조(50 U.S.C. 401a)에는 방첩업무란 '외국정부, 외국기관, 외국인 또는 국제적 테러리스트들의 활동에 의하거나 이들을 대신하여 행해지는 간첩활동, 기타 정보활동, 파괴활동, 암살 등을 막기 위하여 수집한 정보 및 행해지는 활동'으로 규정하고 있다.

Christopher Felix는 대간첩활동(counter espionage)과 보안(security)의 의미로 나누어 설명하고 있다. 즉 보안의 가장 중요한 목적은 적의 간첩을 체포하는 것이지만, 대간첩활동은 적의 공작을 역이용하여 적에 관한 정보를 획득하는 수단으로서 공격적인 활동으로 설명한다.[2)]

Shulsky 외는 '적대국 정보기구로부터 자국을 지키기 위해 행하는 정보의 비밀분류, 대간첩활동, 통신 등을 이용한 기술적 정보활동에 대한 방어대책, 기만과 역기만, 방첩분석 등의 제반활동 또는 그와 관련된 정보'라고 정의하고 있다.[3)]

우리나라 방첩업무규정(대통령령 제25751호)에 따르면 방첩(제2조 제1항)이란 '국가안보와 국익에 반하는 외국의 정보활동을 찾아내고 그 정보활동을 견제 · 차단하기 위하여 하는 정보의 수집, 작성 및 배포 등을 포함한 모든 대응활동'을 말하는 것으로 규정하고 있다. 그리고 방첩업무의 범위로 ① 외국의 정보활동에 대한 정보 수집 및 색출, ② 외국의 정보활동에 대한 견제 및 차단, ③ 외국의 정보활동에 대응하기 위한 기법 개발 및 제도 개선, ④ 다른 방첩기관 및 관계기관에 대한 방첩 관련 정보 제공, ⑤ 그 밖에 외국의 정보활동으로부터 국가안보 및 국익을 지키기 위한 활동으로 규정하고 있다(제3조).

이와 같은 여러 견해들을 살펴보면 구체적인 내용에 있어서는 다소간 차이가 있더라도 크게는 두 가지 내용을 내포하고 있다는 점이다. 첫 번째는 적대세력이 자국의 정보원(情報源)에 접근하는 것을 차단, 정보를 획득하지 못하도록 하는 소극적인 방첩활동과, 두 번째는 적 정보기구들의 자국을 대상으로 하는 정보활동을 좌절시키거나 방해하고 궁극적으로는 그러한 활동들을 자신들에게 유리하게 만들기 위해 어떤 작업을 수행하고 있는지를 파악하는 적극적인 방첩활동이 포함되어 있는 것이다.

따라서 여기에서는 방첩활동을 '외국 정보기구가 자국에 침투하여 행하는 첩보수집, 전복, 테러 및 파괴행위 등 반국가활동을 저지, 색출하고, 외국 정보기구에 관한 첩보를 수집, 평가하고 그 기구에 침투하여 자국에 유리하도록 조종하는 국가의 제반활동'으로 규정한다.

한편, 방첩활동을 전개하는 기관의 형태는 다양하게 나타나고 있다. 미국은 방첩업무에 대한 전반적인 책임은 국가정보국장(DNI) 산하의 국가방첩집행국(Office of the National Counterintelligence Executive)에 주어져 있고, 실질적으로 현장에서 방첩업무를 수행하는 기관은 법집행기관이자 정보기구인 연방수사국(FBI)에서 담당하고 있다. 영국은 국내정보기관인 보안부(Security Service, MI5)가 주요 방첩기관이지만 체포, 수색 등의 법집행 권한은 없다. 그리고 우리나라의 경우에는 국가정보원이 국가방첩활동에 대한 전반적인 기획 · 조정과 실행업무까지 담당하고 있으며(방첩업무규정 제5조), 법집행기능과 정보업무를 수행하는 경찰청, 국군기무사령부, 국가안전처도 전문방첩기관으로 분류되고 있다(방첩업무규정 제2조 제3항).

2. 방첩활동의 중요성

제2차 세계대전 시기에 영국 방첩기관인 보안부(MI5)는 체포한 독일간첩 120명을 회유, 설득하여 영국군이 노르망디(Normandie)로 상륙할 것을 오인하게 하는 기만정보를 제공하여 본국에 지속적으로 보고토록 하였다. 독일은 이 첩보를 믿고 오판함으로써 군 병력을 다른 곳에 배치하게 되었고, 영국군은 이러한 상황을 이용하여 노르망디 상륙작전을 감행함으로써 승리를 가져왔다.[4] 이와 같이 방첩활동은 전쟁의 성패에도 큰 영향을 미치는 주요한 요소로서 최근에 와서는 다음과 같은 이유로 방첩활동의 중요성이 더욱 강조되고 있다.

첫째, 적의 영향력을 배제해야 하는 필요성이 증대하고 있다는 점이다. 적대국가, 적대세력이 자국에 미치는 영향력이나 침투를 배제함으로써 국가전복 행위는 물론 국가의 비밀을 안전하게 보호함으로써 안전보장과 국가이익을 증진할 수 있는 것이다.

둘째, 방첩활동의 발전은 국가정보활동의 효율성을 높일 수 있는 기반이 된다. 방첩활동을 통하여 수집한 첩보나 분석된 정보는 기술정보의 해석이나 분석을 가능하게 하는 것은 물론 비밀공작의 계획수립이나 진행과정에서 실패를 최소화시켜주며, 첩보를 수집하는 정보관이나 정보를 생산하는 분석관들이 적의 기만이나 역정보에 빠질 위험성을 감소시켜 준다.

셋째, 각국은 자국 안보와 이익을 위해 첩보수집 및 비밀공작활동을 강화하고 있다는 점이다. 세계 여러 나라들은 여전히 자국의 안전보장과 이익을 위해 타국에 대한 군사, 산업, 외교 등의 분야에 대한 탐지, 수집활동을 강화하고 있기 때문에 방첩활동은 국가가 우선적으로 행해야 하는 중요한 책무가 되고 있다. 실제 미국이 1980년대 초부터 워싱턴 주재 러시아 대사관의 땅 밑에 비밀터널을 뚫어 러시아 대사관 인력의 활동과 각종 시설을 몰래 감시하고 대화를 도청한 사실[5]에서 알 수 있는 것처럼 각 국가들의 방첩활동은 보다 적극적인 것으로 나타나고 있다.

끝으로, 방첩활동의 범위가 확대되고 있다. 과거 외국 정보기구의 정보활동에 대응하여 자국의 안전과 이익을 확보하기 위한 소극적이고 방어적 차원의 개념에서 최근에는 외국정부, 단체 또는 외국인이 직접 하거나 내국인을 이용하여 행하는 정보수집활동과 그 밖의 활동 등 자국의 국가안보와 국익에 영향을 미칠 수 있는 모든 것이 대상이 될 정도로 확대되면서 각 분야별로 방첩활동의 결과가 미치는 영향이 커지고 있는 것이다.

3. 방첩활동의 변천

전쟁이 시작되는 씨족사회와 부족국가시대부터 자신의 집단을 방어하고 전쟁에서 승리하기 위해 상대세력의 정보활동에 대응하기 위한 활동은 불가피하였다. 즉 방첩활동은 수집활동과 동전의 양면과 같은 관계에 있기 때문에 두 가지 정보활동은 거의 동시에 시작되었다고 할 수 있다.

이와 같이 고대국가 이전부터 시작된 것으로 추정되는 방첩활동은 16세기 영국의 국무대신이자 정보책임자였던 Francis Walsingham 경이 방첩활동을 통해 스페인 무적함대의 침공을 사전에 파악한 기록으로 초기 방첩활동의 사례를 찾아볼 수 있으며,[6] 국가차원에서 본격적으로 방첩활동을 시작한 것은 1909년 영국에서 보안부(MI5)의 전신인 비밀정보국(Secret Service Bureau) 창설과 같이 정보기구가 제도화된 20세기 이후로 볼 수 있다.

우리나라에서는 1902년 6월 대한제국의 초대 황제였던 고종이 황제 직속으로 설립한 제국익문사(帝國益聞社)가 방첩기관의 기원이 될 수 있다. 서울 주재 외국 공관원의 동정과 외국인의 간첩행위를 탐지하는 것이 주요 임무였기 때문이다.

1945년 8월 15일 해방과 함께 경찰과 군이 조직되고, 1961년 6월 10일 중앙정보부가 창설되면서 북한의 대남 간첩활동을 저지하고 냉전체제를 극복하기 위해 현재와 유사한 방첩업무를 수행한 것은 사실이나 구체적으로 살펴보면 주로 대공활동과 외국인의 일반범죄가 포함된 외사범죄를 다루는 단편적인 방첩활동이 대부분을 차지하였다.

오늘날과 같은 체계적인 방첩활동은 1980년대에 들어와 적대관계에 있던 소련, 중국 등 공산진영 국가들과 외교관계가 수립되고 1988년 서울올림픽을 전후하여 내 · 외국인의 출입국이 현저히 늘어나면서 국가안전기획부에 방첩업무를 전담하는 조직이 설치되면서부터라고 할 수 있다. 그리고 2012년 5월 14일에는 각 정보기구들의 방첩업무를 규정한 '방첩업무규정(대통령 훈령 제23780호)'이 제정, 시행되면서 법적인 뒷받침도 이어졌다.

제2절 적극적 방첩활동

적극적 방첩활동(offensive counter-intelligence)이란 적대세력의 정보활동에 대응하는 능동적인 방첩활동을 의미하는 것으로서 자국을 겨냥한 적대세력에 대해 정보수집을 하고, 적대세력의 간첩활동을 견제하거나 색출하며, 상대 정보기구에 침투 및 허위 정보를 제공하여 대상기관의 정보활동을 교란하는 공격적 활동을 포함한다.

적극적 방첩활동은 방첩대상자의 범죄혐의를 발견한 경우 법집행기관과 협조하여 체포 등의 사법처리를 하거나 그 혐의자가 면책특권이 있는 경우에는 기피인물(Persona Non Grata, PNG)로 규정하고 자국으로 추방하는 조치를 한다. 그러나 적극적 방첩활동은 무조건적 사법처리나 추방보다는 그 혐의자를 역이용하는 전략도 구사하는 것이다. 여기에서는 적극적 방첩활동을 방첩첩보의 수집, 견제 및 색출활동, 그리고 공격적 방첩활동으로 나누어 살펴보기로 한다.

1. 방첩첩보의 수집

적극적 방첩활동은 방첩첩보의 수집에서부터 시작된다. 이는 상대세력이 우리 측에 대해 정보수집을 하는 활동의 의도와 능력에 관하여 파악하는 활동이다. 자국의 정보유출을 방지하는 가장 직접적인 방법은 적대국가의 정보기구가 자국에 대해 수행하고 있는 정보활동에 관한 첩보를 수집하는 것이다. 이 수집된 방첩첩보는 적의 침투를 차단하기 위한 방첩활동에 중요한 실마리를 제공해 주며, 침투에 대응한 적절한 방책을 미리 강구할 수 있게 함으로써 방첩능력을 제고시킬 수 있는 것이다.

방첩첩보 역시 일반 첩보의 수집활동과 같이 공개정보(OSINT), 인간정보(HUMINT), 기술정보(TECHINT)를 통해 수집할 수 있다.

공개정보(OSINT)는 신문, 방송 등의 언론매체와 인터넷 등을 통해 수집하는 방법으로서 대상국 방첩기관의 조직 편제와 지도자의 기본 신원, 그리고 대상국에서 절실히 요구되는 정책 자료 등을 파악할 수 있다. 특히, 개인, 기업, 국가가 발행하는 각종 발간물의 수집을 위해서는 모든 발간물을 의무적으로 기탁해야 하는 국립중앙도서관이나 국회도서관을 활용하는 것이 효과적이다.[7]

방첩첩보 수집을 위한 인간정보(HUMINT) 수집활동은 전향자, 이중스파이(double agent), 첩보수집요원 등을 활용한다. 냉전시대의 서방 정보기구는 자신의 국가에 대한 충성심을 다른 국가로 변경한 전향자가 방첩첩보를 얻어낼 수 있는 주요 출처였다. 미국 CIA 등 서방 정보기구들은 이념적, 물리적으로 폐쇄된 공산진영의 정보요원을 포섭하는 것보다는 전향자를 활용하는 방법을 많이 사용하였다. 그러나 전향자는 소지한 정보 외에는 더 이상의 추가정보를 확보할 수 없다는 제한이 있었다.

이중스파이(double agent)는 한 국가 정보기구의 정보관이나 그 기구에 고용된 정보원으로서 임무를 충실하게 수행하는 것처럼 가장하면서 실제는 대상국가의 정보기구에 포섭되어 대상국가를 위해 정보활동을 행하는 정보원을 의미한다. 이중스파이로부터 자신의 국적을 두고 있는 나라에서 운용하는 정보기구의 방첩능력, 정보목표 우선순위, 정보분석능력 등에 대하여 가장 신뢰할 수 있는 최신의 첩보를 획득할 수 있으며, 그러한 첩보를 지속적으로 확보할 수 있는 장점이 있다. 특히, 그 나라 정보기구의 공작관 신원, 연락기술 등의 일반적 활동행태를 파악함으로써 자국의 방첩능력을 제고할 수 있다. 이중스파이는 대개 정보활동 중 대상국 방첩기관에 적발되어 본인 또는 가족이 위협을 받거나, 금전적 또는 이념적 문제로 전향하는 경우가 많다.

그리고 첩보수집요원은 전문적인 첩보수집 훈련을 받고 대상 국가에 외교관 신분 등으로 파견되어 직접 방첩첩보를 수집하는 정보관을 의미하는 것으로서 대상에 따라 신분은 회사원, 특파원 등으로 다양하게 위장할 수 있다.

기술정보(TECHINT)는 무선통신 등 통신수단에 대한 도청, 인공위성을 통한 목표지점의 촬영, 컴퓨터 해킹, 회의 도청 등을 통해 방첩첩보를 획득할 수 있게 해준다. 예를 들면, 위성에서 방출되는 신호정보를 분석하여 위성이 대상국가의 어떤 목표를 타깃으로 두고 있으며, 통신의 흐름과 양을 파악하여 대상세력의 통신시설 위치도 파악할 수 있는 것이다. 특히, 기술정보는 인간정보나 공개정보 수집수단으로 수집한 첩보를 보완하여, 첩보의 신뢰성과 정확성을 높이는 역할을 한다.

2. 견제 및 색출활동

견제 및 색출활동은 외국의 정보기구 요원이 자국에 침투하여 행하는 정보수집 또는 비밀공작 등을 견제하고 색출하여 차단하는 것으로서 감시활동을 주요 수단으로 하여 추방, 체포 등을 통하여 이루어진다.

감시는 미행, 현장채증, 사이버 검색, 대화 감청 수단을 이용하여 침투한 적대세력이나 정보요원이 어디로 가는지, 누구와 연락하고 접촉하는지를 파악하는 것이다. 감시활동으로 대상인물이 자국의 정부조직이나 주요 기관, 정보기구, 첨단산업기밀을 보유한 업체나 민간연구소에 침투를 시도하거나 급진과격이념 소유자, 첨단과학기술 보유자, 그리고 국가안보관련 기밀 취급자에게 접촉을 기도하는 경우 경고하며, 실제 국가기밀을 탈취하거나 자국의 주요인사로부터 정보를 수집하는 증거를 확보하면 법집행기관과 협조하여 사법처리를 한다. 다만, 면책특권을 가진 외교관이거나 외교관 신분으로 가장한 혐의자는 국외로 추방함으로써 적대세력의 정보활동을 무력화시키게 된다.

방첩활동의 대상은 국가안보와 국가이익을 침해하는 자는 물론 잠재적 위협이 있는 자도 모두 포함된다. 즉 북한과 모든 국외세력 및 이들과 연계된 외국인으로서 국내에 입국하여 활동하는 외교관, 공무원, 국제회의 · 박람회 · 학술회의 참석자, 상사원, 교수, 언론인, 연구원, 관광객, 유학생, 노동자, NGO 관계자, 종교인, 외국어 강사 등이 해당된다. 이들은 다양한 신분으로 위장하여 활동하기 때문이다.

3. 공격적 방첩활동

공격적 방첩활동은 상대국가의 정보활동을 역이용하여 상대국 정보기구에 혼란을 초래하고 손상을 가함으로써 자국에 유리한 상황을 조성하는 활동으로서 역용공작, 기만, 침투공작 등을 활용한다.

역용공작은 이중스파이 또는 외국 정보기구에 근무하는 공작관이나 그 기관에 고용된 공작원을 전향시켜 자국의 공작원으로 다시 활용하는 것이다. 이 공작을 통해 자국에서 활동 중인 외국 정보기구의 다른 공작관이나 공작원의 신원을 획득하여 검거함으로써 상대세력의 정보망 운용에 혼란과 손상을 가져오게 할 수 있으며, 허위정보를 전달하도록 함으로써 상대 정보기구의 첩보수집 및 분석능력을 약화시킬 수 있다.

기만(deception)은 상대국 정보기구에 의도적으로 허위무선통신, 허위문서, 위장물 등의 허위증거물을 만들어 유포함으로써 상대 정보기구가 오인하도록 만드는 것이다. 즉 상대세력이 정치, 군사, 경제, 사회 등 자국의 제반사항에 대해 정보분석을 잘못하도록 유도함으로써 정보실패로 귀결되도록 만드는 것이다. 또한 기만은 비교적 오랜 시간을 두고 전개하기 때문에 상대세력의 정보망 전반을 오염시켜 정보분석 능력에 대한 심대한 타격을 가할 수 있는 공격적 수단이다.

기만은 주로 전쟁 중에 많이 사용하나 평화시에도 이용된다. 예를 들면, KGB의 전신인 체카(Cheka)는 1921년 외형상 공산주의체제에 반대하고 인권을 옹호하는 것으로 가장한 '트러스트'라는 관변단체를 만들어 1927년까지 운영하면서 '신뢰(Trust)'라는 코드명으로 기만작전을 전개하였다. 체카는 트러스트의 실체를 모른 채 접촉하는 서구 민주성향의 반 소련 단체들을 파악하는 한편, 그들 단체를 통해 서방세계와의 연계망도 구축하여 많은 그릇된 정보도 제공하였다. 물론 트러스트를 접촉한 단체 책임자들은 천천히 그리고 조용하게 제거되었다.

역기만(counter-deception) 역시 공격적 방첩활동의 한 수단으로 활용된다.

역기만은 상대세력의 기만공작을 알아차리고, 그에 대응하는 대책을 통해 피해를 최소화하는 동시에 기만공작을 오히려 역이용하여 자국에 유리한 상황을 만드는 것을 말한다. 역기만 작전의 성공사례는 제2차 세계대전 중에 독일에서 작전명 '북극(Nordpol : North Pole)'이나 '대영국작전(the Match Against England)'이라는 코드명으로 전개한 공작에서 살펴볼 수 있다. 영국은 당시 비밀공작의 일환으로 처칠 수상의 특명에 따라 유럽을 화염에 휩싸이게 하는 비밀업무를 수행하도록 '특수전위원회(Special Operations Executives)'를 구성하여 파업과 태업을 조장하고, 게릴라전 전개를 위해 지속적으로 공작원들을 네덜란드에 우회 파견하였다. 독일은 체포한 1명의 영국 정보요원을 활용해 계속 파견되어 오는 정보요원들의 도착장소를 미리 파악하거나, 적극적으로 착륙장소를 제시하는 등의 역기만 공작을 했다. 그 결과 다수의 영국 정보요원을 지속적으로 포섭하거나 제거했다. 암호통신 라디오 방송에도 그들을 활용하여 영국에 상당한 타격을 가했다. 1941년 시작된 독일의 역기만 공작은 활용하던 2명의 영국 정보원이 도주한 1944년까지 진행되었다.[8)]

소련 KGB의 미 CIA 침투 사례[9)]

이 사건은 1950년대 후반부터 40년 가까이 CIA에서 근무했던 Aldrich Hazen Ames가 CIA의 첩보망과 공작내용들을 소련 KGB에 팔아넘긴 사건이다. 이로 말미암아 CIA의 존립 자체가 위기에 놓였으며, Aldrich Hazen Ames는 미국은 물론, 서방세계에 엄청난 위협을 주었던 스파이로 이름을 남기게 된다.

Aldrich Hazen Ames는 아버지의 영향으로 CIA에 근무하게 되나, 조직사회에 적응하지 못하는 사람이었으며 소련이 굉장히 체계적이고 유기적인 체제라는 망상도 가지고 있었다. 멕시코 거점에서 활동하던 1981~1982년 사이, 「로사리오」라는 여성과 사랑에 빠져 동거하게 되면서 부인과의 이혼 등으로 상당한 빚을 지게 되자 돈을 위해 스파이가 될 생각을 하게 되었다. Aldrich Hazen Ames가 스파이가 된 것은 그가 CIA 내의 KGB 전문가로서 1983년 CIA 방첩과장에 임명된 것이 결정적이었다. CIA를 위해 스파이 활동을 하는 소련인 자료 · 공작 기록 등 거의 모든 중요자료에 접근이 가능했던 것이다. 1985년 4월부터 소련대사관 직원과 접촉하기 시작한 「Aldrich Hazen Ames」는 무인포스트를 통해 서로 필요한 물건을 교환했으며, 이를 통해 최소 25명 이상의 스파이와 100건이 넘는 CIA의 소련 내 공작을 KGB에 폭로했다. Aldrich

Hazen Ames가 KGB에게 스파이 명단을 넘겨준 직후부터 소련 내 CIA의 첩보망이 무섭게 허물어지기 시작했다. 1991년, 조직내부에 스파이가 있다고 굳게 믿고 있던 소·동구국의 간부 「레드몬드」는 내부의 적을 색출하기 위해 방첩센터(CIC) 내 CIA 및 FBI 요원들로 구성된 특별팀을 결성하기에 이른다.

그렇다면 Aldrich Hazen Ames가 활개를 치고 다니면서 KGB에 온갖 정보를 팔아치우던 9년 동안 Aldrich Hazen Ames는 무엇 때문에 그의 정체를 알아채지 못한 것일까. KGB는 자신들의 엄청난 협조자인 Aldrich Hazen Ames를 보호하기 위해 여러 가지 역정보를 흘리면서 CIA가 내부 스파이의 존재를 알아채지 못하도록 각고의 노력을 기울였던 것이다.

1992년 10월에 Aldrich Hazen Ames가 130만 달러를 예치해 놓은 스위스 은행의 계좌가 발견되고, 1993년 5월에는 FBI가 Aldrich Hazen Ames가 포함된 스파이 혐의 가능성이 있는 40명의 명단이 첨부된 보고서를 작성하고 Aldrich Hazen Ames에 대한 공식 방첩수사에 착수, 검거하게 된다. 이후 미국 정부는 제2, 제3의 Aldrich Hazen Ames가 나오는 것을 방지하기 위해 각종 조치를 단행한다. 1994년 당시 美 대통령이었던 클린턴(Clinton)은 일종의 지휘각서인 대통령 검토지침 44호(4. 30)와 24호(5. 3)에 각각 서명하여 '국가방첩센터'를 신설하면서 국가차원의 방첩활동을 강화하였다.

제3절 소극적 방첩활동 : 보안

1. 보안의 이해

보안이란 일반적으로 개인, 단체, 또는 국가가 자신의 생존과 이익증진을 위해 꼭 필요한 요소를 찾아 그것을 보호하는 것을 말한다. 그러나 보안의 의미는 사용주체나 용도에 따라 다소간의 차이가 있다.

우리나라 표준국어대사전에는 '안전을 유지함', '사회의 안녕과 질서를 유지함'으로 설명하고 있으며,[10] 국가정보원법 제3조에는 보안업무의 범위를 문서, 자재, 시설, 지역으로 규정하고 있다. 중국은 '비밀유지 및 안전업무'라고 부르면서 '적의 간첩활동을 차단, 예방하기 위해 취해지는 방어성 조치'로 정의하고 있으며,[11] 타이완은 '지역의 안녕을 보호하는 것'으로[12] 설명하고 있다. 미국은 '기밀에 속하는 모든 기관 · 인물 · 물자 · 시설 · 지역 등에 관한 일체를 허

가되지 않은 자로부터 보호하는 것'으로 정의하고 있다.[13)]

여기에서는 우리나라의 사전적, 법령적 개념과 여타 국가의 정의를 고려하여 보안(security)의 개념을 '국가, 단체, 개인의 안전이나 이익과 관련된 문서, 시설, 인원, 자재, 지역, 전산, 통신 등을 보호하기 위하여 적대세력의 접근을 차단하는 것'으로 규정한다. 이 개념에서 주체가 국가이면 국가보안에 해당되고, 주체가 개인이면 개인보안, 주체가 단체이면 단체보안이 되는 것이다. 다만 이 책에서는 개인이나 단체가 보안이라는 용어를 잘 사용하지 않고 있기 때문에 보안이란 국가보안을 의미하는 것으로 사용하는 경우가 많다.

보안을 소극적 방첩활동이라고 부르는 이유는 적대세력의 정보활동에 대하여 다양한 제도와 장치를 통해 접근을 통제하는 등 방어에 치중할 뿐 방어를 넘어서는 어떤 대책도 포함하지 않기 때문이다.

보안의 용례는 다양하게 사용되고 있다. 보호해야 할 대상에 따라 인원, 문서, 시설, 전산, 통신보안으로, 정보기술 분야에 따라 컴퓨터, 데이터, 정보, 네트워크, 자재보안으로 주체에 따라 개인, 단체, 기업, 국가보안 등으로, 업무분야에 따라 군사, 공작, 산업보안으로, 정치분야에서는 인간보안(human security), 국가보안(national security), 국제보안(international security) 등으로 다양하게 분류 사용되고 있다.

2. 보안의 종류

가. 인원보안

1) 의의

인원보안은 인원을 관리하는 임무를 맡은 인사업무담당자나 인원을 거느리고 있는 직속상관 내지 기관장 등이 수행하여야 할 기본적인 업무로서, 그 대상인원의 자질과 능력, 성실성, 충성심, 성품, 성향 그리고 주위환경까지 파악

하여 적재적소에 배치하고 국가를 위해 최선을 다할 수 있게 관리하는 것이다.[14)]

기계는 사람이 관리하는 대로 작동되지만 사람은 감정과 이기심 그리고 공명심도 가지고 있어 언제든지 유혹환경에 따라 변절할 소지를 않고 있기 때문에 적대국 정보요원의 제1차적 포섭 대상이 되며, '열 길 물 속은 알아도 한 길 사람 속은 모른다'는 속담은 사람이 대상이 되는 인원보안은 관리가 그만큼 어렵다는 사실을 잘 보여준다. 실제 미국 연방수사국(FBI)의 방첩관 Robert Hansen이 소련의 KGB와 러시아의 해외정보국(SVR)을 위해 25년 동안이나 간첩활동을 하다 체포된 사실은 방첩기관 조직원도 환경에 따라 포섭당하고 정보를 유출할 수 있다는 것을 보여주고 있다.

이에 따라 적대세력의 정보기구가 대상국가의 정보요원이나 대통령, 국무총리, 국방부장관, 외교부장관, 청와대 안보정책실장 등을 보좌하는 인사, 그리고 첨단산업기술을 가지고 있거나 관리하는 인물 등을 대상으로 포섭활동을 집중할 수밖에 없다. 따라서 주요 정보를 취급하는 인적자산들이 국가에 대한 충성심을 가지고 항상 일관된 마음으로 자국을 위해 일하는지를 파악하고 지원하는 것이 인원보안의 핵심이 되어야 한다.

2) 인원보안의 수단

인원보안의 수단이란 사람을 관리하는 수단을 말하는데 사람이란 개성과 경륜, 교육정도, 성장과정이 다르기 때문에 정형화된 관리수단보다는 개개인의 적성에 맞게 관리를 하는 것이 바람직한 면도 있으나 통상 다음의 6가지 수단을 많이 사용하고 있다.[15)]

첫째, 신원파악이다. 신원파악이란 공직자의 신분이나 중요자격, 허가취득자 등에 대해 신원정보를 사전에 파악하는 것으로서 대표적인 것이 신원조사이고, 대상자로부터 신상명세서나 인사기록카드를 제출받거나 개별면담을 하는 것도 일종의 신원파악이다.

신원파악을 하는 제일 큰 목적은 대상자에 대하여 과거와 현재사실을 토대로 미래의 보안성을 판단하는 것으로서 본인 및 주변인물의 사상, 동향, 인품, 소행 등 기본적인 신원정보를 수집하여 대상자의 성실성과 신뢰성, 국가에 대한 충성심, 기업에 대한 애사심 여부 등을 감안하여 채용여부 및 보직, 담당업무 조정 등 대상자를 효과적으로 관리하기 위한 신원정보를 수집하는 것이다.

둘째, 동향파악이다. 신원파악 단계에서 신원이 안전하다는 판정을 받고 일단 임용되거나 일정한 자격을 부여받은 사람도 주변 환경과 접촉하는 사람으로부터 많은 영향을 받아 직무자세 · 준법성에 문제가 있을 수 있으므로 특히 중요기관 또는 중요보직의 대상자를 각종 불순한 기도나 유혹으로부터 보호하는 것이 매우 중요하다. 또한 신원파악을 하였다 하여 그 사람의 신원정보를 하나도 빠짐없이 수집할 수도 없고, 신원을 조사하는 신원조사관의 기준도 각각 다를 것이다. 따라서 인원보안관리를 잘하려면 그 사람의 환경변화나 업무변경 등 사유 발생 시 추가로 신상파악이 필요한 경우가 있다.

셋째, 거짓말 탐지기(polygraph)의 활용이다. 거짓말 탐지기로 국가에 대한 충성심 유무, 비밀누설의 경험 여부, 공무 외의 외국 정보요원 접촉사실 등에 대해 질문하여 맥박이나 호흡 횟수 등 응답자의 신체에 물리적인 변화가 일어나면 응답이 진실되지 못하고 속이려는 것으로 해석할 수 있는 것이다. 미국 정보공동체에서는 CIA 직원으로 중국과 소련에 기밀을 넘긴 Larry Wu-Tai Chin, Aldrich Hazen Ames 두 사람 모두가 거짓말 탐지기 테스트에서 무사히 통과된 사례가 있어 효용에 대해 논쟁의 여지가 있는 것은 사실이다. 미국에서는 이러한 논란에도 불구하고 CIA, FBI, 국방정보국(DIA), 국가안보국(NSA), 국가정찰실(NRO)은 신입직원은 물론 기존 직원에 대해 주기적으로 거짓말 탐지기 조사를 하고 있다. 왜냐하면, 거짓말 탐지기가 문제인물을 스크린하는 장치로서 완벽하지는 않지만 심리적으로 경각심과 충성심을 일깨워 주는 역할을 할 수 있는데다 인간의 마음을 측정할 수 있는 마땅한 방법도 없기 때문이다.

넷째, 보안교육이다. 효과적인 보안관리를 하기 위해서는 구성원들이 보안의 대상에 대한 정확한 이해와 실천의지, 보안관련 직무지식을 갖는 것이 필요하다. 보안관리를 하는 데 제일 무서운 적은 무지 및 해이한 정신자세이다. 최고 경영진의 보안에 대한 관심은 특히 중요하다. 수시로 교육을 통하여 보안의 중요성에 대해 이해를 시키고 설득하며, 반복교육으로 강조하고 철저히 감독하는 것이 중요하다. 특히 신규임용자나 비밀취급인가자 등 중요 보직자, 그리고 퇴직예정자 등에 대하여 교육을 반복 실시하여야 한다.

다섯째, 보안조치(서약)이다. 보안조치란 취득한 기밀을 누설하지 않겠다는 다짐을 받는 것으로서 신규임용자나 퇴직예정자, 해외출입자, 비밀 또는 중요 업무처리자 등에 대해서는 비밀유지서약서를 협력업체 대상으로 비밀관리를 위한 협약서 작성 등과 같은 보안조치를 하며, 그 형식은 문서나 구두를 가리지 않으나 심리적인 압박을 주어 기밀을 철저히 보호하는데 목적이 있으므로 여러 명을 단체로 하는 것보다는 개별적으로, 구두보다는 근거가 남는 문서로 하되, 보다 상위 직급자 앞에서 서약하는 것이 더욱 효과적이다. 때로는 직원들의 신분증(ID Card)도 확인 · 점검하고 모니터링도 필요하다. 특히 퇴직예정자에게는 관련 서류나 신분증 등을 필히 반납 받아야 한다.

마지막으로, 사생활 변화에 대한 조사이다. 배우자와의 불화, 음주 증가, 마약복용 의혹, 알려진 재산을 초과하는 소비의 증가, 채무 증가 등 사적 행동이나 생활방식의 변화들은 한 개인이 스파이활동을 하고 있는지 또는 자발적이든 비자발적이든 스파이가 될 가능성이 있는지를 보여주는 신호가 될 수 있다. 따라서 방첩기관은 스파이 행위를 할 위험성이 있는 대상자에 대해 대상자의 전반적인 생활방식, 그리고 위에서 언급한 변화들이 얼마나 오래 지속되는지 등에 대해 조사해야 한다.

주요 기밀을 다루는 인물이 조국을 배반하는 이유는 금전적 욕망, 부패하고 무자비한 정치체제, 이념, 상급자와 동료 간의 갈등, 사고, 자신과 가족에 대한 협박 등 다양한 원인에서 비롯되기 때문에 원인별 대응을 토대로 인원보안에 대한 수단을 복합적으로 적용해야 할 것이다.

나. 문서보안

문서보안이란 국가나 기업 또는 연구소 등에서 비밀로 여기는 문서에 대해 외부인이 접촉하지 못하도록 보관하고 관리하는 것을 말한다. 여기서 문서란 공문서와 사문서를 모두 포함한다. 즉 국가기관이나 국가로부터 위임받은 공공기관 또는 기업 등이 작성하였거나 접수한 문서 · 도화 · 필름 · 지도 · 괘도 · 상황판 · 전자기록 등이 포함된다.

문서는 여러 사람에게 동시에 전파하여 지식을 공유할 수 있도록 해주는 물리적 존재이기 때문에 유용한 측면이 있지만 문서 자체를 분실하거나 도난당할 위험성이 있으며, 촬영이나 복사를 하여 빼돌릴 경우 흔적을 찾을 수 없을 뿐 아니라 지속적으로 유출될 가능성도 있다. 그리고 문서는 일단 유출되면 적대세력에게 확실한 근거를 제공하는 단점이 있다.

다음에서는 국가에서 작성하는 비밀의 개념은 무엇이고 분류는 어떻게 하며, 비밀의 생산방식과 생산된 비밀의 보관은 어떻게 하고, 용도가 다한 비밀은 어떠한 절차를 통해 파기를 하는지 살펴본다.

1) 비밀의 개념과 분류

문서보안의 가장 일반적인 형태는 문서에 있는 정보의 중요도에 따라 비밀로 분류하여 관리하는 것이다. 비밀이란 '그 내용이 누설되는 경우 국가안전보장에 유해로운 결과를 초래할 우려가 있는 국가기밀로서 보안업무규정에 따라 비밀로 분류된 것'이다(보안업무규정 제2조 제1항). 그리고 비밀은 문서, 도화, CD, USB, 녹음테이프 등 그 형태와는 상관없이 내용이 비밀에 해당되면 비밀로 분류된다.

미국의 비밀분류는 정보가 승인 없이 적국에 공개될 경우 초래될 수 있는 국가안보에 대한 피해 정도에 따라 분류하고 있다. 기본적으로 승인받지 않은 상태에서 공개될 경우 국가안보에 미칠 것으로 예상되는 피해의 정도에 따라 '매우 중대한 피해(exceptionally grave damage)'는 1급 비밀, '심각한 피해

(serious damage)'는 2급 비밀, '일반적인 피해(damage)'는 3급 비밀로 분류하고 있다. 보다 민감한 정보일수록 더 주의해서 보호되어야 하며, 소수의 사람들에게만 접근이 허용된다.[16)]

우리나라에서는 비밀을 보안업무규정(대통령령 제26140호) 제4조에 따라 그 중요성과 가치의 정도에 따라 다음과 같이 Ⅰ급비밀, Ⅱ급비밀, Ⅲ급비밀로 구분한다.

표 2-3 _ 한국의 비밀분류

구분	내용
Ⅰ급비밀	누설될 경우 대한민국과 외교관계가 단절되고 전쟁을 일으키며, 국가의 방위계획·정보활동 및 국가방위에 반드시 필요한 과학과 기술의 개발을 위태롭게 하는 등의 우려가 있는 비밀
Ⅱ급비밀	누설될 경우 국가안전보장에 막대한 지장을 끼칠 우려가 있는 비밀
Ⅲ급비밀	누설될 경우 국가안전보장에 해를 끼칠 우려가 있는 비밀

그리고 비밀은 아니지만 보안업무규정 제4조에서 규정한 외에 공정한 직무를 수행하고 이해관계자들에게 공정한 기회를 보장하기 위해 직무수행상 특별히 보호를 요하는 사항은 "대외비"로 하며, 비밀에 준하여 보관하여 관리하도록 하고 있다(보안업무규정시행규칙 제7조 제3항). 예를 들면, 경찰공무원 임용 시험문제, 전국 폭력조직원 명단 등이 대외비에 해당된다.

2) 비밀의 생산

비밀은 비밀취급인가를 받은 자만이 생산할 수 있다.[17)] 비밀의 생산은 반드시 문서나 책자에 한정하지 않고, 비밀내용이 포함된 사진의 현상과 인화, 지도·괘도 및 상황판의 제작 등도 비밀의 생산에 해당한다(보안업무규정시행규칙 제17, 18, 19조). 비밀을 생산할 때는 다음 몇 가지 사항에 유의하여야 한다.[18)]

첫째, 사전계획에 의하여 생산하는 것이다. 비밀은 그 내용과 직무상 직접 관계가 있는 자만이 취급할 수 있으므로 비밀의 배포도 직무와 직접 관계가 있는 기관이나 부서에 국한하여야 한다. 따라서 비밀은 기초 기안단계에서부터 배포계획을 수립, 비밀에 첨부하여 결재를 받아야 한다.

둘째, 현재 필요한 최소한의 양만 생산하는 것이다. 비밀의 양이 많으면 많을수록 누설이나 분실의 위험성은 그만큼 커지기 때문에 생산부수 자체를 통제할 필요가 있다. 따라서 비밀은 장래 소요가 증가할 것에 대비하거나 미리 예비용으로 여유 있는 부수로 생산하여서는 안 된다.

셋째, 배포처에 따라서 비밀의 내용을 제한하는 것이다. 비밀을 효과적으로 보호하기 위하여 한 건의 비밀이라도 그 내용 전체를 배포하지 말고 접수자에게 필요한 부분만 알리고, 알리지 않아도 업무수행에 차질이 없거나 알려서는 안 될 부분은 알리지 말라는 것이다. 비밀원본이 단일 건의 문서나 책자로 되어 있어도 효과적인 비밀보호를 위하여 배포처에 따라 재편집하여 배포하여야 한다.

한편, 각급 기관의 장은 비밀 생산에 관한 일체의 관리사항을 기록하기 위하여 비밀관리기록부를 작성·비치하여야 하며, Ⅱ급 및 Ⅲ급비밀 관리기록부는 혼합관리할 수 있으나, Ⅰ급비밀관리기록부는 따로 작성·비치하여야 한다(보안업무규정 제22조).

3) 비밀의 보관

비밀의 안전한 보관을 위하여 다음과 같이 정해진 절차와 규정을 따라야 한다. ① 우선 일반문서나 자재와 혼합 보관할 수 없으며, ② Ⅰ급비밀은 반드시 금고에 보관하여야 하고, 타비밀과 혼합 보관하여서는 아니 된다. ③ Ⅱ급 및 Ⅲ급비밀은 금고 또는 철제상자나 안전한 용기에 보관하여야 하며, 보관책임자가 Ⅱ급비밀 취급인가를 받은 때에는 동일 용기에 혼합 보관할 수 있다. 또한 ④ 보관용기에 넣을 수 없는 비밀은 제한구역 또는 통제구역 내에 보관하거나 내용이 노출되지 아니하도록 특별한 보호책을 강구토록 하고 있다(보안업무시행규칙 제26조).

그리고 비밀의 보관용기 외부에는 비밀의 보관을 알리거나 나타내는 어떠한 표시도 하여서는 아니 되며, 보관용기의 자물쇠의 종류 및 사용방법은 보관책임자 이외의 인원이 알지 못하도록 특별한 통제를 실시하여야 하고, 타인이 알았을 때에는 즉시 이를 변경토록 하고 있다(보안업무규정시행규칙 제27조).

비밀보관책임자는 비밀취급인가를 받은 자 중에서 비밀등급별로 임명한다. 임명된 비밀보관책임자는 비밀을 최선의 상태로 보관하고 비밀이 누설, 도난, 분실, 손괴 등의 방지를 위해 감독을 철저히 하고, 비밀관리기록부나 대출부, 비밀열람기록전 등을 철저히 기록 유지하여야 한다(보안업무규정시행규칙 제28조).

4) 비밀의 파기

비밀을 생산하면 보호기간을 명시한 예고문을 기재하여야 하며(보안업무규정 제14조), 그 보호기간이 끝이 나면 비밀을 파기함으로써 비밀 누설 여지를 제거하여야 한다. 비밀의 파기는 소각 용해 또는 기타 방법으로 원형을 완전히 소멸시켜야 하는데 비밀의 내용이나 형태를 해독하거나 재생할 수 없다면 어떠한 방법도 활용될 수 있다.

비밀의 파기는 보관책임자 또는 그가 지정하는 비밀취급인가자의 참여아래 그 비밀의 처리담당자가 행하며, 비밀관리기록부의 파기확인란에 참여자의 파기확인을 받아야 한다(보안업무규정시행규칙 제14조).

그리고 보호기간이 경과된 비밀의 원본은 파기하지 않고 특수기록관 등 소관 기록물관리기관으로 이관하여 보존한다(「공공기록물 관리에 관한 법률」 제33조).

다. 시설보안

시설보안이란 국가안보기능을 수행하는 시설들을 각종 위해행위로부터 보호하기 위한 제반 대책을 말한다. 시설보안의 대상은 기본적으로 국가안보에 기여하는 모든 시설이 해당된다. 그러나 그 시설이 파괴될 경우 전략 또는 전술적으로 막대한 손해를 초래하거나 국가안전보장에 연쇄적 혼란을 초래할 우려가 있는 시설은 국가보안목표시설로 지정하여 특별히 관리하고 있다. 그리고 선박 · 항공기 등은 보호장비로 중점관리한다(보안업무규정 제36조).

1) 시설보안의 대상

시설보안의 대상에 대해서는 대통령 훈령인 보안업무규정에 개념적 정의만 내려놓고 구체적 대상은 공개하지 않고 있다. 각 시설별 중요도는 상황에 따라 수시로 변화될 수 있는데, 공개시 중요성을 알려주는 계기가 됨으로써 공격대상이 될 수 있기 때문인 것으로 추정이 된다.

다만, 여기에서는 보안업무규정에 따른 보안목표시설과 통합방위지침(대통령 훈령 28호)에 따른 국가중요시설이 유사한 것으로 알려져 있는 가운데 국가중요시설의 대상은 공개되어 있는 점을 감안하여, 국가중요시설의 대상(통합방위지침 제5조)을 소개함으로써 시설보안의 대상소개를 대신하고자 한다.

- 주요 국가 및 공공기관시설
- 철강, 조선, 항공기, 정유, 중화학, 방위산업, 대규모 가스 · 유류 저장시설 등 주요 산업시설
- 원자력 발전소, 대용량 발전소 및 변전소 등 주요 전력시설
- 전국 및 지역권 방송국, 송신 · 중계소 등 주요 방송시설
- 국제위성지구국, 해저통신중계국, 국가기간전산망, 전화국 등 주요 정보통신시설
- 철도 교통관제 센터 및 지하철 종합 사령실, 교량, 터널 등 주요 교통시설
- 주요 국제 · 국내선 공항
- 대형 선박의 출 · 입항이 가능한 항만
- 대형 취수 · 정수시설 및 다목적 댐 등 주요 수원시설
- 종합적인 체계를 갖춘 연구시설, 핵연료 개발 연구시설 등 국가 안보상 중요한 과학연구시설
- 교정 · 정착지원 시설
- 전력, 통신, 상수도, 가스 등을 수용하고 있는 대도시 주요 지하공동구 시설

• 기타 적에 의해 점령 또는 파괴되거나 기능이 마비될 경우 국가안보 및 국민생활에 심대한 영향을 미치는 시설

2) 보호구역

보호구역이란 국가안전보장을 지원하는 국가보안목표시설이나, 장비 및 자재, 그리고 비밀을 보호하기 위하여 특정한 장소에 범위를 정하여 출입 통제 등의 보호대책이 강구되는 지역을 말한다. 보호구역은 보호대책의 강도에 따라 제한지역, 제한구역, 통제구역으로 분류된다.

제한지역은 비밀 또는 정부재산의 보호를 위하여 울타리 또는 경호원에 의하여 일반인 출입의 감시가 요구되는 지역을 말하며, 제한구역은 비밀 또는 주요시설 및 자재에 대한 비인가자의 접근을 방지하기 위하여 그 출입에 안내가 요구되는 구역을 말한다. 그리고 통제구역이라 함은 비인가자의 출입이 금지되는 보안상 극히 중요한 구역을 말한다(보안업무규정시행규칙 제42조 제1, 2, 3항).

보호구역에 대하여는 철저한 보안대책을 수립, 이행하여야 하며, 특히 제한구역 및 통제구역에는 그 구역의 기능 및 구조에 따라 출입인가자의 한계설정과 비인가자의 출입 통제대책, 주야경계대책, 외부로부터의 투시, 도청 및 파괴물질의 투척방지 대책, 방화대책, 경보대책 등이 강구된다(보안업무규정시행규칙 제42조 제4항).

라. 사이버 보안

사이버 보안(cyber security)[19]이란 정보의 비밀성, 무결성 및 이용가능성을 유지하기 위하여 사이버공간(cyberspace)에서 발생하는 공격으로부터 정보, 정보시스템 및 정보통신망을 보호하는 것을 말한다.[20]

오늘날 정보 및 통신기술의 비약적인 발전으로 정보의 생성, 저장, 처리, 검색, 가공이 서로 연결된 정보통신망을 통해 이루어지면서 지구촌의 시간과 공간개념을 초월하는 편의성과 유용성을 제공해 주고 있다. 그러나 그 이면에는

사이버공간을 이용한 정보의 유출, 변조 및 정보통신 인프라의 파괴 등 역기능도 상존하고 있어 외교, 국방 분야의 정보유출에 따른 국가안보의 위협도 증가하고 있는 실정이다.

특히, 전산시스템으로 운영되는 원자력 발전소가 사이버 공격을 받는다면 통제불능으로 방사능이 유출되고, 공항관제소를 대상으로 사이버 공격을 받으면 비행기가 충돌하여 대형사고가 유발되는 등 막대한 피해와 혼란을 초래할 수도 있다. 이에 따라 정보자원의 효율적인 사용을 위하여 사이버 체제를 구성하는 인터넷, PC, 통신 인프라 등에 대한 보안대책이 다음과 같이 요구되고 있다.[21)]

먼저, 시설에 대한 보안대책이 필요하다. 정보통신시스템 운용기관의 장은 전산장비 설치장소 및 프로그램 작업실 등을 통제구역 등 보호구역으로 설정하고, 특수 자물쇠, 콘크리트 벽, 자동경보기, CCTV, X-Ray 투시기 등을 이용하여 보호구역에 대한 접근을 방지하고 감시하여야 한다. 또한, 컴퓨터 등 주요 장비는 비인가자가 접근할 수 없는 장소에 비치하고 시스템 프로그래머나 하드웨어 제작자 등에 대해서는 운영감독자가 동행하여 세심한 감시를 하고 다른 방문객에 의한 접근도 적절히 통제하고 감시하며, 통제구역에는 '통제구역 출입자 명부'를 비치하여 철저히 기록을 유지하여야 한다.

다음은 비밀번호(password) 운용관리상의 문제이다. 원격단말기를 통한 비인가자의 접속을 차단하기 위해서는 비밀번호나 지문 등 생체인식시스템 등을 사용하여야 한다. 비밀번호는 단말기 취급자가 인가된 인원인지의 여부를 확인하는 취급자별 비밀번호 및 소관업무 외에는 열람 및 출력을 제한할 수 있는 자료별(파일별) 비밀번호 등이 있다. 또한, Back-Up용 자기테이프나 하드디스크 등 보조기억장치에 수록되어 있는 비밀번호를 철저히 관리하여야 하고, 비밀번호 파일에 대한 모든 접근을 추적 또는 감시할 수 있는 Log-in System을 사용하여야 한다. 비밀번호는 담당자의 교체나 퇴직 시 혹은 보안사고가 발생했을 때는 즉시 변경하여야 하며 취급자 및 관리책임자 이외에는 알지 못하도록 관리한다. 비밀번호는 숫자나 영문자 등을 혼용하여 8자리 이상이 되도록 하고 수시로 변경하는 것이 안전하다.

입 · 출력 자료관리도 잘 해야 한다. 비밀자료를 입력할 때에는 미리 비밀자료만을 입력할 보조기억장치를 별도로 지정하여야 한다. 다만, 컴퓨터 등 정보통신시스템에 직접 입력하여 사용하고자 할 때에는 암호화 등 적절한 보안대책을 강구하여야 하며, 독립된 영역(디렉토리)을 지정하여 사용하여야 한다. 또한 비밀자료 입력 시에 반드시 해당 비밀등급과 예고문을 입력하여 열람 또는 출력 시 비밀등급이 표시되게 하여야 하며, 비밀 입출력 관리대장 등에 기록을 유지해야 한다. 비밀자료가 입력된 보조기억장치는 비밀관리기록부 등에 등재하고 각 장치별로 별개의 관리번호를 부여하여 별도의 보관용기에 보관관리하며, 포장 전면에 비밀등급과 관리번호를 부착하고 이면에 수록자료의 목록을 부착한다.

마. 통신보안

정치, 경제, 군사, 외교, 과학 등의 여러 분야가 통신수단에 의하지 않고서는 업무활동이 어렵다는 것은 두말할 필요도 없는 세상에 살고 있다. 그러나 비밀 등 주요내용을 먼 거리에 전달하기 위해서도 통신수단을 이용할 수밖에 없으나 전달과정에서 누설될 가능성이 항상 존재하기 때문에 대책이 요구되고 있다.

통신보안이란 집약된 통신수단인 전령통신, 우편통신, 음향통신, 전기통신 등의 매개체를 통하여 소통되는 언어 또는 문서의 비밀 내용을 상호간의 전달과정으로부터 불안전상태에서 안전상태로 유지하여 주는 것을 말한다.22)

도청을 방지하기 위한 통신보안 대책으로는 먼저, 통신종사자나 이용자가 통신수단은 보안성이 희박하다는 것을 인식하여야 한다. 통신종사자는 통신의 취약성을 통신 이용자를 대상으로 이해시키는 노력이 필요하며, 이용자는 자신이 보안에 유념하도록 교육 등을 통해 그 중요성을 제고토록 해야 한다.

둘째, 유선통신의 경우 선로를 지하에 매설하거나 음어화 또는 암호장비를 사용하여야 한다. 그리고 주요한 통신망에 대해서는 선로에 대한 주기적인 순찰과 검색도 필요하다.

마지막으로, 무선통신은 항상 도청의 위험에 노출되어 있다. 따라서 비밀이 포함된 내용은 무선통신을 피하는 것이 바람직하며, 불가피할 경우에 한해 음어를 사용하거나 암호장비가 설치된 장비를 반드시 이용하여야 한다. 오늘날 주요 통신수단으로 활용되고 있는 스마트폰의 경우 도청용 애플리케이션을 이용하면 대상자의 거의 모든 통화, 자료 전송 내역을 획득할 수 있다.

3. 보안의 원칙

적대세력에 침투하여 어렵게 좋은 첩보를 수집하는 것도 중요하지만 자국에서 많은 시간과 돈을 투자하여 만들어진 첨단기술이나 국방계획 등이 적대세력의 손에 넘어가지 못하도록 하는 것 역시 첩보수집 못지않게 중요한 사안이다. 적으로부터 비밀을 보호하기 위한 기본 원칙은 다음과 같다.[23)]

첫째, 국가나 기업의 주요 비밀사항에 대해서는 그것을 알려고 하지 말고 알았더라도 타인에게 알려주지도 않도록 경계심을 가져야 한다. 사람은 비밀을 알게 되면 누구에겐가 알려주고 싶은 심리가 커서 지켜내기 어렵다. 그러므로 아예 비밀을 알지 않는 것이 제1의 보안원칙이다. 실례로 우리 해군 초계정인 천안함이 백령도 인근해역에서 침몰된 것과 관련하여 2010년 4월 5일 국회 국방위원장이 소속 위원회에서 보고받은 북한 관련 내용을 공개해 언론의 지탄을 받은 바 있다. “우리 측이 천안함 침몰을 전후한 3월 23일부터 28일 사이 북한 잠수함 2척을 추적하지 못했으며, 이 중 한 척의 사고 당일(26일) 행적은 아직도 파악하지 못했다.”는 것과 “사고 당일 북한잠수함 1대는 비파곶 인근에서 북측 기자와 교신한 것으로 확인됐다.”는 내용이다. 이는 북한측으로 하여금 한국측이 이용하고 있는 미국 군사위성의 성능과 한국군의 북한 내 통신 감청능력을 파악할 수 있는 단서를 제공하는 것이다. 그리고 북한이 한국군의 북한군 동태파악이 되지 않는 사각지대를 최대한 활용할 수 있도록 하는 한편, 북한군 내부의 통신 주파수와 암호를 더욱 해독하기 어렵도록 자주 바꾸게 함으로써 우리의 정보수집 능력을 떨어뜨리는 결과를 초래하는 것이 된다.

둘째, 우리나라에 있는 모든 외교관은 자국의 이익을 위해 활동하는 공인된 스파이이다. 또한 외국인 상사원도 자기회사나 국가의 이익을 위한 목적을 밑바탕에 깔고 있다는 점을 유념해야 한다. 외교관들은 자기 나라 기업에서 파견되어 온 자국의 상사원이나 유학생, 이민자들을 첩보수집활동에 이용할 수가 있기 때문이다.

셋째, 국가차원에서 중요한 기업에 근무하는 경우라면 자신이 인지하고 있는 회사에 관한 내용이 국가산업기술 측면에서 주요한 비밀은 아닌지를 생각해 보고 경계심을 가져야 한다.

끝으로, 통신과 이메일을 이용한 정보교환 내용은 적대세력의 도청수단과 해커들에 의해 언제든지 유출될 수 있음을 유념해야 한다. 특히 국가기관이나 주요 산업체 근무자들은 개인 컴퓨터에 주요 비밀사항을 올려놓았다가 해킹당하는 일이 없도록 해야 한다.

4. 우리나라의 보안제도

우리나라에서도 건국 이래 첩보수집활동의 시작과 함께 우리나라의 변방지역 방어계획과 같은 중요한 비밀을 보호하기 위한 방첩활동도 병행되었다고 유추할 수 있다.

법령을 통해 제도화되기 시작한 것은 1953년 휴전 이후 군에서 '군사기밀보호규정'과 '비밀취급인가규정'을 제정하여 군사비밀이나 문서, 자료, 시설 등을 간첩 · 태업 · 전복 및 이와 동조한 불순분자로부터 보호활동을 전개하면서부터라고 볼 수 있다. 그리고 국가차원에서 제도화되기 시작한 것은 국가재건최고회의가 1961년 공산세력의 간첩침략을 방지하기 위한 중앙정보부 창설(「국가재건최고회의법」 제18조)을 위해 제정한 중앙정보부법(법률 제619호)에 따라 「비밀보호규칙」(국가재건회의규칙 제16호)과 「비밀취급인가규칙」(국가재건회의규칙 제17호)을 만들면서부터이다. 그러나 그 규칙들은 국가재건최고회의와 그 소속기관 내부에서만 효력이 미치는 행정규칙에 불과하였다.

1963년 12월 민정이양에 이어 1964년 3월 「보안업무규정」(대통령령 제1664호)이 제정되고, 같은 해 5월에는 「보안업무규정시행규칙」(대통령 훈령 제4호)이 만들어짐으로써 국가보안제도가 보다 체계화되었다. 그러나 이 규정과 규칙 역시 행정부의 내부 및 이와 공법상의 특별권력관계에 있는 공공기관의 내부에서만 효력을 가지는 행정규칙에 해당한다.

이에 따라 우리나라의 보안업무체제는 행정부의 경우 「보안업무규정」, 입법부는 「국회보안업무규정」(국회규정 제430호), 그리고 사법부는 「비밀보호규칙」(대법원규칙 제1497호)에 따라 독자적으로 시행하고 있으며, 보안업무에 대한 총괄조정 기능은 행정부의 경우 국가정보원장, 입법부는 국회사무총장, 사법부는 법원행정처장에게 부여하고 있다.

한편, 우리나라 보안업무의 근거가 되는 법령은 대통령령이나 대통령 훈령으로 되어 있으나, 헌법에서는 우리 국민의 권리와 자유의 제한을 위해서는 법률로써 할 수 있다고 규정(제37조 제2항)하고 있어 보안업무와 관련된 법률적 체계는 미흡한 실정이다.

제4절 방첩활동의 문제점과 전망

1. 문제점

방첩활동은 국가안보와 국가이익 그리고 개인의 안전을 위해 꼭 필요한 정보활동이지만 방첩활동의 속성 때문에 다음과 같은 문제가 활동 과정에서 나타날 수 있다.[24)]

먼저, 방첩활동을 담당하는 동료들도 의심해야 한다는 점이다. 조직의 원만한 운영을 위해서는 구성원 상호간의 인화단결과 신뢰가 무엇보다 중요하다 할 것이다. 그러나 방첩활동은 동료들에게 최소한의 신뢰도 갖지 못하도록 요구되고 있다는 점에서 어려움이 있다. 매일 함께 일하고 일과 후에는 사적인 생활도 나눌 수 있는 동료들에게 의심의 눈초리를 보내야 한다는 점은 괴로운 일이 될 수 있다.

둘째, 적의 침투공작으로 인하여 발생한 손해를 평가하는 적정성의 문제가 있다. 평가는 검거된 간첩의 활동으로 적대세력에 넘겨진 실제 정보를 가지고 하는 것이 바람직하나 그 간첩은 자신에게 유리한 국면을 만들기 위해 자신이 적에게 제공한 정보의 질과 양을 최대한 낮추는 것은 물론 아직 전달하지 않은 정보를 가지고 있다는 이유로 협상을 요구할 수도 있다. 그러나 방첩활동의 손실평가는 간첩들이 실제 적에게 넘긴 정보를 기준으로 행해야 한다. 무한정한 확대나 애매한 기준 설정은 손해평가 자체를 불가능하게 할 수 있다.

끝으로, 이중스파이(double agent)에 대한 충성심과 사법처리의 문제이다. 이중스파이는 정말로 우리측으로 넘어 온 것인가? 아니면, 자신의 원래 소속 정보기구에 충성을 하면서 우리를 속이고 있는 것은 아닌가? 하는 의문은 계속될 수밖에 없다. 이중스파이에 대해서는 지속적인 감시가 필요한 부분이다. 그리고 이중스파이는 기소를 피하기 위해 자신이 알고 있는 비밀을 공개법정에서 폭로하겠다고 협박할 가능성도 항상 존재한다. 미국 의회는 1980년 이와 같은 소위 그레이 메일(gray mail) 즉 정부기밀폭로협박 가능성을 차단하기 위하여 법관이 비공개로 비밀자료를 열람함으로써 비밀정보가 공개될 우려를 방지하면서 기소를 진행할 수 있게 「비밀정보절차법(the Classified Intelligence Procedure Act)」을 제정하였다.

2. 전망

냉전이 종식됨으로써 방첩활동의 역할은 퇴색되었다는 주장도 있지만 우리나라에서 2006년 일심회 사건[25], 2011년 왕재산 사건[26] 등 간첩단 수사를 통해 2003년 이후 10년간 49명의 간첩이 적발되었으며,[27] 러시아는 미국 CIA와 FBI 요원인 Ames와 Hanssen을 각각 포섭하여 이중간첩으로 운용한 사실이 밝혀지는 등 방첩활동의 중요성은 더욱 커지고 있는 형편이다.

우리나라는 세계 12위의 경제규모를 가진데다 IT 선진국으로써 첨단산업기술의 수집 대상이 되고 있으며, 첨단무기로 무장한 주한미군은 군사 첩보수집의 주요 목표가 되고 있다. 특히, 북한과는 휴전 중인 상태로써 북한의 각종 도발에 대비한 방첩활동 요구는 오히려 증가하고 있는 실정이다.

이와 같이 우리나라는 북한은 물론 동남아 국가를 비롯한 세계 여러 나라로부터 첩보활동의 대상이 될 것으로 예상되고 있어 다음과 같은 방첩활동의 기본원칙을 실천하여 방첩역량을 강화해나가야 하겠다.[28]

가. 공격적이 되라(Be Offensive)

수동적이고 방어적인 공작은 실패한다. 비밀을 보호하기 위하여 울타리, 경보장치 등 방어적인 조치에 너무 많은 돈을 사용하고 있으며, 피해는 이러한 방어적 조치들 때문에 발생할 수 있다. 적극적인 이중간첩 공작과 침투공작이 필수적이다. 방첩 마인드는 항상 공격적이어야 한다.

나. 자부심을 가져라(Honour Your Professionals)

방첩요원들은 인기가 없다. 간첩을 잡으면 왜 그렇게 오래 걸렸느냐고 말하고, 못 잡으면 그렇게 많은 돈을 사용하고도 잡지 못하느냐며 비판을 받는다. 그리고 방첩요원들은 승진, 보직, 보상, 존중감 등의 측면에서 인정을 받지 못하는 측면도 있다. 그러나 젊은 요원들에게 매력적인 직업이라는 인식을 심어 주어 자부심을 갖도록 해야 한다.

다. 거리를 누벼라(Own the Street)

매우 기본적인 계명이지만 잘 지켜지지 않고 있다. 오랫동안 각국의 수도를 포함한 주요 첩보활동 거점을 러시아와 동유럽 정보기구들에게 사실상 양보해 왔다. 상대국 정보요원과 부딪칠 현장을 포기하지 말고 그들의 정보활동을 빈틈없이 감시하고 증거를 확보해야 한다.

라. 방첩역사를 연구하라(Know Your History)

과거의 방첩 실패사례를 연구하고 반성함으로써 실패가 반복되지 않도록 하는 것은 방첩요원의 주요 임무이다. 방첩요원이 교육과정이나 일과 후에 방첩역사를 공부함으로써 간접경험을 쌓는 것이 필요하다.

마. 분석을 무시하지 말라(Do Not Ignore Analysis)

현장활동이 중심인 방첩활동에서는 데스크에서 분석하는 일을 이단아로 취급하는 경향이 있다. 그러나 지속적이고 체계적인 방첩활동을 위해서는 철저한 분석이 뒷받침되어야 한다.

바. 편협하지 말라(Do Not Be Parochial)

정보기구 상호 간의 존중과 협조는 매우 중요하다. 일방적으로 우월성을 앞세우는 것은 편협성에 불과하다. 유관기관들의 업무도 똑같이 열정적이고 전문적이며 애국심을 바탕으로 심혈을 기울여 행해진다는 사실을 인식하고 존중하고 협조해야 한다.

사. 끊임없이 배우라(Train Your People)

방첩공작은 논리와 상식에 따라 자동적으로 이루어질 수 있는 것이 아니다. 특별한 관점과 분석을 끊임없이 요구한다. 지속적인 학습과 많은 경험을 쌓아야 한다.

아. 밀리지 말라(Do Not Be Shoved Aside)

방첩활동의 경우 성공은 드러나지 않고 실패는 널리 알려진다. 방첩업무의 성격상 자신의 것은 노출을 극도로 주저하면서 남의 것만을 많이 알아내려는 의도와 자세는 다른 사람, 다른 기관의 적극적이고 긍정적인 협조를 기대하기 어렵다. 이런 경우 어떻게든 그들을 설득하거나 그들의 상사와 직접 접촉하는 등의 방법까지도 동원해야 하며, 결코 밀려서 업무를 중단하는 일이 없도록 해야 한다. 소극적인 방첩활동은 변명에도 불구하고 결국 자신의 잘못으로 귀결되어 비난받게 된다.

자. 특정한 곳에 오래 머무르지 말라(Do Not Stay Too Long)

방첩공작을 성공시키기 위해 환기와 신선한 사고의 전환이 필요하다. 약 2~3년간의 국내외 순환근무와 비방첩부서 요원의 주기적인 방첩공작 투입도 요구된다. 해외 현장에서 펼쳐지는 현장경험은 요원들을 새롭게 충전시키고 세련되게 하며, 세계 방첩공작활동의 조류에서 뒤떨어지지 않게 해 준다. 능력 있는 한 사람의 방첩공작 전문가는 결코 한 순간에 만들어지는 것이 아니다.

차. 절대로 포기하지 말라(Never Give Up)

방첩활동의 기본 원칙 중 가장 중요한 것은 절대 포기하지 말라는 것이다. 체포하는데 10년이 걸린 KGB 이중간첩 Aldrich Hazen Ames에 대해 그의 혐의가 포착된 9년째가 아니라 8년째 되는 해에 조사를 포기했다면 결과는 어떠했을 것인가? 6개월째에 비로소 단서가 포착되기 시작했는데 감시활동을 5개월만에 중지했다면 어떤 일이 발생할 수 있다고 생각하는가? 상대세력도 방첩요원의 동태를 살펴보며 지루하게 기다린다. 방첩의 역사는 이러한 사례들로 가득 차 있다. 미국의 FBI와 군 정보기구들은 1960년과 1970년대의 방첩공작 사건을 지금도 추적 중이라고 한다. 방첩활동을 끈질기게 지속한다면, 망명자, 침투자 그리고 문제를 해결할 수 있는 아이디어나 실마리들이 우리 앞에서 실체를 드러낼 것이다.

---

1) Lowenthal, Mark M(1)., op. cit, 145.
2) Felix, Christopher. (1963), *A Short Course in the Secret War*, E. P. Dutton & Co : New York, NY, 143.
3) Shulsky, Abram N. & Schmitt, Gary J., op. cit, 99-127.
4) Polmar, Norman & Allen, Thomas B. (1996), *Spy Book*, Random House : New York, N.Y, 173-174.
5) U.S. Department of Justice Office of the Inspector General. (2003), *A review of the FBI's Performance in Deterring, Detecting, and investing the Espionage Activities of Robert Philip Hansen*. Washington DC : U.S. Department of Justice, 1-27. [이 사실은 2001년 2월 소련의 KGB와 러시아의 SVR(해외정보부)을 위해 간첩활동을 하다 적발된 FBI 방첩관 Robert Philip Hansen이 체포되면서 확인되었다.]
6) Lloyd, Mark. (1994), *The Guinness Book of Espionage*, New York : Da CAPO Press, 16-18.
7) Cornwall, Hugo. (1991), *The Industrial Espionage Handbook*, London : Ebury Press, 17-32.
8) 한희원. 전게서, 287.
9) http://www.nis.go.kr/svc/affair.do?method=content&cmid=11387/검색일 : 2014. 8. 25.
10) http://stdweb2.korean.go.kr/main.jsp/검색일 : 2014. 9. 30.
11) 徐國豪. (1993), 「外國諜報辭典」, 上海 : 復旦大學出版社, 57.
12) 辭海. (1979), 「保安, 保護地方之安寧也」, 臺灣 : 中華書局, 310.
13) Merriam-Webster. (2008), *Advanced Learner's English Dictionary*. Massachusettes, 1468.

14) 국가정보포럼. 전게서, 196-197.

15) Lowenthal, Mark M(1)., op. cit, 146-147; 국가정보포럼, 전게서, 138-139.

16) Shulsky, Abram N. & Schmitt, Gary J., op. cit, 100.

17) 비밀취급인가권자는 Ⅰ급비밀의 경우, 대통령, 국무총리, 감사원장, 국가인권위원회 위원장, 각 부·처의 장, 국정원장, 국무조정실장·방송통신위원회 위원장·공정거래위원회 위원장·금융위원회 위원장, 국민권익위원회 위원장, 원자력안전위원회 위원장, 대통령 비서실장, 국가안보실장, 대통령 경호실장, 검찰총장, 합동참모의장, 각군 참모총장 및 육군의 1·3군 사령관 및 2작전사령관, 국방부장관이 지정하는 각군 부대장이며, Ⅱ급 및 Ⅲ급비밀 취급 인가권자는 Ⅰ급비밀 취급 인가권자, 중앙행정기관인 청의 장, 지방자치단체의 장, 특별시·광역시·도 및 특별자치시·특별자치도의 교육감, 그리고 위의 사람이 지정한 기관의 장이 해당된다(보안업무규정 제9조).

18) 국가정보포럼. 전게서, 141.

19) 미국 연방정보보안관리법(Federal Information Security Management Act of 2002) 제3542조에서 정보보안이란 '정보의 비밀성, 무결성 및 이용가능성을 유지하기 위하여 권한 없는 접속, 이용, 공개, 방해, 변경 및 파괴로부터 정보, 정보시스템 및 정보통신망을 보호하는 것을 말하는 것'으로 규정하고 있다. 이와 같이 정보보안과 사이버보안은 개념적으로 유사하기 때문에 일상생활이나 학계 및 관계 일부에서는 동일하거나 유사용어로 혼용하여 사용하는 경우도 있다. 그러나 여기에서는 사이버보안이란 용어가 비교적 최신의 용어이기 때문에 사이버보안으로 통일해 사용하고자 한다.

20) 정필운. (2011), "사이버보안이란 개념 사용의 유용성 및 한계", 「연세 의료·과학기술과 법」, 2(2), 9-10.

21) 천상범. (2013), "방첩", 한국국가정보학회 엮음. 「국가정보학」, 서울 : 박영사, 206-207.

22) 강영하. (1978), "통신보안의 당위성", 「지방행정」, 27(302), 82-83.

23) 이갑헌. 전게서, 269-270.

24) Lowenthal, Mark M(1)., op. cit, 150 153.

25) 일심회 사건은 1987년 미국에서 북한 공작원에게 포섭된 재미교포 사업가 장○○ 등이 연루된 간첩사건으로 민○○ 등 총 5명이 유죄판결을 받았다.

26) 왕재산 사건(旺載山事件)은 2011년 북한의 지령을 받아 간첩 행위를 한 혐의로 김○○ 외 5명이 중형을 선고받은 사건이다.

27) 미국의 소리방송. (2013), "북한 간첩, 탈북자 위장 한국 침투 늘어", 10월 20일자, http://www.voakorea.com/content/article/1775168.html/검색일 : 2014. 9. 30.

28) Olson, James M. (2001), A Never-Ending Necessity : The Ten Commandment of Counterintelligence. *Studies in Intelligence, 11,* 83-87.

제 3 편

정보와 정책

제10장 정보와 정책과의 관계

제1절 개관

정보활동을 하는 정보생산자와 정보를 사용하는 정보소비자가 국가안보와 국가이익을 위해 상호 어떤 작용을 하는지 알아보고 바람직한 관계를 찾아보는 것은 의미 있는 일이다.

정보기구가 수행하는 정보활동의 주된 이유는 정책결정자를 지원하는 것이다. Lowenthal[1)]은 정보기구의 '존재' 이유를 전략적 기습(Strategic Surprise) 예방과 장기적인 전문지식(Long-Term Expertise)의 제공, 정보요구 및 정보활동(Methods)에 대한 비밀성 유지 그리고 '정책결정과정 지원'으로 보았으며, 그 중에서도 정책결정자를 지원하는 역할을 무엇보다(solely) 중요한 것으로 보았다. 즉 정보의 주된 역할은 정책결정자의 요구사항에 맞추어 사건의 배경과 주요내용, 다양한 위해요소 그리고 위험요인과 이익 및 기대효과에 대해 평가한 후 원하는 시간까지 정보를 지원하는 것이다.

이에 대해 정제된 정보를 지원받은 정책결정자는 정책의 입안, 집행, 평가 등 정책결정과정에서 유용하게 활용할 수 있다. 정책결정자는 완성된 정보를 지원받아 시행예정인 정책과 그 결과로 나타날 미래변화를 예측가능하게 됨으로써 이를 통해 정책이 나아가야 할 방향과 실행 가능성을 미리 판단할 수 있다.[2] 정보수집이나 분석으로 얻은 결과 그 자체는 목적이 아니기 때문에 정보의 의미는 궁극적으로 정책의 유용성으로 평가된다. 정보의 유용성을 높이기 위한 시도는 정보를 체리따기(Cherry-Picking)와 같이 정보소비자가 자의적으로 취사선택함으로써 정보를 오용할 가능성을 높인다. 좀 더 심각한 문제는 정보를 의도적으로 왜곡하거나 과장하는 문제이다. 결국 정보의 궁극적인 목적이 국가이익을 보호하려는 대외정책에 활용되는 것이라고 한다면, 이 양자의 관계는 항상 바람직한 결과만을 담보해 주는 제도로 확립되기가 쉽지 않다.[3]

정보생산자와 정보소비자의 관계는 크게 두 가지 측면에서 관련성을 가지고 있다. 하나는 정보생산자들의 활동을 통제하고 감시하는 기능이 정보소비자인 정책담당자에게 주어져 있다는 점이고, 다른 하나는 정보는 정책결정의 자료가 되기 때문에 정보생산자와 정보소비자가 상호 유기적 지원과 협조가 필요하다는 것이다.[4] 따라서 정보부문과 정책부문은 적절한 협력과 건전한 견제가 유지될 때 정보생산자는 유효한 기능을 할 수 있고 정보소비자는 국가와 국민을 위해 최고의 정책을 결정할 수 있는 것이다.

제2절 정보와 정책의 관계

1. 정보생산자와 정보소비자의 관계

정보생산자는 국가안보와 국가이익을 위해 정보를 생산해야 하는 위치에 있는 정보기구 자체를 의미하거나 정보기구에 종사하는 자들로 첩보를 수집하는 정보관과 첩보를 처리 및 종합하고 해석하는 정보분석관 등을 의미하기도 한다. 이는 정보생산자를 사람으로 보느냐 아니면 조직으로 보느냐의 관점에 따른 차이에서 비롯된 것으로서 양자 모두 정보생산의 핵심요소이기 때문에 결국 모두 정보생산자로 생각해도 무방할 것으로 보인다.

정보소비자는 정보를 사용하는 사람의 입장에서 보면 정책결정과정에서 정보생산자가 제공한 지식을 활용하는 대통령 및 의회지도자와 같은 정치지도자와 장관과 차관 등의 고위관료가 포함되며, 조직차원에서 보면 청와대, 국방부, 외교부 등의 정책결정을 입안하고 집행하는 국가조직이 해당된다.

정보소비자와 정보생산자를 정보의 순환과정에서 살펴보면 정보소비자는 정책에 필요한 정보를 정보생산자에게 요구하고 이들로부터 적절한 정보를 적시에 제공받아 정책을 합리적으로 결정하고 정책목표를 성공적으로 달성하려고 한다. 그러나 정보를 요구하고 제공하는 실제에 있어서는 정보사용자가 적시에 합당한 정보를 제공받지 못한다는 불신이 있는 반면에 정보생산자는 정보활동의 실상을 모르고 무리한 요구를 한다고 비판하는 등 정보사용자와 정보생산자는 상호불신과 불편함이 자리 잡는 경우도 있다.[5] 그 주된 이유는 다음과 같다.[6]

첫째, 정책담당자는 정보생산자들이 모든 일을 잘 알고 있다고 여긴다. 정책담당자들은 정보기구가 엄청난 예산을 사용하고 정보수집에 필요한 막대한 장비를 갖추고 있으며, 불법과 합법의 경계선에서 움직이는 만큼 다른 부처에 비해 정보활동의 자율성을 많이 가지고 있다고 여긴다. 따라서 정책담당자는 정보생산자가 확실하고 신뢰할만한 정보를 제공하는 것이 당연하다고 기대한다. 그러므로 정보생산자가 특정 이슈에 대해 확실한 분석을 내놓지 못하거나 파악하기 어렵다는 보고서를 제출한다면 정책담당자들은 정보기구의 존재 가치를 인정하지 않으려 한다. 또한 정보생산물이 정책담당자의 의중이나 판단과 충돌할 경우 정보기구에 대한 정보수요자의 불신과 불만이 고조된다.

둘째, 정보생산자와 정보수요자는 상황에 대한 인식이 근본적으로 다르다. 정보생산자는 정보수집의 한계, 상대방의 의도적인 정보왜곡과 과장, 정보생산의 관료주의적 장애물 등으로 완벽한 정보를 파악하는 데 어려움을 겪는다.[7] 정보생산자는 정보의 불확실성을 전제하고, 가능성의 수준을 예측하려고 한다. 이 때문에 정보조직에서는 회의적인 시각이 조직문화로 자리잡고 있는 반면, 정책집단은 집단의 문화로 정보에 관해 낙관적인 시각을 갖고 있다. 결국 정책담당자는 정보생산자의 정보분석이 더욱 확실해질 때까지 기다리지 못한다. 정책집단은 또한 정책목표를 달성하는 데 도움이 되는 정보는 수용하지만, 정책목표 달성을 어렵게 하는 장애물을 지적하는 정보는 적극적으로 수용하려 하지 않는다. 정책담당자의 이런 분위기와 압박은 정보의 정치화를 불러일으키는 원인이 되기도 한다.

마지막으로, 정책집단과 정보집단 간의 차이는 경험과 활동 범위로부터도 발생한다. 정책담당자는 다양한 지도자들을 만나고 해외 방문의 경험 등을 쌓으면서 자신이 비록 정보전문가는 아니지만 다양한 이슈에 대해 나름의 전문적 식견과 이해력을 가지고 있다고 믿는다. 이들은 정보기구에서 만들어낸 정보생산물을 자신이 다른 조직을 통해 획득한 정보와 비교해서 신뢰성을 평가할 수 있다고 생각한다. 그러나 정보분석가들은 관련된 이슈와 문제들을 직접 접촉하여 경험한 경우는 드물지만 이미 정보공동체에서 추진했던 기존 정책이나 신규 정책에 따라 나타날 결과물이 안보이익상 문제가 있을 수도 있다는 생각에서 더 심층적인 정보활동의 필요성을 느낀다. 결국 정책담당자는 정보생산자들이 현실과 너무 동떨어져 있다고 비판하는데 비하여 정보분석가들은 정책담당자들의 견해가 정보분석과정에서 객관성을 훼손한다고 여겨 반영하려 하지 않는다.

한편, 정보생산자는 정보의 효용성과 관련하여 정보분석관과 정보관리자의 측면에서 다르게 평가되고 적용될 수 있다. 정보분석관은 객관성과 독립성을 유지하기 위해 자율성을 확보하는 개인차원의 문제에 중심이 주어지지만 정보관리자는 정보결과물에 대해 정보기구의 전체입장으로 책임을 지게 되는 입장에 있다. 정보의 효용성과 책임성에서 정보분석관과 정보관리자는 상호 보완적이기도 하지만 긴장관계에 있기도 한 이유이다. 따라서 정보생산물에 대한 정보분석관의 자율성의 정도는 정보기구 차원에서 부담해야 할 책임과 상호균형이 이루어지는 것이 바람직하다.[8)]

이와 같이 정보사용자와 생산자는 상호 밀접한 관련성을 가지면서 국가안보와 국가이익을 위해 주요한 역할을 수행하고 있지만 상대를 바라보는 시각에 따라 불신을 가져올 수 있는 여지가 역시 있다. 따라서 양자는 상호 입장을 잘 이해하도록 노력할 때 국가와 국민에 도움이 되는 최대의 정책효율성을 가져올 수 있다.

2. 정보와 정책의 관계

정보기구와 정책수행기관이 서로 협력하여 양자가 모두 만족할 수 있는 접점을 찾는 것은 쉬운 일이 아니다. 정보와 정책의 관계는 정보사용자와 정보생산자가 상호 어떠한 의존성을 가지는 것이 바람직한 것인가에 대한 주장에 따라 세 가지 흐름으로 살펴볼 수 있다. 첫째는 정보의 질을 높이고 중립성을 유지하기 위해 정보생산자와 정보사용자는 일정 거리를 유지해야 한다는 이격주의이며, 둘째는 정책의 효율성을 높이기 위해 양자가 적극적인 교류가 있어야 한다는 교류주의이다. 마지막으로 정보생산자와 정보수요자는 정보의 대상에 따라 상호간의 관계정도가 탄력적이어야 한다는 유연주의이다.

가. 이격주의

정보학자 Hulnick 등에 따르면, 정보생산자는 정책결정자에게 제공되는 정보는 객관성과 공정성을 기본 바탕에 두어야 한다고 믿는다. 그러한 믿음 때문에 정보생산자는 특정정책의 지지나 이데올로기적 편향과 선호정책을 만족시키는 정보판단은 피해야 한다고 생각한다. 이에 따라 이격주의자들은 정보생산자는 정책담당자와 일정 수준의 분리 필요성을 강조하는 것이다.[9)]

이격주의는 정보생산자와 정보소비자가 유착관계에 있을 때는 객관적이고 중립적인 정보를 생산하기 힘들다는 주의이다.[10)] 정보수집과 분석이 정책담당자의 의중과 기대에 부응하기 위해 처리되었을 때는 정보의 순수성이 그만큼 약화될 수 있기 때문이다.[11)] 정확성과 중립성은 정보의 효용성을 높이는 최우선적 과제로서 정보분석관은 정보의 정확성을 높이기 위해 자신의 전문성을 제고시키려는 노력이 필요하며, 정책담당자가 관심을 두거나 선호하는 정책을 뒷받침하려는 정보를 생산하려해서는 안 된다고 강조한다. 그리고 정보분석이 오염되지 않기 위해서는 정보분석관은 가능한 전문성을 기르고 정보소비자와 일정한 거리를 유지하는 것이 중요하다고 생각한다.

정보의 객관성을 확보하기 위해서는 정보분석관의 객관성과 자율성이 전제되어야 한다. 이 전제가 없으면 정책을 결정하는 정치지도자들에 의한 정파적 혹은 개인의 정치적 목적을 위해 정보가 왜곡되거나 오용될 가능성은 항상 존재하게 된다. 이미 정치발전이 뒤떨어진 후진국 또는 개발도상국에서 정보가 국내 정치에 악용된 사례는 적지 않게 발견할 수 있다. 정보업무의 특성상 많은 나라에서 국가 최고정책결정권자와 가까운 거리에 조직되어 있거나 소통구조를 가지고 있는 국가정보기구가 객관성과 중립성을 상실할 경우 정보남용과 오용으로 인해 국가안보와 국가이익을 저해하는 요인으로 작용할 가능성을 항상 가지게 된다.

국가차원에서 보면, 미국은 국가가 개인의 사생활과 자유를 과도하게 억압하지 못하게 하고자 정책과 정보 간에 일정한 거리를 유지하려는 전통과 문화가 강한 반면, 영국은 정보가 정책에 상대적으로 밀착되어 정책결정과정에서 양자는 긴밀하게 협력하고 지원하고 있다.[12)]

그러나 이격주의가 많은 타당성을 가지고 있지만 정보생산이 가지는 특성으로 인해 완전한 정보의 생산과 활용에는 다음과 같은 한계가 발견된다.[13)] 첫째는 정보생산자가 인간으로서 지니는 감정과 역량의 한계로 인해 완벽한 객관성을 유지하는 데는 어려움이 있다는 것이다. 불완전한 첩보를 토대로 분석관의 경험과 지식을 토대로 정확한 분석을 하는 데는 제한점이 있을 수밖에 없다. 둘째는 정보사용자가 정책을 결정할 때 정보생산자의 결과물만 고려하지 않는다는 것이다. 여러 부처와 국책연구기관의 자료는 물론 사계 전문가의 의견 등을 확보하여 그것을 토대로 정책을 결정한다는 것이다. 실제로 선거로 선출되는 정치지도자들은 정치적 고려도 필요하기 때문에 정보를 액면 그대로

수용하기도 어렵다.[14)]

나. 교류주의

Hilsman과 같은 학자들은 정보가 정책의 근간이 되고 정책의 최우선적 고려요소라고 생각하는 정보생산자들의 믿음은 결코 현실을 정확하게 반영하는 것이 아니라면서[15)] 정보와 정책은 공생의 관계에 있기 때문에 상호 교류하면서 밀접한 연결 필요성을 주장한다. 정보생산자는 정책과정과 정보투입의 효과에 대해 이해해야 하며, 정책결정자들이 필요한 정보를 생산하기 위해 자원을 동원하여야 하고, 정보와 정책 간에는 환류체제가 필요하다고 역설한다.[16)]

교류주의에서는 정보분석관이 객관적이고 중립적인 위치를 확보하기 위해 정책담당자와 차단되어 있을 경우 전문성은 높일 수 있지만 정책과정에서 현실적으로 필요한 정보가 무엇인지를 파악하기 어렵다고 설명한다. 이에 따라 정책담당자가 현안으로 고려하고 있는 이슈들에 대해 적절한 정보를 제공하지 못하는 문제가 발생할 수 있다고 생각하는 것이다. 따라서 정보기구는 정보가 국가안보와 국익을 보호하는데 적절하게 활용되지 못한다면 존재의미가 크게 약화되기 때문에 정책담당자의 정책목표와 관심에 대해 이해할 필요가 있다[17)]고 주장한다.

교류주의는 정책담당자가 정책결정에 필요한 정보를 얻기 위해서 정보기구에 필요한 내용을 요구함으로써 양질의 정보를 접할 가능성이 높아지며, 정보기구는 필요한 정보를 제때 제공하도록 정책담당자와 교류하면 정보의 유용성을 높일 수 있다는 시각에서 비롯되고 있다. 미국 CIA국장을 역임하였던 Robert Michael Gates는 정보분석관들에게 정책결정권자의 입장에서 분석하고 판단할 것을 지시하면서 정책담당자들과 보다 밀접한 관계를 유지하는 것이 중요하다고 강조하였다.[18)]

그러나 정보생산자가 정보사용자와 밀접한 교류를 지속하면 정보생산자가 독립성을 확보하지 못한 채 객관적인 증거가 부족한 상태에서 정보소비자의 의도에 부합한 정보를 생산할 수 있다. 특히, 정보소비자의 확고한 정책목표와 강력한 정책의지가 표출될수록 미국의 이라크 침공과 같은 정보 정치화(Intelligence Politicization) 등의 부작용이 발생할 여지가 있다.

영국은 정보와 정책과의 관계에서 최상의 정책결정은 각 분야 전문가들의 지식을 종합하여 도출하는 결과물에서 나올 가능성이 높다는 믿음에서 정보와 정책을 혼합하는 것을 실질적으로 장려하는 경향이 많다.[19)]

다. 유연주의

유연주의는 정보생산자와 정보소비자 사이의 거리는 정보대상에 따라 정도를 달리하면서 정보의 객관성과 정책의 효율성을 높여나가야 한다는 주의로서 정보의 객관성도 중요하지만 정보와 정책이 항상 분리되는 것이 최상이라고 보지는 않는다.[20)] Sherman Kent는 정보소비자와 정보생산자가 밀접한 관계를 유지해야 정보가 제기능을 발휘할 수 있는 정보분석이 있는가 하면 역효과가 우려되는 정보분석도 있는 것으로 구분하였다.[21)] 예를 들면, 경고분석(Warning Analysis)에서는 정보소비자와 정보생산자가 신뢰성을 쌓고 긴밀한 관계를 유지하지 않았을 경우에 정보소비자는 정보생산자의 경고분석에 대해 분석의 객관성이나 분석관의 의도를 의심함으로써 적절한 정책결정을 회피할 수 있다. 정보와 정책담당자가 상호 지나치게 거리를 유지하고 차단함으로써 정보의 원활한 순환이 방해받는 것이다. 반면에 의도분석(Intentions Analysis)에서는 정보생산자와 정보소비자가 너무 친숙하게 접촉하는 경우, 서로 공유하고 있는 인식과 판단에 배치되는 새로운 정보는 충분히 숙고되지 않고 폐기되는 부작용을 불러일으킬 수 있다.

정보의 효용성과 정확성은 균형과 조화를 이루어야 하는 목표이다. 정보분석관이 정보소비자와 지나치게 밀접하게 연관되어 있어도 문제가 되고, 반대로 단절될 만큼 거리를 유지하고 있어도 부작용이 따른다. 특히, 정보기구가 설립되는 초기나 정부활동의 민주성과 투명성을 확보하지 못하고 있는 나라에서는 정보기구의 전문성이 강조되고 객관성이 유지될 필요성이 대단히 높다.

정보생산자와 정책담당자가 적절한 협력과 견제관계를 유지해야만 정보활동은 국가정책결정과정에서 의미가 있게 되고 정책의 효용성은 증대될 수 있다. 정책결정자는 정보를 받는 것 이상으로 구체화시키고 정보는 정책과 지속적인 관계를 유지하여 정보기구의 존재 이유를 알려야 하는 것이다. 정보대상에 따라 정보생산자와 정보소비자의 관계가 합리적이고 탄력적으로 조화를 이룰 필요가 있는 이유이다.

한편, Mark M. Lowenthal은 정보생산자와 정보소비자 간의 적절한 교류 필요성을 주장하면서 정보와 정책의 관계를 다음과 같이 설명한다.[22] 〈표 3-1〉과 같이 반투막성을 지닌 경계선을 두고 정책결정자들은 이 막을 넘어서 정보영역으로 건너갈 수 있지만 정보생산자들은 정책영역을 침범할 수 없는 행태를 갖고 있다는 것이다. 그러나 국가정보기구의 수장은 많은 정보를 가지고 국제환경 및 특정 사안에 대하여 종합적 지식을 가지고 있는데다 한 국가 기관의 장으로서 고위정책결정권자와 상시로 접할 수 있기 때문에 그 경계선이 희미해 질 수 있다. 즉 최고정책결정자의 포괄적인 자문요청에 적극적인 의견을 개진할 수 있다.

〈표 3-1〉 정보와 정책의 관계

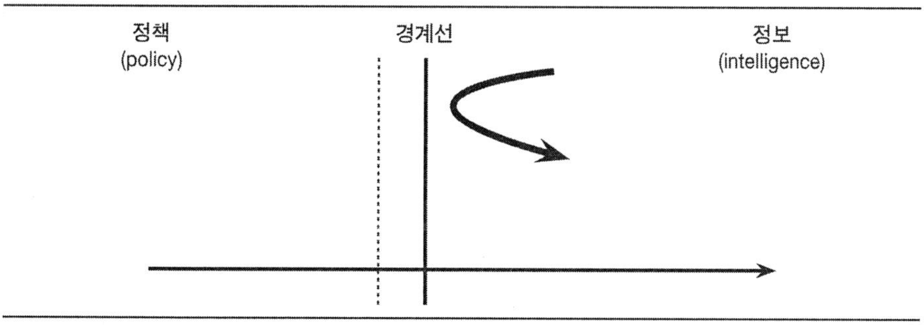

1) Lowenthal, Mark M(1)., op. cit, 4.
2) 권기헌. (2008), 「미래예측학」, 서울: 법문사, 82-83; 노화준. (2006), 「정책분석론」, 서울; 박영사, 166-167.
3) 장노순. (2007), "정보와 정책 : 정보정치화를 중심으로", 「국가전략」, 세종연구소, 13(3), 91-92.
4) Shulsky, Abram N. & Schmitt, Gary J., op. cit, 129-141.
5) Steinberg, J. B. (2008), *The Policymaker's Perspective : Transparency and Partnership.* Washington, DC : Georgetown University Press, 83-84.
6) 장노순. (2013), "국가정책과 국가정보", 한국국가정보학회 엮음. 「국가정보학」, 서울 : 박영사, 503-504.
7) Betts, Richard K. (2007), *Enemies of Intelligence : Knowledge and power in American National Security.* New York : Columbia Univ. Press, 28-32.
8) Berkowitz, Bruce D. (Ed.). (2000), *Best Truth : Intelligence in the Information Age.* New Haven : Yale Univ. Press, 74-82.
9) Hulnick, Arthur S. (1987), *Relations Between Intelligence Procedures and Policy Consumers, Intelligence and Intelligence Policy in a Democratic Society.* New York : Transnational Publisher, 129-134; Uri Bar-Joseph. (1995), *Intelligence Intervention in the Politics of Democratic States : The United States, Israel, and Britain.* Pennsylvania University Press; Betts, Richard K. (1980), Let's Make Them Useful, Parameters. *US Strategic Intelligence Estimate, 10(4),* 25-26.
10) 장노순. 전게논문, 92-93.
11) Jervis, R. (1986), What's Wrong with the Intelligence Process?, *International Journal of Intelligence and Counterintelligence, 1(1),* 39.
12) Marrin, Stephen. (2007), At Arm's Length or at the Elbow? : Explaining the Distance between Analysts and Decisionmakers, *International Journal of Intelligence and Counterintelligence, 20(3),* 406-409.
13) Marrin, Stephen., op. cit, 409-410.
14) Jervis, R., op. cit, 18-191.
15) Marrin, Stephen., op. cit, 409-410.
16) Hilsman, R. (1956), *Strategic Intelligence and National Decisions.* Glencoe : The Free Press.
17) 장노순. 전게논문, 94.
18) 문정인. (2002), 「국가정보론」, 서울 : 박영사, 146-147.
19) Woodward, B. & Morgan, D. (2015). Soviet Threat toward Iran Overstated. Casey Concluded. The Washington Post, January 13.
20) Davis, Jack. (2002), Improving CIA Analytic Performance : Analysts and the Policy making Process. *The Sherman Kent Center for Intelligence Analysis Occasional Papers, 1(2),* 1-2; Kent, Sherman(1). 1949, *Strategic Intelligence for American World Policy,* Princeton University Press.
21) Kent, Sherman(1)., op. cit; 장노순. 전게논문, 92-93 재인용.
22) Lowenthal, Mark M(1)., op. cit, 5, 187-188.

제11장 정책결정과정과 정보의 기능

제1절 개관

국가정보의 큰 목적은 국가안전을 보장하고 국가이익을 높이는 데 필요한 정책을 지원하는 것으로써 국가정책 선 과정에 걸쳐 공헌할 수 있을 때 가치가 있다.

그러나 정책결정에 활용되는 요소는 정보만이 아니라 정책결정자의 판단능력, 지도력, 추진력, 미래예측 능력, 해당 부처의 축적된 경험, 여론 등 많은 자원과 요인에 따라 이루어지기 때문에 정보가 정책에 얼마나 어떠한 방식으로 영향을 미치는지 그 가치를 한 마디로 설명하는 것은 쉬운 일이 아니다.

다만, 정보는 정책결정자의 지식으로 작용하여 전반적인 인지능력을 높여줌으로써 미래예측 능력을 높이고, 앞으로 유용하게 사용될 수 있는 현재의 요소들을 알려준다. 즉 정책결정과정에서 나타날 수 있는 실수와 오판을 줄여주는 역할을 하는 것은 분명하다.

정보가 정책결정과정에서 어떠한 역할을 하는지 알아보기 위해서는 먼저 정책결정이 어떠한 과정을 통해 이루어지는지 살펴보는 것이 중요하다. 정책결정과정이란 정책결정을 위해 공식적으로 참여하는 사람들이나 기관들 사이에서 이루어지는 절차를 말하는 것으로 정책의 결정과정에는 대통령, 행정기관, 정보기구와 같은 공식적 참여자와 여론, 이익집단 등의 비공식적 참여자가 다양하게 영향을 미치게 된다. 이와 같이 정보는 정책결정과정에 미치는 여러 요소 중의 하나로써 작용을 하는 것이 사실이나 국가안보정책의 결정과정이나 국가이익을 위해 공개되지 않은 은밀한 첩보를 수집하여 종합하고 판단한 정보를 제공하기 때문에 중요성은 높다 할 수 있다.

여기에서는 David Easton의 시스템이론(System Theory)에서 나타나는 투입, 정책결정, 산출, 환류를 기본요소로 구성하고 있는 정치시스템을 토대로[1) 정책의 설정(Policy Establishment), 정책의 채택(Policy Adoption), 정책의 집행(Policy Implementation), 정책의 평가(Policy Assessment)라는 4가지 단계로 나누어 정보가 정책에 제공하는 기능을 알아보도록 한다. 이 4가지 단계는 시간을 두고 전개되는 진행 중인 활동을 나타내며, 각 단계는 다음 단계와 연결되어 있고, 마지막 단계인 정책평가는 첫 번째 단계인 정책설정 및 정책집행과 연속적인 활동과정의 형태로 연결되어 있다.

제2절 정책설정과 정보

정책설정(policy establishment)은 정책결정과정에서 먼저 이루어지는 작업으로 정책의제의 설정(agenda setting)과 정책형성(policy formulation)이라는 과정을 통해 이루어진다. 정책의제의 설정이란 정부가 국가안보 또는 사회문제를 공식적으로 해결하기 위해 이를 정책문제로 전환하는 행위이다. 여기에는 다루어지지 않은 문제도 많으며, 어떤 문제는 오랫동안 지체된 후에 다루어지기도 한다. 그리고 정책형성은 정책담당자가 안보문제를 해결하기 위해 여러 대안들을 만들어 내는 것을 말한다.

안보와 국익을 위협하는 문제요인을 찾아내고 문제의 경중에 따라 대안을 탐색하는 과정에서 객관적이고도 유용한 정보가 지원된다면 정책설정과정에서 발생할 수 있는 오판이나 실수를 크게 감소시킬 수 있다. 이 과정은 정치시스템에서 투입단계(input)에 해당하며, 이 과정에서 관련 정보가 필요하다. 장단기 국가안보나 국익과 직결되는 요소를 사전에 감지하고 준비해야 하는 정책담당자의 입장에서 정보는 정책을 추진할 것인지 여부를 판단하는 합리적이고 객관적인 자료가 된다.

이 과정과 관련하여 정보기구는 정보수집의 방향을 설정하고 기획하여 정책을 최대한 지원하기 위해 정책담당자들이 정보활동의 우선순위에 대한 지침을 내려 주기를 원하는 경우도 많다. 그러나 정책담당자들의 지침 부여 여부는 정보기구를 활용하려는 정치지도자의 태도와 관계가 높다. 미국의 Bush 대통령은 Tenet CIA국장을 하루에 수차례, 일주일에 최소 5~6번씩 만났으나, Clinton 대통령은 자신의 첫 번째 중앙정보국 국장(Director of Central Intelligence)이자 CIA국장인 James Woolsey를 훨씬 덜 만났으며, 이에 따라 James Woolsey는 대통령과의 접근부족에 따른 갈등으로 그만두기까지 하였다.[2)]

그러나 정보생산자는 정책사용자의 구체적인 요구와 관계없이 안보나 국가이익과 관련된 주요 현안에 대한 정보를 수집하고 분석된 자료를 항상 준비하고 있는 것이 바람직하다. 정보수요자는 정보기구가 새로운 문제들을 예상하고 필요한 정보를 제공할 준비가 되어 있다고 기대하기 때문이다. 이런 관점에서 미국 CIA는 정책담당자에게 전통적으로 다음과 같은 역할을 수행한다.[3)] CIA 정보분석관은 어떤 사건들의 전개가 내포하고 있는 의미를 특별히 깊이 있게 파악한 후 그 사건이 지니고 있는 의미를 파악하는 데 도움이 되는 정보를 제공하며, CIA만이 제공할 수 있는 정보를 전달한다.

제3절 정책채택과 정보

정책채택은 정책담당자가 정책의제의 설정과 형성과정을 통해 만들어진 대안들 중에서 실현가능하고 효용성이 있는 대안을 회의, 행정기관 책임자들의 합의, 전문가 의견, 판단력, 정보기구의 정보 등을 토대로 선택하는 것을 말한다.

정책수단이 다양한 만큼 정책대안 역시 다양할 수밖에 없고, 정책선택의 범위가 넓어질수록 정책을 선택하는 데는 더욱 어려움이 존재한다. 이러한 정책 선택의 어려운 조건에서 정보는 정책담당자들에게 유용한 정책대안의 범위를 제시하고 판단을 내릴 수 있도록 해 준다. 정보는 각 정책대안들의 장점과 단점, 위험과 불확실성의 정도, 향후 파급영향 및 결과를 분석하여 정책대안들을 비교하고 검토하는 데 필요한 판단을 제공한다. 특히, 각 대안들에 대해 정책담당자의 정보요구가 사전에 있었다면 정보 분석은 더욱 심도 있게 할 수 있다. 따라서 정보는 대안채택에 중요한 역할을 하기 때문에 모든 정보소비자들은 수준 높은 정보를 얻으려고 한다.

정책대안 채택에 이용된 정보사례를 '쿠바 위기'에서 살펴보면,[4] 쿠바에서 건설 중이던 소련 미사일 기지의 사진과 건설현장으로 부품을 운반하던 선박의 사진 등을 첩보정찰기 U-2기로 확보한 미국의 케네디 대통령은 1962년 10월 22일 TV 연설에서 미국 정부는 소련의 쿠바에서의 미사일 기지 건설을 무력시위라고 주장하면서, 미사일 기지의 완공을 강행한다면 이를 선전포고로 받아들일 것이며, 제3차 세계대전도 불사하겠다는 공식성명을 발표하고 쿠바 해안 봉쇄를 단행하였다. 쿠바 봉쇄 후 4일간 미국과 소련은 전쟁 직전 사태에까지 이르렀으나 소련의 후루시초프(Khrushchev) 대통령은 10월 28일 쿠바 미사일 기지의 폐쇄와 소련 무기의 철수를 약속하고 미국 관리들이 기지 폐쇄상황을 감시하도록 허용하는 내용을 발표함으로써 쿠바 위기는 종료되었다. 미국의 이와 같은 대소련 강경노선의 배경에는 영국의 비밀정보부(SIS) 공작원이었던 소련의 펜코프스키(Oleg Vladimirovich Penkovsky)가 제보한 첩보 및 기타 출처로부터 입수한 정보를 통해서 소련의 전쟁준비태세가 완비되어 있지 못하다는 약점을 간파하고 있었기 때문에 가능하였다.

제4절 정책집행과 정보

정책채택이 이루어지면, 정책을 집행하는 단계로 넘어간다. 효과적인 정책집행을 위해서는 법제도나 조직의 재편성, 인력 조정이 뒷받침되어야 하고 정책의 적절한 집행시기 선정, 대상국가와의 원만한 협상 등이 필요하다. 그리고 정책은 완벽할 수 없어 항상 장점과 단점이 존재하기 때문에 정보는 진행 중인 정책의 효과 및 문제점 등에 대한 판단자료로도 제공된다. 사안에 따라서는 비밀공작을 통해 상대국가의 여론을 조절하고 상대국가의 정책 수정을 유도해야 하는 일도 발생한다. 그리고 합리적이고 객관적인 정보를 바탕으로 정책이 채택되었다 하더라도 실제 정책을 집행하는 과정에서는 정책의 대상이 되는 국가와 집단은 상대 국가의 안보정책을 안보 위협으로 인식하고 공개적이거나 은밀하게 대응에 나서게 되는 등 대내외로부터 여러 문제들에 직면하게 된다.

따라서 정보기구는 정책집행이 정책담당자의 의도대로 이루어지고 목표를 달성하도록 효율적인 전술과 행동에 필요한 정보를 제공해야 한다. 그러나 정책이 이미 집행되고 있는 상황에서 정책을 중단하기 어렵고, 수정하는 과정도 많은 절차와 정치적 비용이 요구되기 때문에 정책의 집행단계는 다른 단계와는 달리 정보의 영향이 적다. 결국 정보기구가 정책집행에서 차지하는 역할의 중요성이 축소되는 것은 아니지만, 정책 변화의 방법에서는 영향력이 감소할 수밖에 없다.

정보는 정책집행의 가장 적절한 시기를 결정하는 판단자료로 제공될 수 있다. 그러나 그 시기 선정의 적정여부에 따라 엄청난 국가이익을 가져오거나 손실을 초래할 수 있는데 영국이 정보의 사용시기를 통제하여 제1차 세계대전에서 독일과 헝가리 등에게 치명적인 손실을 가져온 사례를 살펴본다.[5)]

제1차 세계대전에서 고립되고 있던 독일은 불가피하게 외국의 대사관과 무선 전문보고로 긴밀한 연락을 취해야만 했다. 미국은 독일정부에 대하여 미국이 주창한 평화제안에 관한 정보에 국한한다는 조건으로 미국 통신선을 사용하여 베를린과 워싱턴 독일대사관의 암호화된 정보통신을 허용했다. 이에 따라 미국 통신선을 가지고 있던 베를린의 미국대사관은 독일의 전보를 자국의 것과 마찬가지로 코펜하겐, 런던을 경유하여 미국으로 발송했다. 이 전보는 독일이 1917년 1월 17일 워싱턴의 독일대사 베른슈토르프 백작에게 보내지는 것이었으며, 전달받은 독일대사는 다시 멕시코의 에카르트 공사에게 전송하였다. 이 전보의 주요내용은 독일이 1917년 2월 1일부터 잠수함으로 무차별 공격을 재개한다는 작전계획이었다. 그리고 그 결과로 미국이 참전할 것이며, 이때 멕시코가 독일의 재정적인 원조 하에 독일측으로 참전하여 승리하면 텍사스, 뉴멕시코 및 애리조나주를 멕시코의 영토로 주겠다는 약속이 포함되어 있었다.

독일의 침멜만 외상이 서명한 이 독일의 전문은 1917년 영국 해군본부의 Room 40에 의해 해독되었다. 영국은 이 전문내용을 1개월 이상이나 보류하고 있었다. 영국은 어떻게 하면 영국이 독일암호를 해독한 사실을 모르게 하고, 그 해독내용을 미국에 전하여 진실성을 믿게 할 수 있을 것인가 하고 고심하였다. 그러나 전황이 급박해지자 영국외상 로오드 발호아 경은 침멜만의 전보를 런던주재 미국대사에게 전했다. 이 전문은 워싱턴에 큰 충격을 주었다. 미국은 그러면서도 이 전문의 신뢰성을 의심했으며, 미국을 참전시키기 위한 영국의 음모일 수도 있다고 생각했다. 당시 미 국무부는 베른슈토르프에게 전송된 전보의 복사본을 확보한 후, 런던에서 보관하고 있는 해독된 전보와 미국 국무성의 전보가 일치하고 있음을 확인하자 1917년 4월 6일 독일에 선전포고를 하였다. 이것은 독일과 오스트리아, 헝가리에게는 치명적으로 불리한 결과를 가져온 것이다.

제5절 정책평가와 정보

정책평가란 지금까지의 정책이 과연 얼마나 성과를 거두었고 잘된 정책인가? 아니면 잘못된 정책인가를 판단하는 것이다. 다양한 수단과 방법을 활용하여 정책을 집행한 결과는 정치지도자와 고위관료가 정치적 혹은 윤리적 책임여부를 따지는 기준이 된다. 이에 따라 정책의 성공을 통해 고위관료는 성과 홍보를 통해 개인과 조직의 영향력을 확대하고, 정치지도자는 권력 유지의 정당성을 유지하고 싶어 한다. 그러나 정책이 실패했다면 앞으로 제기될 수 있는 정치적 심판과 행정적 책임에 대처하고 개선점을 찾아내기 위해서 그 원인을 파악해야 한다.

정책의 결과에 대한 평가는 재투입의 요소가 된다는 점에서 중요하다. 정책평가는 비용, 효과, 부작용, 국민 여론 등을 종합한 정보를 바탕으로 이루어진다. 정책집행으로 얻는 성과는 정책산출(Policy Output)과 정책결과(Policy Outcome)로 구분이 된다. 전자는 안보기관이 정책을 집행한 이후 나타난 산출물이다. 예를 들면, 미국이 무인항공기 드론(Drone)을 통해 알 카에다 지도부를 공격하는 군사전략을 채택하였다면, 이런 정책집행의 성과로 알 카에다 지도자들이 제거된 전체 수를 의미하는 것이다. 이에 반해, 정책결과는 정책이 의도했건 의도하지 않았건 사회에 미친 영향을 의미한다. 드론을 이용하여 알 카에다 지도자들을 암살한 정책행위는 알 카에다 조직, 파키스탄이나 아프가니스탄 주민의 반응, 혹은 미국정부의 군사작전에 대한 미국 국민의 여론에 영향을 미치는 정책결과가 나타나는 것이다. 정책집행의 성과를 측정하는 데 있어 정책산출은 정보수집 기술이 발전함으로 인해 정책결과에 비해 상대적으로 용이하다고 할 수 있다.

정치지도자는 정책의 성공을 통해 권력을 유지하려고 하기 때문에, 정책산출을 기준으로 정책의 효과를 강조할 가능성이 높다. 그러나 정책결과, 즉 대외적으로 공표된 정책목표뿐만 아니라 국내외 사회에서 나타날 수 있는 다양한 반응을 파악하고 분석하는 기준은 복잡하고 애매하다. 국민의 여론과 사회 분위기에 편승하거나 정치적 목적에서 이루어지는 안보정책과 전략채택은 외견상 성공을 거두고 국민의 지지를 받았다고 하더라도, 실리적 득실 계산에서는 반드시 그렇지 않을 수도 있다. 9·11테러 이후 부시행정부의 이라크 공격에 대한 평가가 대표적이다. 이라크 전쟁 초기의 성공적인 군사작전에도 불구하고, 미국은 전후 이라크 정치와 사회 불안으로 엄청난 비용을 지불해야 했다.[6]

1) Easton, D. (1957), An Approach to the Analysis of Political Systems. *World Politics, 9(3),* 383-400.

2) Lowenthal, Mark M(1)., op. cit, 178.

3) Median, G. A. (2006), *What to Do When Traditional Models Fail.* Lanham : Rowman & Littlefield Press, 418.

4) Ranelagh, J. (1987), *The Agency : The Rise and Decline of the CIA.* A Touchstone Book, 400-402.

5) Dorrri, S. (2000). *MI6.* The Press; 김윤덕, 전게서, 42-43 재인용.

6) 장노순. 전게논문, 512-513.

제12장 정보의 실패

제1절 정보실패의 개념

정보활동의 대전제는 성공한 결과를 도출하여 국가안전을 보장하고 국가이익을 신상시키는데 기여하는 것이다. 국가정보의 너무나 당연한 의무이기도 하다. 그러나 정보의 대상과 과제는 역사의 흐름과 같이 늘 새롭게 생성하고 변화되는 것이기 때문에 한때 또는 몇 가지 성공으로 자위하고 여유를 가지는 정보관은 언제든지 정보실패(Intelligence Failure)라는 역경을 만나기도 한다. 이러한 정보실패는 정책결정권자로 하여금 편향되거나 왜곡된 정책결정을 유도함으로써 국가의 존립을 위협하고 번영에 치명적인 손실을 야기할 수 있는 심각한 문제로 인식되고 있다.

정보실패라는 용어는 정보통합이 미진하여 엄청난 인적 · 물적 피해를 가져온 9 · 11테러를 사전에 방지하지 못하였고, 미국의 이라크 침공의 큰 이유가 되었던 이라크의 대량살상무기 보유사실이 실제는 아닌 것으로 판명되면서 시장의 실패라는 용어처럼 일반적으로 많이 사용되고 있다.

그러나 정보실패의 개념에 대해서는 학계에서도 일관된 정의가 없는 실정이다. Shulsky는 "기본적으로 상황을 잘못 이해한 것(Misunderstanding)이라고 정의하면서 그것으로 인해 정부 또는 군대가 스스로의 이익에 반하거나 부적합한 행동에 취하도록 만드는 것이다"라고 설명한다.[1] Walter Laqueur는 정보실패를 기습을 제때 정확하게 예측하지 못하게 되어 발생한 결과적 현상으로 보고 군사적 기습(Military Surprise), 정치적 기습(Political Surprise), 경제 · 과학기술적 기습(Economic and Scientific-Technological) 등으로 분류하였다.[2] 이와 같은 관점을 종합해 보면, 정보실패는 정보기구가 기습에 대비하지 못하여 국가안보나 국가이익에 손실이 발생한 것을 담고 있다. 따라서 이 책에서는 정보실패의 개념을 "국가안보와 국가이익에 큰 영향을 미칠 수 있는 위협요소를 제대로 예측하거나 판단하지 못함으로써 적절한 대응정책이 이루어지지 않아 국가안보나 국가이익에 상당한 손실이 발생하게 된 상황"을 의미하는 것으로 정의한다.

그리고 정보실패의 책임소재를 다룰 때 정보의 주체가 정보기구인가 아니면 정책결정자까지 포함하는 것인가 하는 문제로 다툼의 여지가 있다. 정보실패의 주체는 엄밀하게 따지면 정보기구이지만 실제에 있어서는 정책결정자들의 오판이나 왜곡 등이 복합적으로 작용하여 발생하는 경우도 있다. 따라서 여기에서는 정보기구의 실책, 정책담당자의 정책적 오류까지 포함하는 광의적 의미로 해석한다.

제2절 정보실패의 유형과 원인

1. 유형

정보실패의 유형은 실패의 주요 원인이 정보기구에서 비롯되는 것인지 아니면 정보기구 외부요인에서 기인하는지에 따라 정보적 실패와 정보외적 실패로 크게 구분할 수 있다.

정보적 실패는 세 가지 측면에서 살펴볼 수 있다. 첫째는 첩보수집에 관한 것으로서 정보기구가 잘못된 첩보를 수집하거나 아예 수집하지 못함으로써 발생한다. 대표적인 유형이 적의 군사적 기습공격을 제때에 알아차리지 못해서 발생하는 '경고실패(Warning Failure)'가 해당된다.[3] 둘째는 유용한 첩보가 수집되었지만 분석관이 적의 능력을 과대 또는 과소평가하거나 정치, 경제, 과학기술의 진보 등을 잘못 평가하는 판단착오로 인해 발생하는 '정보오판(Intelligence Injugdgement)'이다. 적의 기만(Deception)에 의해 오류를 범한 판단 역시 정보오판에 포함된다. 마지막으로 정보기구가 완성된 정보를 사용자에게 지연 배포하거나 적정한 사용자가 아닌 자에게 배포함으로써 일어나는 '배포사고'를 들 수 있다.

정보외적 실패는 정보사용자의 무지나 편견으로 인한 오판, 정치적 목적에 따른 의도적인 왜곡, 정책담당자의 무책임 등이 포함된다. 즉 나타난 결과가 겉으로는 정보기구의 잘못으로 보이지만 깊이 있게 따져보면 정보기구 외부요소들 때문에 실패하는 것이다. 예를 들면, 미국의 정보공동체는 1941년 일본국 암호체계를 해독하고 통신감청을 통하여 일본의 진주만 기습작전이 있기 하루 전인 12월 6일 같은 작전의 선보를 파악하였으나, 워싱턴에서 진주만 해군사령부로 일본의 공격에 대비하라는 경고전문을 군의 긴급통신이 아닌 민간회사인 Western Union사를 통해 발송함으로써 일본의 공격이 시작된 저녁까지 경고전문이 전달되지 못한 채 하와이 Western Union지사의 보관창고에 있는 상태가 발생하였다. 이는 정책담당자의 지휘시스템상 문제 때문에 초기대응에 실패한 것을 보여주고 있다.[4]

2. 원인

가. 부실한 첩보

신뢰할 수 있는 첩보를 필요한 시기에 수집할 수 있다면 정보실패 확률을 크게 감소시킬 수 있다. Levite는 일본의 진주만 기습공격과 미드웨이 해전을 비교한 자료를 토대로 분석한 결과 정보실패의 주요 원인은 분석보다도 증거자료에 해당하는 첩보수집에 있다고 주장했다.[5] 정보의 순환체제에서 첩보수집이 첫 번째 단계인 사실에서 볼 수 있듯이 첩보수집이 없으면 첩보를 해석하고 종합하여 평가한 정제된 정보는 생산될 수 없고, 첩보내용이 충실하지 못하면 양질의 정보를 생산할 수 없다.

정보실패를 가져오는 부실한 첩보는 정보관의 개인적인 자질과 첩보를 수집하는 수단에 연유하고 있다. 일선 현장에서 활동하는 정보관이 국가안보 상황에 대한 위기의식과 사명감이 부족하고, 소극적인 태도를 가지거나 첩보망 구축 능력 등의 개인적 자질이 부족하면 질 높은 첩보수집이 어렵고 오히려 주요 상황을 놓치게 되어 정보실패를 불러올 개연성이 높다.

과학적인 첩보수집수단 역시 정보실패를 좌우하는 주요한 요소이다. Herman은 1980년대 이후 가능해진 전천후 위성사진 기술이 있었더라면 소련의 아프가니스탄과 체코슬로바키아 침공을 적시에 예견하고 타당한 대처를 할 수 있는 평가보고서를 생산할 수 있었을 것이라고 주장한다.[6] 당시에는 후진적인 위성기술 때문에 구름에 가려지면 깨끗한 영상을 확보할 수 없었으며, 필름현상 방법으로 위성사진을 만들어야 했기 때문에 필요한 시기에 영상정보를 획득하여 소련의 군사행동을 파악하고, 기습 이전에 대처하는 일은 어려운 환경이었다는 점을 강조한 것이다.

같은 이유로 Knorr는 오늘날과 같은 해양감시위성을 진주만 공격 당시 미국이 가졌다면 일본의 진주만 공격은 일어나지 않았을 것이라고 지적한다.[7] 그러나 과학적인 첩보수집수단의 발전에도 불구하고 각 수단들이 가지고 있는 장점과 단점을 고려하여 목표대상에 부합되는 수단을 사용하지 못하면 정보실패로 이어질 가능성이 높아진다. 예를 들면, 운집한 군인들에 대하여 첩보위성이나 정찰항공기로 영상정보를 획득하였지만 군대의 훈련인지, 공격목적을 위해 집결 중인지를 구분할 수 없기 때문에 정보판단의 신뢰성이 떨어지고 그 정보를 활용하면 정보실패 가능성이 높아진다. 따라서 통신감청장비나 암호해독을 통해 그들의 의도를 알아낼 수 있다면 군인들이 모인 이유를 보다 명확하게 알 수 있기 때문에 값어치 있는 정보로 활용할 수 있다.

나. 분석관의 오판

아무리 좋은 첩보가 수집되었더라도 분석단계에서 활용하지 않거나 올바른 판단을 하지 못하면 결국 정보실패로 이어질 가능성이 높아진다. 분석관이 오판에 이르는 이유는 다음과 같다.

1) 분석관의 소양 부족

분석관이 학문이나 지식이 부족하면 가치 있고 유용한 정보를 만들어 낼 수 없기 때문에 필요한 정보를 생산하지 못한다. 오늘날 정보분석 대상은 국내와 국외, 경제와 정치, 치안과 안보 그리고 군사와 정치 등 상호간 관련성을 가지고 실타래처럼 꼬여 있고, 우주공학, 핵물리학, 정보통신기술분야에 대한 해석도 필요하기 때문에 분석관은 종합적인 사고능력과 해당 분야에 대한 전문지식이 필요하다.

대상목표가 외국이라면 해당국가의 전통문화, 언어, 의식구조에 대한 이해 없이 올바른 판단을 한다는 것은 사실상 불가능에 가까울 수도 있다. 예를 들면 인류의 적이라고 할 수 있는 아편을 생산하여 전세계에 공급하고 있는 미얀마와 아프가니스탄에 대한 정치정세와 지역특성을 알지 못하면 정보적 측면에서 아편현황과 대책을 제안할 수 없다. 아편이 생산되는 해당지역은 산으로 둘러싸여 외부인의 접근이 어렵고 가난한 사람이 많은데다 해당 국가의 통치력도 완전하게 미치지 못하는 환경하에서 주민의 생존방안과 범죄조직이 맞물려 마약이 생산되고 공급된다는 점을 알게 된다면 지역 주민들의 경제적 삶을 향상시킬 수 있는 방안이 우선 제시되어야 하는 것이다.

2) 고정관념과 인정된 견해

정보는 다양한 생각과 현상들이 합리적으로 조정되고 종합되어 만들어지는 결과물이며, 시기와 환경에 따라 변화될 수 있는 생물과 같은 것이다. 그러나 분석관들은 자신들이 마음속에 선점한 고정관념이나 이미 사회에서 많은 사람들이 인정하고 있는 견해를 변경하지 않으려는 경향이 있기 때문에 정보실패의 한 요인이 되고 있다.

고정관념이란 어떤 사람의 마음속에 잠재하여, 항상 머리에서 떠나지 않고, 외부 동향이나 상황 변화에 의해서도 변혁되기가 어려운 생각을 말한다. 고정관념을 가진 분석관들은 수집된 자료나 첩보에 대해 자신의 사고방식만으로 해석하려는 경향이 있다. 특히 경험이 많다고 자만하는 고참 분석관일수록 편견이나 사고의 경직성으로 인해 올바른 평가를 그르칠 가능성이 높아진다.

제2차 세계대전 당시 독일의 정보당국은 자신들의 '에니그마(Enigma) 암호체계'가 잘 짜여져 있기 때문에 적국들이 절대로 해독할 수 없을 것이라는 고정관념을 가졌으나 상대국인 미국 등이 해독하여 전쟁에 활용함으로써 독일이 패전하는 치명적인 요인으로 작용하였다.

그리고 고정관념은 분석관의 상상력을 저해하는 큰 요인이다. 미국 의회의 9·11진상조사위원회가 작성한 최종보고서(National Commission on Terrorist Attacks Upon the United States, the 9/11 Commission Report)에서 지적하였듯이 9·11테러를 예방하지 못한 요인을 창의력, 정책, 대응능력, 관리 등 4가지로 지적하면서 창의력을 첫 번째 요인으로 지적한 것은 특히 관심을 가져야 하는 사항이다.[8] 이 보고서에서는 미국의 정보공동체나 어떠한 항공보안전문가도 피랍항공기를 이용한 자살테러 가능성에 대하여 체계적인 분석을 하지 않은 것으로 나타났다.

일반적으로 충분한 조사 없이 사실로 간주되는 것을 의미하는 '인정된 견해(Received Opinion)' 역시 분석관에 따라 차이는 있지만 정보실패의 요인으로 작용한다. 분석관들이 인정된 견해에 의존하는 경우 사실이 다를 수 있음을 의미하는 증거를 잘못 이해하거나 무시할 수 있기 때문이다.

예를 들면, 1990년 여름 당시 이라크가 쿠웨이트를 침공하지 않으리라는 견해가 미국의 정보분석관들과 외교관들 사이에서 일반적으로 받아들여지고 있었다. 같은 해 7월 말경 위성사진을 통해 이라크의 정예사단들이 쿠웨이트와의 접경지역에 대규모로 집결하는 것은 알았지만 이는 이라크가 쿠웨이트에 지고 있는 채무변제와 석유가격 책정과 관련된 논쟁에서 쿠웨이트 지도자들을 위협하기 위해 무력시위를 벌이고 있다는 것이 지배적인 견해였다. 이러한 평가의 배경에는 이라크가 얼마 전에 종료된 이란과의 전쟁(1980~1988)으로 또 다른 대규모 군사작전을 감행하기에는 너무 쇠약해져 있으며, 이러한 점을 고려하지 않더라도 이제까지 한 아랍국가가 다른 아랍국가를 침공한 예가 없다는 사실에 기초한 것이었다. 그러나 이라크는 8월 2일 쿠웨이트를 침공하여 점령하였다.[9)]

개개인은 비록 오래 전부터 인정하고 있는 견해가 있더라도 그에 반하는 새로운 증거나 다르게 해석할 수 있는 상황을 깨달으면 비교적 쉽게 변경할 수 있으나, 같은 증거와 해석 방법론으로 다수가 가진 인지된 견해를 변화시킬 가능성은 상대적으로 적다. 이러한 이유로 개개 분석관들은 인정된 견해를 바꿀 수 있는 신빙성 있는 새로운 증거가 있더라도 그 견해에 동조하는 많은 사람들의 저항에 직면하고 설득에 시간과 노력이 소요되기 때문에 결국 기존의 인정된 견해를 유지하려는 유혹에 빠지게 되는 것이다.

3) 경상효과와 집단사고

정보분석관의 올바른 판단을 저해하는 요인에는 경상효과(Mirror Image Effect)와 집단사고(Groupthink)도 한 몫을 차지하고 있다.

경상효과(Mirror Image Effect)란 익숙하지 않은 상황에 대한 판단을 익숙한 상황에 근거하여 내리는 것이다. 다시 말하면, 다른 나라의 지도자나 단체가 자신이 생각하고 있는 목표나 관심사항과 유사할 것이라고 생각함으로써 국가 간의 차이에 기인한 주요 관심사항, 이해도 및 행동의 차이나 환경의 차이, 이성적 판단의 차이 등을 고려하지 못하게 됨을 말한다.[10)] 냉전 당시에 미국의 정보분석관이나 안보전문가들은 소련의 획일적인 정치체제를 이해하지 못하고 미국사회의 기준을 그대로 적용하여 소련의 권력 엘리트를 강경파와 온건파로 구분하고 이들 상호간에 대립과 갈등이 있는 구조로 파악한 점이다.

분석관의 경상효과는 1969년 미국 정보공동체에서 소련의 공격 핵무기에 관해 작성한 다음의 국가정보평가서에서 발견할 수 있다.

> 우리는 소련이 전략적 균형을 심각하게 변화시킬 수 있도록 전략적 우위를 달성하려는 것은 아주 어렵다는 점을 알고 있다고 믿는다. 따라서 우리는 이 평가가 이루어지는 기간 동안 소련이 선제공격 능력을 구비하려 할 가능성은 거의 없다고 생각한다. 즉 소련이 감당하기 어려울 정도의 타격은 받지 않을 수 있다고 확신하는 가운데 미국에 대해 기습공격을 가할 능력을 갖추려 할 가능성은 거의 없다고 본다. 예를 들면, 소련은 그와 같은 계획을 추진하는 비용이 감당하기 어려울 정도라고 결론을 내리게 될 것이 거의 분명하다. 더 중요한 것은 소련은 미국의 다양한 전략 공격 무기들에 대처하기 위해 요구되는 공격 및 방어 무기들을 동시에 개발하고 배치하는 것은 불가능하다고 결론내릴 것이 거의 확실하다. 마지막으로, 소련이 비록 그렇게 하는 것이 경제적으로나 기술적으로는 가능하다고 하더라도 미국이 이와 같은 소련의 시도를 감지하고 상응한 조치를 취하거나 소련의 시도를 압도할 수 있는 조치를 취할 것이라는 점을 고려할 것이 거의 확실하다.[11)]

위의 내용은 1975년 미국 정보공동체를 조사하는 임무를 수행하기 위해 구성되었던 상원의 특별위원회인 처치위원회(Church Committee)가 작성한 보고서에 인용된 내용이다. 이 보고서에 나타난 판단들은 소련의 전략적 사고에 관한 내부 첩보에 기초하고 있다는 근거를 발견할 수 없고 문구의 표현형태가 '무엇 무엇을 할 것이 거의 확실하다'와 같은 추측적 기술방식을 이용하여 이 내용이 첩보원이나 신빙성 있는 자료를 근간으로 한 것이 아니라 소련의 전략적인 생각에 관한 정보분석관의 판단내용을 중심으로 기술되어 경상효과를 보이고 있다. 그리고 전체적인 문장에서도 경상효과가 나타나고 있다. 첫 번째 주장에 따르면, 미국의 정보기구는 소련이 감당할 수 없다고 간주하는 비용이 얼마인지를 이해하고 있었다는 점을 암시하고 있다. 그러나 이러한 판단은 미국 스스로 소련의 계획이 경제적 부담으로 실제 추진할 가능성이 적다고 결론짓는 경상효과를 본질적으로 담고 있다. 두 번째 주장은 미국의 전략이론가들 사이에서는 공유되고 있지만 그 당시 소련의 군사 전략가들이 반드시 믿었다고는 볼 수 없는 결론을 반영한다. 마지막으로 미국에서는 일반적이었지만 소련에서는 반드시 일반적이었다고 할 수 없는 군비 경쟁(군비증강과 그에 대한 대응이 반복되는)에 관한 기계적이고 비정치적인 관점을 소련에게도 적용하고 있는 것이다.[12)]

집단사고(Groupthink)란 정보기구의 조직적 특성 때문에 분석관 개인의 의견이나 판단이 허용되지 않고 조직의 집단적 사고에 의견을 맞추는 경향을 의미한다. 국가의 안보목표나 정치지도자 또는 정보기구 관리자의 특성에 따라 조직문화가 형성되기 쉬운 정보기구에서 하나의 방향으로만 나아가는 획일화된 집단적 사고의 문화가 지배할 경우 분석관 개인이 올바른 판단을 하더라도 조식의 최종산물에 반영되는 데는 한계가 있을 수밖에 없다. 이렇게 되면 분석관의 상상력 감소를 가져오며 불신과 상하관계 혹은 동료 간에도 원활한 의사소통을 방해하는 결과를 초래함으로써 정보오판의 원인으로 작용할 수 있다.

냉전 당시 미국 정보기구의 분석관들이 소련에 대해 대체로 강경한 입장을 견지하였다. 이는 일종의 집단사고로서 온건한 입장을 가지면 동료에게서 왕따를 당할 수 있을 정도로 미국 관료집단이 반공 이데올로기에 압도되어 있는 집단적인 분위기 때문이었다.[13)] 집단사고의 구체적인 사례로는 1961년 미국에서 쿠바의 피그만(The Bay of Pigs)을 침공하였으나 실패한 사건에서 찾아볼 수 있다. 당시 CIA는 쿠바 카스트로 정권을 전복시키기 위해 미국으로 망명한 쿠바 사람 1,500여명을 훈련시켜 피그만을 침공하였지만 미국 공군의 막판 지원 부족 등으로 실패함에 따라 1백여명이 숨지고 1천여명은 체포되었으며 카스트로와 미국 간의 대립이 본격화되는 계기가 되었다. 이 공격은 무리한 작전이었음에도 불구하고 집단적 분위기에 압도되어 아무도 반대의견을 표명하지 못한 것으로 알려져 있다.

다. 조직체제 및 운영상의 결함

정보 및 정책부처 조직의 구조나 보고과정 그리고 협력절차 등이 원만하지 않아 정보실패를 야기하는 경우도 많이 발생한다. 이러한 현상은 특정 정보조직 내부나 정보조직 사이 또는 정보조직과 일반 행정조직 간에 일어난다.

먼저 개별 정보조직 차원에서 보면, 구성원들이 가져야 하는 공동운명체적 사명감의 결여는 내부 조직원 간에 팀워크(team work)를 저해하고 상호간의 불신을 조성하는 요인으로 작용하여 분석된 정보의 외부유출은 물론 적국 정보기구에 매수되는 등 보안사고로 이어진다. 그리고 정보조직은 차단의 원칙에 따라 타부서와의 정보교류가 기본적으로는 소극적이다. 그러나 오늘날 세계화, 정보화 현상은 정보목표와 대상을 복잡하게 만드는 분석환경을 조성하고 있기 때문에 정보조직 내에서도 관련 부서 간에는 긴밀한 소통과 협조를 통해 사각지대를 해소하고 종합적으로 판단할 여건을 조성함으로써 정제된 정보생산이 이루어지도록 해야겠다. 또한 안보문제를 다루는 정보기구의 특성으로 인해 조직체제가 보수적인 측면에 머무르는 경우가 많아 돌발적인 현안이나 미래지향적 예측 판단에 제한점으로 작용할 수 있다. 복잡한 정보현안에 신속하게 대응할 수 있는 탄력적인 정보조직 체계를 가지는 것이 필요하다.

그리고 정보기구 사이에 정보공유가 제대로 이루어지지 않아 올바른 판단 도출에 실패하는 사례도 적지 않다. 미국이 일본의 진주만 기습공격에 대해 정보실패를 한 것은 당시 여섯 분야로 세분화된 미국의 정보기구가 정보공유를 하지 않았던 것이 큰 이유였다.

이러한 문제점에 따라 1947년 중앙정보기구인 CIA를 창설하였지만 2001년 정보조직 간의 정보공유가 잘 되지 못한 것이 결정적인 이유가 되어 9 · 11테러가 발생함으로써 다시 엄청난 인적 · 물적 피해를 가져왔다. 미국 의회의 9 · 11진상조사위원회가 작성한 최종보고서(National Commission on Terrorist

Attacks Upon the United States, the 9/11 Commission Report)에 따르면 미국 정부는 정보통합관리의 실패로 9 · 11테러를 무산시킬 수 있었던 10번의 기회를 놓친 것으로 평가하고 있다.

이 보고서에서는 미국 NSA가 2000년 1월 테러범들이 사전에 항로를 답사하기 위해 쿠알라룸푸르를 방문한 테러분자 3명의 통화를 감청하여 문제인물이라는 사실을 알았지만 CIA 등 대테러 유관기관에 이를 전파하지 않은 것으로 나타났다. 그리고 CIA는 같은 해 3월 태국 당국으로부터 테러범 중 1명이 LA행 UA편에 탑승했다는 정보를 입수하고도 이를 FBI와 공유하지 않음으로써 이들의 미국 내 행동을 사전에 포착할 중요한 기회를 상실한 것으로 드러났다. 그리고 FBI 본부는 미니에폴리스 지부에서 체포한 이슬람인 비행 훈련생을 CIA의 알 카에다 관련 정보와 연계시키지 않고 단순히 추방시키는 조치만 취함으로써 용의자 심문을 통해 얻을 수 있는 중요한 단서를 놓치게 된 것으로 파악되었다. 요컨대, 미국 내 CIA, FBI, 국무부, 군, 국토안보 관련부처 등 관련 조직들 간에 통합된 정보 공유체세가 부재하여 9 · 11테러를 막지 못하였다고 지적되었다.14)

마지막으로 정보기구를 포함한 정부 각 부처 사이에도 긴밀한 협조관계가 유지되지 않으면 정보실패로 이어질 수 있다. 정부 부처 간의 경쟁과 지나친 부처이기주의로 인한 정보 왜곡은 과거부터 지속되어온 문제이다. 이들이 보이지 않은 경쟁의식과 부처이기주의에 매달리다 보면 정보공유에 소극적이 되면서 국가전반의 정보분석 능력은 떨어지게 되어 결국 정보실패를 초래한다. 관료조직 간에는 실질적인 견해나 차이가 있을 수 있으나 이 갭을 줄이기 위해 충분한 교류를 할 수 있도록 시스템을 구축하여야 한다.

라. 정보의 정치화(Politicization of Intelligence)

정보의 정치화(Politicization of Intelligence)란 정보기구의 정보판단을 증거에 관계없이 정보사용자가 좋아하는 사고에 부합하도록 의도적으로 왜곡하거나 악용되게 하는 것을 의미한다. 정보의 정치화 사례는 정보가 사용자와 밀접한 관계를 가지고 있기 때문에 과거에도 그러하였고 앞으로도 지속될 가능성이 높다.

정보의 정치화는 정보실패의 주요원인이 되고 있다는 점에서 이를 정보와 정책담당자 중 누가 주도적으로 시도했는가에 따라 정보실패와 그에 따라 발생하는 정책실패의 책임을 떠안아야 하기 때문에 매우 민감한 문제가 된다. 정보의 정치화가 발생하는 원인별 유형은 그 책임이 정보와 정책 중 어느 부분에 더 있는가를 기준으로 하여 다음과 같이 세 가지로 구분할 수 있다.[15)]

첫째, 정책담당자에 의한 정보왜곡과 오용의 문제이다. 정책담당자가 정보를 조작하도록 구체적인 지시를 내리는 경우는 적고, 정보생산자가 심리적 압박감을 느낄 수 있는 환경을 조성하는 방식으로 정보의 정치화를 시도한다. 정책담당자가 자신의 관심을 적극적으로 나타내거나 자신의 개인적인 기호에 맞는 정보만을 선호하는 태도를 보임으로써 정보생산자가 관련정보를 제시하도록 하는 압력을 행사하는 형태이다. 이러한 정보사용자의 태도는 새로운 정보로 위험을 파악하거나 정책을 최종 결정하는데 활용하는 것이 아니라 특정한 정책을 정당화하는 증거를 찾기 위한 방편으로 활용하는 경우가 많다.

둘째, 정보분석관이 정보정치화의 원인이 되는 경우이다. 정보분석관은 정보소비자의 의중을 반영하여 정보 보고서에 대한 관심을 유도하거나 개인적인 특혜를 기대하면서 정보의 정치화를 초래한다. 정보생산자는 자신의 정보 보고서에 대해 정보사용자가 주의를 기울이도록 그들이 필요로 하는 정보를 담으려고 노력을 한다. 관련 이슈에 대해 간결하고 명료한 분석이 가능한 상황에서 조차도 애매하게 작성하는 사례가 있고, 반대로 불확실성이 매우 높은 이슈를 판단하면서 확실하고 단정적인 표현으로 분석보고서를 작성하기도 한다.

셋째, 정보관리자(Intelligence Manager)도 정보정치화의 요인이 될 수 있다. 정보관리자가 정보생산자와 정보소비자의 중간에서 자신의 판단으로 정책담당자의 선호에 맞게 정보생산물을 변형하고 수정하는 것이다. 정보의 정확성과 객관성을 추구하는 방향과 정보의 효용성과 필요성을 높이려는 시도가 명확히 구분되는 것은 아니지만, 정보가 정책에 활용되기 위해서 정보소비자의 관심과 의중을 이해해야 한다. 정보분석관들의 보고서를 검토하는 과정에서 정보관리자는 최종보고서를 작성하는데 일관적인 태도를 견지하지 않음으로써 정보의 정치화를 초래한다. 정보관리자는 정보소비자의 의도를 벗어나지 않는 정보 보고서에 대해 비교적 신속하고 원활하게 합의를 유도하고 승인하지만, 그렇지 못한 보고서는 더 많은 검증과 보완을 요구하는 까다로운 검토과정을 밟도록 요구한다. 이러한 방법을 통하여 정보관리자는 정보분석 보고서가 정책의 선호도에 부합하도록 일선 정보분석관들의 협력과 정보 보고서의 최종승인을 통제하는 것이다.

정보실패의 대표적인 사례로는 미국의 이라크 침공을 들 수 있다. 미국은 이라크가 대량살상무기를 가졌다는 미국 정보공동체의 정보를 토대로 이라크 전쟁을 단행하였지만 실제는 정보의 정치화에 따른 정보왜곡이었다는 증거들이 나타나고 있다.

부시행정부는 이라크의 대량살상무기에 관한 정보공동체의 판단에 관계없이 이라크 공격을 이미 결정해 놓고 있었다. 하지만 이라크 침공을 두고 미국 의회가 지지 여부를 결정하기 직전에 정보공동체는 2002년 10월 '대량살상무기를 위한 이라크의 지속적인 프로그램'의 내용이 포함된 '국가정보평가서(NIE)'를 통해 이라크의 대량살상무기가 미국의 안보에 매우 긴급한 위협이 되고 있다는 내용을 공개하였다. 의회와 국민여론으로 하여금 부시행정부의 결정을 지지하는 영향을 준 것이다.

그러나 '영미안보정보위원회(British American Security Information Council)'는 미국이 이라크를 공격할 당시에는 대량살상무기가 없었다는 사실을 단정하는 보고서를 작성하였으며,[16] 이라크의 대량살상무기 개발 의혹을 조사해왔던 이라크 서베이그룹(ISG)은 2004년 10월 6일 미 의회 제출 보고서에서 이라크의 대량살상무기 프로그램은 1991년 걸프전 직후 폐기되었으며, 미국이 공격할 당시 이라크에는 생화학무기도 없었고 핵무기 프로그램 재건도 추구하지 않았다고 밝히는[17] 등 미국의 정보공동체가 부시행정부의 정책적 시각을 뒷받침하고 정책담당자의 기대에 충실하기 위하여 정보를 왜곡한 것으로 분석되고 있다.

마. 정보의 접근성과 배포의 문제

정보는 수집과 분석 그리고 배포라는 순환체제에 따라 정보공동체 또는 정보공동체와 정책부서 간에 첩보와 정보가 교류되면서 정보의 생산과 사용이 지속된다. 그러나 이 과정 속에서 필요한 시기에 필요한 곳에서 활용될 수 없다거나, 생산된 정보가 사용자에게 시간이 지체되어 전달되거나, 적절한 사용자에게 배포되지 못하면 정보실패가 발생할 수밖에 없다.

먼저 정보공동체 내에서 살펴보면,[18] 일반적으로 정보를 수집하고 분석하는 정보기구들의 규모가 적지 않은 점을 고려해 볼 때 어떤 분석관은 필요로 하는 정보를 가지고 있는 특정부서의 정보를 이용하지 못하는 상황도 발생하여 정보실패를 초래하는 원인이 될 가능성이 있다. 예를 들면, 각 정보기구들은 보안 관련 규정들을 만들어 민감한 정보에 대해 유포를 제한할 수 있고, 특정 정보를 필요로 하는 부서에서 그 정보를 보유하고 있는 부서를 단순히 인지하지 못하고 있을 수도 있다. 그리고 정보공동체의 각 정보기구들은 관료적인 경쟁심과 권력 투쟁으로 인해 자신들이 보유한 정보를 통제하여 권한을 확대하고 존재를 부각시키는 일종의 무기로 사용하면서 정보를 왜곡하거나 오판하는 원인으로 작용한다.

실제 사례를 들어보면, 1998년에 구성된 '대미국 탄도미사일 위협 평가위원회(the 1998 Commission to Assess the Ballistic Missile Threat to the United States)'의 의장을 맡고 있던 럼스펠드(D. Rumsfeld)는 과거 국가정보 보고서가 미국에 대한 탄도미사일의 위험을 과소평가한 이유들 중의 하나는 그 평가서를 작성한 분석관들이 여러 국가에서 이루어진 탄도미사일과 관련된 기술의 이전에 관한 정보에 접근할 수 없었기 때문이라고 주장했다. 즉 특정 국가가 미국에 도달할 수 있는 탄도미사일을 개발하는 데 걸리는 시간은 그 국가가 외국의 기술이전

없이 내부적으로 기술을 발전시키는 데 필요한 시간에 기초하여 평가한 것이었다. 그러나 럼스펠드가 이끈 위원회의 경우 기술이전과 관련된 정보에 접근할 수 있었기 때문에 몇몇 국가들의 경우 미국에 위협을 줄 수 있는 탄도미사일을 훨씬 더 빨리 개발할 수 있을 것이라고 결론지었다.[19]

한편, 객관적이고 정확한 정보판단이 이루어졌음에도 불구하고 필요한 부처에 정보배포가 지체되어 대응에 차질을 빚는 경우도 있다. 몇 가지 사례를 보면, 이미 설명한 것처럼 일본의 진주만 기습은 정보분석상의 문제보다는 배포과정에서 발생한 실수가 결정적인 정보실패를 가져온 것으로 지적된다. 그리고 영국이 히틀러 정권 초기에 독일의 재무장을 파악하는데 실패한 것은 당시 산업정보센터(Industrial Intelligence Centre)에서 재무장과 관련된 보고서를 적시에 대응부처에 배포하지 못한데서 비롯된 것으로 조사되었다.[20] 또한, 영국정보기구의 실패에 관한 조사에 따르면, 아르헨티나가 1982년 4월 2일 자국과 가까이에 위치한 영국령인 포클랜드(Falklands) 섬을 침공하여 짧은 기간 동안 점령한 것은 정보기구가 1982년 초 아르헨티나의 포클랜드 섬에 대한 영유권을 주장하는 태도가 점차 강경해지고 있다는 정보 보고서를 작성하였으나 정책부서인 영국 내각사무처(Cabinet Office)에 배포되지 않았으며, 그 결과 포클랜드에서 위협이 고조되는 상황을 파악하는데 실패했던 것으로 밝혀졌다.[21]

제3절 정보기구의 정보 실패와 성공

미국의 이라크 침공이나 9 · 11테러 사건의 실책을 논의할 때는 정보기구의 정보실패가 주요한 요소 중의 하나로 지목되는 사례가 많다. 그러나 국가안보를 유지하고 국가이익 증진에 중추적 역할을 담당하고 있는 정보기구에 대한 정보실패 평가는 여타 부처의 실책과는 다른 측면에서 고려해야 할 부분이 있다. 물론 정보기구의 실패도 냉철한 비판을 받아야 하지만 보안기관이기 때문에 말하지 못하는 사정이 있을 수도 있는데다 앞에서도 설명한 것과 같이 정보실패가 정보기구의 오판에 의해 발생한 경우도 있지만 많은 경우 그 정보를 사용하는 정책부서나 정책담당자의 영향도 적지 않았기 때문이다.

언론매체와 대중들은 성공보다는 실패에 더 많은 관심을 가지는 것이 일반적이다. 이에 따라 정보활동의 내용은 무덤까지 가져가야 한다는 신념으로 일하는 정보기구와 그 구성원들은 성공한 사례는 덮어지는 반면에 실패한 사례는 외부에 공개되어 언론에 부각 보도되고 정보기구 내·외부의 조사까지 진행되면서 상처를 더 크게 받는 것이 보통이다.

따라서 정보기구의 정보실패 문제에 대해서는 성공과 실패를 명확하게 이분법적으로 나누어 판단하기가 어렵다는 점, 보안기관이라는 정보기구의 특성, 정보소비자인 정책담당자와의 필연적인 연계성 속에서 발생한다는 점 그리고 미래 예측에는 어느 정도의 한계점도 있다는 것을 고려하여 다음과 같이 판단하는 것이 합리적이다.

첫째, 정보활동이나 정책집행으로 나타난 같은 결과를 두고 보는 시각에 따라 성공으로 볼 수도 있고 실패로 평가할 수도 있다. Betts가 이야기한 것처럼 유리병에 물이 반쯤 차 있을 때 이를 두고 보는 관점에 따라 반이나 찼다고 볼 수도 있는 반면에 반밖에 없다고 생각할 수도 있는[22] 것이다. 이러한 관점에서 보면, 미국측에서 정보의 성공사례로 빈번히 소개되는 쿠바 위기는 부분적으로는 정보실패였다. 그 이유는 미국의 정보기구가 쿠바 위기 전에는 소련의 지대지 미사일이 쿠바에 배치될 가능성은 낮은 것으로 평가하였기 때문이다.[23] 그러나 1962년 10월 14일 미국의 첩보기 록히드 U-2에 의해 쿠바에서 건설 중이던 소련 미사일 기지의 사진과 건설현장으로 부품을 운반하던 선박의 사진이 촬영되면서 쿠바 내 미사일 기지가 구축되고 있다는 사실을 알게 되었고 이를 바탕으로 한 케네디 대통령의 강경한 정책구사로 기지 건설을 무산시켰다.

둘째, 비밀활동을 하는 정보기구의 특성상 성공한 사례는 공개되지 않기 때문에 가끔씩 발생하는 정보실패가 그 정보기구의 전체인 것처럼 보이게 됨에 따라 외부의 비난이 더욱 가혹하게 이루어지며, 위험한 상황을 피하는데 정보활동이 크게 기여를 하였지만 일단 위기상황이 지나가고 나면 그 기여사실은 쉽게 잊혀진다는 점이 고려되어야 한다. 예를 들면, 1990년 걸프전 즉 이라크가 쿠웨이트를 침공한 사실에 대해 정보기구의 경보실패를 지적하고 있지만, 1961년 영국의 정보기구가 이라크의 쿠웨이트 침공계획을 사전에 파악하고 선제공격을 통해 사태를 성공적으로 마무리했던 사례는 기억하는 사람이 거의 없다.[24]

셋째, 정보실패가 정보기구의 외적인 요인에 의해 발생하는 경우도 많기 때문에 정보기구에 대한 비난은 조금 다른 시각에서 볼 수 있다. 정보판단은 제대로 하였지만 사용자에게 배포하는 과정에서 배포수단의 결함이나 전달자의 실수에 의해 지연 도착되거나 부적절한 사용자에게 전달될 수 있는 것이다. 예를 들면, 이미 살펴본 것과 같이 일본의 진주만 기습을 사전에 충분히 대처하지 못한 것은 지휘통제 시스템에서 문제가 있었다. 그리고 정보기구에서 좋은 정보를 제공하였지만 정책결정권자가 정보기구의 경고를 중요하지 않은 것으로 생각하고 무시하거나 자신이 정한 정책방향과 합치되지 않는다며 의도적으로 결정을 지연시키는 경우도 있다.

예를 들면, 미국이 많은 인적·물적 희생에도 불구하고 패전으로 막을 내린 베트남전은 미국의 존슨(Lyndon Baines Johnson) 정부가 CIA의 평가를 무시하고 깊게 빠져들게 되어 발생한 것이며, 소련의 스탈린이 1941년 독일의 침공으로 전쟁 초기에 어려움을 겪은 것은 독일이 소련을 침공할 징후가 많다는 정보기구의 여러 차례에 걸친 경보에도 독재자인 스탈린이 무시한 결과에서 비롯되었다.[25]

끝으로 정보기구는 신뢰성 있는 첩보와 과학적인 분석기법 및 논리적 추론을 통해 미래를 예측하려고 한다. 그러나 Betts가 정보실패는 피하기 어려운 것이며 자연스러운 것이라고 주장하고,[26] Jervis가 세상의 현상을 이해하는 데는 장애요소가 너무 많아 종종 부정확한 판단을 내린다고 언급[27]한 것처럼 현재 시점에서 장래를 바라보는 것은 쉽지 않은 일로써 정책결정자는 물론 국민들도 정보실패의 위험부담을 어느 정도는 이해할 필요가 있다.

이와 같이 정보기구의 정보실패 여부는 비밀조직이 가지는 특징과 정보의 배포과정에서 발생할 수 있는 문제점 그리고 정책담당자와의 연계성 등을 종합적으로 고려하여 판단하는 것이 바람직하다. 특히 정보기구의 성공사례는 수십 년이 지나거나 영원히 알지 못할 수도 있다는 점을 가지고 정보기구 전체에 대한 평가가 있어야 할 것이다.

제4절 해결방안

대표적인 정보실패 사례로 지목되고 있는 9·11테러와 미국의 이라크 침공에서 발생한 피해 정도를 살펴보면 엄청난 규모이다. 미국은 2001년 발생한 9·11테러로 인해 3,052명의 사망자와 약 9백 50억 달러의 재산피해를 가져왔으며,[28] 2003년 이후 7년간의 이라크전을 치루는 동안 4,400명의 미국인이 목숨을 잃었고, 7,480억 달러의 전쟁비용이 소모되었다. 미군 사망자를 뺀 이라크인 사망자 수는 최소 10만 명에서 최대 200만 명까지 거론되고 있다.

그리고 USA투데이가 실시한 여론조사에 따르면, '이라크 현 상황을 고려해볼 때 전쟁이 필요했다고 생각하느냐'는 질문에 조사 대상자의 60%가 '아니다'라고 대답했으며, '미국이 테러로부터 더 안전해졌다고 생각지 않는다'와 '중동지역의 정치적 상황이 더 안정되었다고 생각하지는 않는다'라는 응답도 비슷한 것으로 나타났다. 결국, 이라크전은 '이라크엔 혼란, 미국엔 상처만 안겨준 전쟁'으로 평가하는 경우가 적지 않은 것이다.[29]

이와 같이 정보의 실패는 국가안보와 국가이익에 치명적인 결과를 초래하기 때문에 다음과 같이 정보능력의 향상과 조직운영의 개선 등을 통하여 정보실패가 발생하지 않거나 최소화되도록 노력하는 것이 필요하다.

첫째, 첩보수집 및 정보분석 능력을 제고하도록 하여야 한다. 먼저, 첩보수집을 하는 정보관은 적국 또는 범죄조직, 테러조직 등 대상목표에 대한 분석능력이 필요하며, 특히 대상목표에 접근할 수 있는 정보원의 획득이 무엇보다 중요하다. 이와 같은 능력은 대상목표에 대한 충분한 지식과 경험이 전제되어야만 가능하기 때문에 선진 정보기구나 테러가 발생하고 있는 예멘, 이라크, 아프가니스탄과 같은 정보활동 현장에서 실습이 포함된 양질의 교육과 훈련이 필요하다. 또한 인간정보(HUMINT)만으로는 한계가 있을 수밖에 없기 때문에 첩보위성을 이용한 통신감청과 영상자료 확보 등 기술정보(TECHINT)와 이미 공개된 수많은 정보 중에서 옥석을 구분하여 활용하는 공개정보(OSINT)로 보완하는 방법이 강구되어야 한다.

그리고 고도의 인간정보와 기술정보 방법을 통해 좋은 정보가 수집되더라도 최종적인 판단은 분석관의 몫이다. 정보의 객관성과 정확성을 향상시키기 위해 분석관의 자질이 높아야 하는 이유이다. 천재적인 분석관은 태어나는 것이 아니라 만들어지는 것이라고 이야기한 Walter Laqueur는 정보분석관의 능력을 향상시킬 수 있는 확실한 방법은 그 분야에 유능한 전문인력을 채용하고 이들을 잘 훈련시키는 것이라고 주장한다.[30] 따라서 정보대상에 대한 충분한 지식을 토대로 과학적인 분석기법을 활용할 줄 아는 유능한 분석관을 만들기 위해서는 현장 연수 및 출장, 실습 그리고 분석기법 교육 등 분석관의 자질을 향상시킬 수 있는 교육을 체계적이고도 꾸준하게 시행하여야 한다.

둘째, 정보를 생산하고 정보를 사용하는 조직의 체계 및 운영방안을 개선하는 것이다. 우선 정보기구 내부적으로 정보판단을 하는 개개 분석관들이 창의성, 객관성, 정확성 그리고 도전성 등의 가치관을 가질 수 있도록 교육 받을 수 있는 시스템을 마련하며, 분석관과 정보관리자가 함께 수시 및 정기 토론회 등을 통해 소통하고 지원하는 분위기를 조성함으로써 조직의 사기를 높이는 한편, 정보관리자에게는 리더십을 높일 수 있는 교육기회를 제공하여 조직 구성원 모두가 공동운명체적 사명감을 가지도록 리드하는 지식과 기술을 습득할 수 있도록 해야겠다.

그리고 국가정보원, 경찰, 기무사령부, 정보사령부 등 각 정보기구들의 정보가 통합되어 객관적이고 정확한 정보가 적시성 있게 생산될 수 있는 체제를 다음과 같이 갖추어 개선해 나가는 방안을 고려하여야 한다.[31] 우리나라에서는 국정원이 「정보및보안업무기획 · 조정규정」(대통령령 제25751호)에 따라 각급 정보기구의 업무를 조정하도록 되어 있으나 입법상 미비로 유명무실한 상태이다. 즉 1994년 안기부법 개정으로 정보조정협의회가 폐지(제13조)된 이후 국정원의 기획 · 조정권은 각 부문 정보기구들의 자발적인 협조가 없을 경우 그 행사가 사실상 어려운데다[32] 조정대상 정보기구들 간의 관료적 경합과 대립으로 정보기구 간 정보교류가 잘 이루어지지 않고 있다.[33]

따라서 국가정보원법을 개정해 폐지된 정보조정협의회를 부활한 후 각급 정보기구의 기획 · 조정에 필요한 시행규칙을 제정하고 국정원 내에 부문 정보기구들을 실질적으로 조정 · 통제할 조직을 설치하여야 할 것이다. 정권안보 및 인권침해 우려가 없지 않으나 언론과 시민단체의 감시활동이 자유로운데다 대통령 직선제 이후 이러한 문제는 현저히 줄어들고 있어 외부통제가 강화된다면 실보다 득이 많을 것으로 보인다.

또한 정보기구와 정책부처는 경쟁의식과 부처이기주의보다는 국가안보와 국익이라는 목표아래 긴밀한 협조관계를 유지하여야 한다. 국가지도자의 관심 속에 정보기구의 장과 정책부서의 장, 정보분석관과 정책담당자 그리고 정책부서의 장과 정보분석관이 정기 또는 수시로 회의나 브리핑, 교육기회 등을 통해 상호 이해를 높여나가는 한편 협조관계를 만들어 나가는 계기로 활용하여야 한다.

셋째, 정보의 정치화를 방지하기 위하여 정보분석관, 정보관리자 그리고 정보사용자의 역할인식과 제도적 뒷받침이 필요하다. 정보생산과 정보활용과정에서 정보분석관은 객관적이고 정확한 정보를 생산하고, 정보관리자는 그 정보의 효용성과 필요성을 높여야 하며, 정책결정자는 이 정제된 정보를 국가안보와 국가이익을 위해 활용하여 최고의 정책결과를 만들어 내도록 하는 것이 기본 역할이다.

이러한 역할인식을 토대로 분석관은 정책결정자의 의중을 반영하여 자신의 보고서에 대해 관심을 유도하거나 개인적인 이득을 고려하지 않고 정보의 객관성을 유지하기 위해 노력하여야 한다. 그러나 객관성을 지나치게 강조한 나머지 정책과는 무관한 순수 이론적 지식을 생산하게 된다면 현실성이 떨어져 분석관이 아닌 학자의 위치에 있게 될 수도 있다. 따라서 분석관들은 국가에서 추구하고 있는 정책을 고려하면서 판단하는 것이 바람직하며, 이와 같은 정책봉사에 대해 국민들의 비난도 자제되어야 하지만 분석관에게는 신분보장과 자율적인 의사결정 분위기를 조성하여 이들이 비난에 대해 두려워하는 환경을 제거하여야 한다.

정책공동체의 구성원인 정책담당자와 정보공동체의 구성원인 분석관은 정보의 생산과 사용이라는 측면에서 보면 수직적인 관계에 가까워 보인다. 정책담당자가 정보 보고서 회피 등의 방법을 동원하여 자신의 기호에 맞도록 정보를 생산하라는 무언의 압력을 행사한다면 분석관의 정보객관성을 보장하기 어렵다. 따라서 정책담당자는 분석관에게 보이지 않는 압박으로 특정한 정책을 정당화하는 정보를 만들게 할 것이 아니라 신선한 정책의제를 선택하고 정책집행과정에서 오류를 찾아내는 귀중한 정보가 되도록 관심과 여건을 만들어나가야 한다.

특히, 정책담당자와 정보생산자의 상호 신뢰관계는 정보의 정치화 현상을 극복하는데 큰 요인이 될 수 있다.[34] 이를 위해 우선 정책부서 고위급 인사들에게 정보정치화 현상의 위험성을 교육하는 방안이 있다. 그 교육은 정보기구 산하 연구기관에서 전문적인 브리핑팀을 구성하여 시행할 수 있을 것이다.[35] 다음으로 정보기구 고위급 인사들을 정책부서 직위에 단기 보임함으로써 정책과정에 대한 이해를 증진시키는 동시에 정보가 정책적 적실성을 가져야 함을 깨닫게 하는 방안이다.

이와 관련하여 CIA 분석관 출신으로 부장대리까지 역임한 John McLaughlin은 자신이 1980년대 잠시 국무부 유럽국에 근무하면서 정책부서에서 CIA 보고서를 어떻게 활용하는지를 현장에서 경험하면서 정보의 정책적 맥락에 대해 깊이 이해하게 되었다고 밝히고 있다. 그는 한걸음 더 나아가 정책결정자가 정보의 세계를 이해하는 것 이상으로 분석관들은 정책결정자의 세계를 더 잘 이해해야 한다고 주장했다. 정보기구는 Betts가 지적했듯이 저항요소뿐만 아니라 정책결정자도 정보의 적이 될 수 있다는 위험성을 인식하고 정책결정자들과 상호이해와 존중의 문화를 조성하려는 노력을 기울여야 한다.

그리고 분석관이 작성한 정보판단서 검토 권한과 배포 승인권을 가진 정보관리자 역시 국가이익과 국가안보를 최고의 판단기준으로 두고 정보소비자의 의도에 맞추기보다는 분석관들에게 판단기준을 제시하면서 정책의 추진방향도 설명하는 동시에 정책결정자에게는 분석관의 순수한 판단내용이 정책결정에 잘 이용될 수 있도록 도와주고 보완해 주는 역할을 하는 것이 바람직하다.

정보의 정치화를 방지하기 위한 제도적 방안으로 정보실명제와 정보공개제도를 적극 시행하는 것도 좋은 방안이다. 정보실명제는 정보분석관이나 분석관의 보고서를 검토한 관리자의 성명을 보고서에 남기게 함으로써 내부적으로 객관적인 판단을 하도록 유도하는 한편, 특정 정보 보고서가 30년 후 등 일정기간이 경과한 후에는 일반에 공개하도록 제도화함으로써 그 정보를 활용한 당시 정책결정자의 정당성 여부를 판단할 수 있는 자료를 국민에게 제공하는 동시에 분석관이나 관리자 역시 객관성 유지를 위해 얼마나 노력했는지를 정부정책의 최종 판단자인 국민에게 맡기는 것이다.

마지막으로 정보조직 또는 정보공동체 내에서 필요한 첩보나 정보를 그 구성원이 정보분석에 필요하면 언제나 찾아서 볼 수 있는 시스템을 마련해야 하며, 완성된 정보는 적절한 사람에게 적시에 배포될 수 있는 시스템을 구축하여야 한다. 정보접근인가증 제도를 도입하여 그 인가증을 소유한 분석관들은 정보공동체가 가지고 있는 정보를 언제나 찾아볼 수 있도록 조치함으로써 생산되는 정보의 정확성과 객관성을 높이는데 활용토록 하는 한편, 외부로 정보유출을 방지하기 위하여 시행하고 있는 보안규정이나 제도는 정보접근인가증 제도의 도입취지를 살리는 차원에서 개선해야 한다. 다만, 정보공동체 구성원들에게 정보접근성을 높이되 사적 이익이나 불순한 의도를 가지고 몰래 유출하는 사례를 방지하기 위하여 보안위반자는 엄하게 처벌할 수 있는 방안을 강구해야 한다. 특히, 구성원을 대상으로 보안교육을 수시로 실시하는 동시에 정보가 외부로 유출되는 것을 방지하기 위해 외부반출 비인가 문서를 판독할 수 있는 검색대를 출입통로에 배치하는 등의 기계적인 보안장치의 마련도 함께 고려되어야 할 것이다.

1) Shulsky, A. N. & Schmitt, G. J., op. cit, 63.
2) Laqueur, W. (1985), *A World of Secrets : The Uses and Limits of Intelligence.* New York : Basic Books, Inc., 255-271.
3) Kam, E. (1988), *Surprise Attack : The Victim's Perspective.* Cambridge : Harvard Univ. Press, 3-4.
4) Ernest Volkman. (2003), 「스파이의 역사1(작전편) : 20세기를 배후 조종한 세기의 첩보전들」(이창신 역), 서울 : 이마고, 293-312.
5) Levite, A. (1987), *Intelligence and Strategic Surprises.* New York : Columbia Univ. Press, 177.
6) Herman, M. (1996), *Intelligence and Power in Peace and War.* New York : Cambridge Univ. Press, 231.
7) Knorr, K. (1989), Avoiding Surprise in the 1980s. In Roy Godson (Eds.), *Intelligence Requirements for the 1980.* Lexington, MA : Lexington Books, 116.
8) http://www.gpo.gov/fdsys/pkg/GPO-911REPORT/pdf/GPO-911REPORT.pdf/검색일 : 2015. 1. 20.
9) Shulsky, A. N. and Schmitt, G. J., op. cit, 65-66.
10) Lowenthal, Mark M(1)., op. cit, 118.
11) Steury, D. (ed.). (1996), *Intentions and Capabilities : Estimates on Soviet Strategic Forces.* Washington, DC : Center for Study of Intelligence, CIA, 253-261.
12) Shulsky, A. N. and Schmitt, G. J., op. cit, 67-68.
13) Herman, M., op. cit, 247-248.
14) http://www.gpo.gov/fdsys/pkg/GPO-911REPORT/pdf/GPO-911REPORT.pdf/검색일 : 2015. 1. 20.
15) Pillar, Paul R. (2006), "Intelligence, Policy, and the War in Iraq". *Foreign Affairs, 85(2)* 22-24; 장노순. 전게논문, 95-97.
16) 이상현. (2004), "이라크 전쟁과 미국의 정보활동 : 정보실패의 교훈과 시사점", 「국가정보대학원 주최 국가정보포럼 발표문」, 5-6.
17) 전웅. (2005), "9 · 11테러 이라크 전쟁과 정보실패(Intelligence Failure)", 「국가전략」, 11(4), 6.
18) Shulsky, A. N. & Schmitt, G. J., op. cit, 65.
19) Schmitt, E. (1998), Panel Says the U.S. Faces Risk of a Surprise Missile Attack. *New York Times,* A24, July 16.
20) Wark, W. (1987), Intelligence Predictions and Strategic Surprise : Reflections on the British Experience in the 1930s. In K. G. Robertson (Eds.), *British and American Approaches to*

Intelligence, London : MacMillan Publishers, 91-100.

21) Herman, M., op. cit, 233.

22) Betts, Richard K. (1989), Surprise, Scholasticism, and Strategy : A Review of Ariel Levite's Intelligence and Strategic Surprises. *International Studies Quarterly, 33(3)*, 331.

23) Herman, M., op. cit, 225.

24) Herman, M. ibid.

25) Herman, M., op. cit, 226.

26) Betts, Richard. K. (1978), Analysis, War and Decisions : Why Intelligence Failures are Inevitable. *World Politics, 31(1),* 88.

27) Jervis, R., op. cit, 28.

28) 중앙일보. (2001), "최대 114조원 뉴욕시, 9 · 11피해액 집계", 9월 6일자.

29) Newsm.Com. (2010), '7년간의 이라크전쟁이 남긴 것' : 미국인 60% '필요 없는 전쟁' 민주 정권 수립 성과도 소수, 10월 1일자, http://www.newsm.com/news/articleView.html?idxno=2126/검색일 : 2015. 2. 3.

30) Laqueur, W. (1985), *A World of Secrets : The Uses and Limits of Intelligence.* New York : Basic Books, 308-319.

31) 정육상c. (2013), "국정원과 경찰의 조직개편 방향에 관한 연구 : 양 기관 유사업무조정을 중심으로", 「경찰학 논총」, 8(1), 111.

32) 기획 · 조정권을 행사하는데 필요한 협의체나 시행규칙 제정은 정보조정협의회의 의결사항으로 명시하고 있다(「정보및보안업무기획 · 조정규정」 제12조). 그러나 1994년 동 협의회 설치 근거인 「국가안전기획부법」 제13조(정보조정협의회 설치)가 일반 행정부처 업무에 관여하는 근거가 됨으로써 권력남용과 정권안보를 지원하는 원인이 되고 있다는 비판으로 폐지됨에 따라 위 협의체 및 시행규칙 제정은 불가능한 상태이다.

33) 전웅. (2008), "9 · 11이후 미국의 정보공동체 개혁", 「국방연구」, 5(2), 103.

34) 서동구. (2013), "정보실패 최소화를 위한 이론적 고찰," 「국가정보연구」, 6(2), 127-128.

35) McLaughlin, J. (2008), *Serving the National Policymaker. In George, R. G. and Bruce, J. B. (Eds.), Analyzing Intelligence.* Washington, DC : George Washington University Press, 75-80.

부록

국가정보원법

[시행 2014.12.30.] [법률 제12948호, 2014.12.30., 일부개정]

제1조(목적) 이 법은 국가정보원의 조직 및 직무범위와 국가안전보장 업무의 효율적인 수행을 위하여 필요한 사항을 규정함을 목적으로 한다.

[전문개정 2011.11.22.]

제2조(지위) 국가정보원(이하 "국정원"이라 한다)은 대통령 소속으로 두며, 대통령의 지시와 감독을 받는다.

[전문개정 2011.11.22.]

제3조(직무) ① 국정원은 다음 각 호의 직무를 수행한다.

1. 국외 정보 및 국내 보안정보[대공(對共), 대정부전복(對政府顚覆), 방첩(防諜), 대테러 및 국제범죄조직]의 수집·작성 및 배포
2. 국가 기밀에 속하는 문서·자재·시설 및 지역에 대한 보안 업무. 다만, 각급 기관에 대한 보안감사는 제외한다.
3. 「형법」 중 내란(內亂)의 죄, 외환(外患)의 죄, 「군형법」 중 반란의 죄, 암호 부정 사용의 죄, 「군사기밀 보호법」에 규정된 죄, 「국가보안법」에 규정된 죄에 대한 수사
4. 국정원 직원의 직무와 관련된 범죄에 대한 수사
5. 정보 및 보안 업무의 기획·조정

② 제1항제1호 및 제2호의 직무 수행을 위하여 필요한 사항과 같은 항 제5호에 따른 기획·조정의 범위와 대상 기관 및 절차 등에 관한 사항은 대통령령으로 정한다.

[전문개정 2011.11.22.]

제4조(조직) ① 국정원의 조직은 국가정보원장(이하 "원장"이라 한다)이 대통령의 승인

을 받아 정한다.

② 국정원은 직무 수행상 특히 필요한 경우에는 대통령의 승인을 받아 특별시 · 광역시 · 도 또는 특별자치도에 지부(支部)를 둘 수 있다.

[전문개정 2011.11.22.]

제5조(직원) ① 국정원에 원장 · 차장 및 기획조정실장과 그 밖에 필요한 직원을 둔다. 다만, 특히 필요한 경우에는 차장을 2명 이상 둘 수 있다.

② 직원의 정원은 예산의 범위에서 대통령의 승인을 받아 원장이 정한다.

[전문개정 2011.11.22.]

제6조(조직 등의 비공개) 국정원의 조직 · 소재지 및 정원은 국가안전보장을 위하여 필요한 경우에는 그 내용을 공개하지 아니할 수 있다.

[전문개정 2011.11.22.]

제7조(원장 · 차장 · 기획조정실장) ① 원장은 국회의 인사청문을 거쳐 대통령이 임명하며, 차장 및 기획조정실장은 원장의 제청으로 대통령이 임명한다.

② 원장은 정무직으로 하며, 국정원의 업무를 총괄하고 소속 직원을 지휘 · 감독한다.

③ 차장은 정무직으로 하고 원장을 보좌하며, 원장이 부득이한 사유로 직무를 수행할 수 없을 때에는 그 직무를 대행한다.

④ 기획조정실장은 별정직으로 하고 원장과 차장을 보좌하며, 위임된 사무를 처리한다.

⑤ 원장 · 차장 및 기획조정실장 외의 직원 인사에 관한 사항은 따로 법률로 정한다.

[전문개정 2011.11.22.]

제8조(겸직 금지) 원장 · 차장 및 기획조정실장은 다른 직(職)을 겸할 수 없다.

[전문개정 2011.11.22.]

제9조(정치 관여 금지) ① 원장 · 차장과 그 밖의 직원은 정당이나 정치단체에 가입하거나 정치활동에 관여하는 행위를 하여서는 아니 된다.

② 제1항에서 정치활동에 관여하는 행위란 다음 각 호의 어느 하나에 해당하는 행위를 말한다. 〈개정 2014.1.14.〉

1. 정당이나 정치단체의 결성 또는 가입을 지원하거나 방해하는 행위
2. 그 직위를 이용하여 특정 정당이나 특정 정치인에 대하여 지지 또는 반대 의견을 유포하거나, 그러한 여론을 조성할 목적으로 특정 정당이나 특정 정치인에 대하여 찬양하거나 비방하는 내용의 의견 또는 사실을 유포하는 행위
3. 특정 정당이나 특정 정치인을 위하여 기부금 모집을 지원하거나 방해하는 행위

또는 국가 · 지방자치단체 및 「공공기관의 운영에 관한 법률」에 따른 공공기관의 자금을 이용하거나 이용하게 하는 행위

4. 특정 정당이나 특정인의 선거운동을 하거나 선거 관련 대책회의에 관여하는 행위
5. 「정보통신망 이용촉진 및 정보보호 등에 관한 법률」에 따른 정보통신망을 이용한 제1호부터 제4호까지에 해당하는 행위
6. 소속 직원이나 다른 공무원에 대하여 제1호부터 제5호까지의 행위를 하도록 요구하거나 그 행위와 관련한 보상 또는 보복으로서 이익 또는 불이익을 주거나 이를 약속 또는 고지(告知)하는 행위

③ 직원은 원장, 차장과 그 밖의 다른 직원으로부터 제2항에 해당하는 행위의 집행을 지시 받은 경우 원장이 정한 절차에 따라 이의를 제기할 수 있으며, 시정되지 않을 경우 그 직무의 집행을 거부할 수 있다. 〈신설 2014.1.14.〉

④ 직원이 전항의 규정에 따라 이의제기 절차를 거친 후 시정되지 않을 경우, 오로지 공익을 목적으로 제2항에 해당하는 행위의 집행을 지시 받은 사실을 수사기관에 신고하는 경우 「국가정보원직원법」 제17조의 규정은 적용하지 아니한다. 〈신설 2014.1.14.〉

⑤ 누구든지 제4항의 신고자에게는 그 신고를 이유로 불이익조치(「공익신고자 보호법」 제2조제6호에 따른 불이익조치를 말한다)를 하여서는 아니 된다. 〈신설 2014.1.14.〉

[전문개정 2011.11.22.]

제10조(겸직 직원) ① 원장은 현역 군인 또는 필요한 공무원의 파견근무를 관계 기관의 장에게 요청할 수 있다.

② 겸직 직원의 원(原) 소속 기관의 장은 겸직 직원의 모든 신분상의 권익과 보수를 보장하여야 하며, 겸직 직원을 전보(轉補) 발령하려면 미리 원장의 동의를 받아야 한다.

③ 겸직 직원은 겸직 기간 중 원 소속 기관의 장의 지시 또는 감독을 받지 아니한다.

④ 겸직 직원의 정원은 관계 기관의 장과 협의하여 대통령의 승인을 받아 원장이 정한다.

[전문개정 2011.11.22.]

제11조(직권 남용의 금지) ① 원장 · 차장과 그 밖의 직원은 그 직권을 남용하여 법률에 따른 절차를 거치지 아니하고 사람을 체포 또는 감금하거나 다른 기관 · 단체 또는 사람으로 하여금 의무 없는 일을 하게 하거나 사람의 권리 행사를 방해하여

서는 아니 된다.

② 국정원 직원으로서 제16조에 따라 사법경찰관리(군사법경찰관리를 포함한다)의 직무를 수행하는 사람은 그 직무를 수행할 때에 다음 각 호의 규정을 포함하여 범죄수사에 관한 적법절차를 준수하여야 한다.

1. 「형사소송법」 제34조[피고인 · 피의자와의 접견 · 교통 · 수진(受診)]와 같은 법 제209조에 따라 수사에 준용되는 같은 법 제87조(구속의 통지), 제89조(구속된 피고인과의 접견 · 수진), 제90조(변호인의 의뢰)
2. 「군사법원법」 제63조(피고인 · 피의자와의 접견 등)와 같은 법 제232조의6에 따라 수사에 준용되는 같은 법 제127조(구속의 통지), 제129조(구속된 피고인과의 접견 등) 및 제130조(변호인의 의뢰)

[전문개정 2011.11.22.]

제12조(예산회계) ① 국정원은 「국가재정법」 제40조에 따른 독립기관으로 한다.

② 국정원은 세입, 세출예산을 요구할 때에 「국가재정법」 제21조의 구분에 따라 총액으로 기획재정부장관에게 제출하며, 그 산출내역과 같은 법 제34조에 따른 예산안의 첨부서류는 제출하지 아니할 수 있다. 〈개정 2014.1.14.〉

③ 국정원의 예산 중 미리 기획하거나 예견할 수 없는 비밀활동비는 총액으로 다른 기관의 예산에 계상할 수 있으며, 그 예산은 국회 정보위원회에서 심사한다. 〈개정 2014.1.14.〉

④ 국정원은 제2항 및 제3항에도 불구하고 국회 정보위원회에 국정원의 모든 예산(제3항에 따라 다른 기관에 계상된 예산을 포함한다)에 관하여 실질심사에 필요한 세부 자료를 제출하여야 한다. 〈개정 2014.1.14.〉

⑤ 국회 정보위원회는 국정원의 예산심의를 비공개로 하며, 국회 정보위원회의 위원은 국정원의 예산 내역을 공개하거나 누설하여서는 아니 된다.

[전문개정 2011.11.22.]

제13조(국회에서의 증언 등) ① 원장은 국회 예산결산 심사 및 안건 심사와 감사원의 감사가 있을 때에 성실하게 자료를 제출하고 답변하여야 한다. 다만, 국가의 안전보장에 중대한 영향을 미치는 국가 기밀 사항에 대하여는 그 사유를 밝히고 자료의 제출 또는 답변을 거부할 수 있다. 〈개정 2014.1.14.〉

② 원장은 제1항에도 불구하고 국회 정보위원회에서 자료의 제출, 증언 또는 답변을 요구받은 경우와 「국회에서의 증언 · 감정 등에 관한 법률」에 따라 자료의 제출 또는 증언을 요구받은 경우에는 군사 · 외교 · 대북관계의 국가 기밀에 관한 사항으로

서 그 발표로 인하여 국가 안위(安危)에 중대한 영향을 미치는 사항에 대하여는 그 사유를 밝히고 자료의 제출, 증언 또는 답변을 거부할 수 있다. 이 경우 국회 정보위원회 등은 그 의결로써 국무총리의 소명을 요구할 수 있으며, 소명을 요구받은 날부터 7일 이내에 국무총리의 소명이 없는 경우에는 자료의 제출, 증언 또는 답변을 거부할 수 없다.

③ 원장은 국가 기밀에 속하는 사항에 관한 자료와 증언 또는 답변에 대하여 이를 공개하지 아니할 것을 요청할 수 있다.

④ 이 법에서 "국가 기밀"이란 국가의 안전에 대한 중대한 불이익을 피하기 위하여 한정된 인원만이 알 수 있도록 허용되고 다른 국가 또는 집단에 대하여 비밀로 할 사실·물건 또는 지식으로서 국가 기밀로 분류된 사항만을 말한다.

[전문개정 2011.11.22.]

제14조(회계검사 및 직무감찰의 보고) 원장은 그 책임하에 소관 예산에 대한 회계검사와 직원의 직무 수행에 대한 감찰을 하고, 그 결과를 대통령과 국회 정보위원회에 보고하여야 한다.

[전문개정 2011.11.22.]

제15조(국가기관 등에 대한 협조 요청) 원장은 이 법에서 정하는 직무를 수행할 때 필요한 협조와 지원을 관계 국가기관 및 공공단체의 장에게 요청할 수 있다.

[전문개정 2011.11.22.]

제15조의2(직원의 업무수행) 직원은 다른 국가기관과 정당, 언론사 등의 민간을 대상으로, 법률과 내부규정에 위반한 파견·상시출입 등 방법을 통한 정보활동을 하여서는 아니 된다. 그 업무수행의 절차와 방식은 내부규정으로 정한다.

[본조신설 2014.1.14.]

제16조(사법경찰권) 국정원 직원으로서 원장이 지명하는 사람은 제3조제1항제3호 및 제4호에 규정된 죄에 관하여 「사법경찰관리의 직무를 수행할 자와 그 직무범위에 관한 법률」 및 「군사법원법」의 규정에 따라 사법경찰관리와 군사법경찰관리의 직무를 수행한다.

[전문개정 2011.11.22.]

제17조(무기의 사용) ① 원장은 직무를 수행하기 위하여 필요하다고 인정할 때에는 소속 직원에게 무기를 휴대하게 할 수 있다.

② 제1항의 무기 사용에 관하여는 「경찰관 직무집행법」 제10조의4를 준용한다. 〈개정 2014.5.20.〉

[전문개정 2011.11.22.]

제18조(정치 관여죄) ① 제9조제1항을 위반하여 정당이나 그 밖의 정치단체에 가입하거나 정치활동에 관여하는 행위를 한 사람은 7년 이하의 징역과 7년 이하의 자격정지에 처한다. 〈개정 2014.1.14.〉

② 제1항에 규정된 죄의 미수범은 처벌한다.

③ 제1항, 제2항에 규정된 죄에 대한 공소시효의 기간은 「형사소송법」 제249조제1항에도 불구하고 10년으로 한다. 〈신설 2014.1.14.〉

[전문개정 2011.11.22.]

제19조(직권남용죄) ① 제11조제1항을 위반하여 사람을 체포 또는 감금하거나 다른 기관·단체 또는 사람으로 하여금 의무 없는 일을 하게 하거나 사람의 권리 행사를 방해한 사람은 7년 이하의 징역과 7년 이하의 자격정지에 처한다.

② 제11조제2항을 위반하여 국정원 직원으로서 사법경찰관리(군사법경찰관리를 포함한다)의 직무를 수행하는 사람이 변호인의 피의자 접견·교통·수진, 구속의 통지, 변호인 아닌 자의 피의자 접견·수진, 변호인의 의뢰에 관한 「형사소송법」의 규정을 준수하지 아니하여 피의자, 변호인 또는 관계인의 권리를 침해한 사람은 1년 이하의 징역 또는 1천만원 이하의 벌금에 처한다. 〈개정 2014.12.30.〉

③ 제1항에 규정된 죄의 미수범은 처벌한다.

[전문개정 2011.11.22.]

부칙 〈제12948호, 2014.12.30.〉

이 법은 공포한 날부터 시행한다.

경찰관 직무집행법

[시행 2014.11.21.] [법률 제12844호, 2014.11.19., 타법개정]

제1조(목적) ① 이 법은 국민의 자유와 권리를 보호하고 사회공공의 질서를 유지하기 위한 경찰관(국가경찰공무원만 해당한다. 이하 같다)의 직무 수행에 필요한 사항을 규정함을 목적으로 한다.

② 이 법에 규정된 경찰관의 직권은 그 직무 수행에 필요한 최소한도에서 행사되어야 하며 남용되어서는 아니 된다.

[전문개정 2014.5.20.]

제2조(직무의 범위) 경찰관은 다음 각 호의 직무를 수행한다.

1. 국민의 생명·신체 및 재산의 보호
2. 범죄의 예방·진압 및 수사
3. 경비, 주요 인사(人士) 경호 및 대간첩·대테러 작전 수행
4. 치안정보의 수집·작성 및 배포
5. 교통 단속과 교통 위해(危害)의 방지
6. 외국 정부기관 및 국제기구와의 국제협력
7. 그 밖에 공공의 안녕과 질서 유지

[전문개정 2014.5.20.]

제3조(불심검문) ① 경찰관은 다음 각 호의 어느 하나에 해당하는 사람을 정지시켜 질문할 수 있다.

1. 수상한 행동이나 그 밖의 주위 사정을 합리적으로 판단하여 볼 때 어떠한 죄를 범하였거나 범하려 하고 있다고 의심할 만한 상당한 이유가 있는 사람
2. 이미 행하여진 범죄나 행하여지려고 하는 범죄행위에 관한 사실을 안다고 인정

되는 사람

② 경찰관은 제1항에 따라 같은 항 각 호의 사람을 정지시킨 장소에서 질문을 하는 것이 그 사람에게 불리하거나 교통에 방해가 된다고 인정될 때에는 질문을 하기 위하여 가까운 경찰서 · 지구대 · 파출소 또는 출장소(지방해양경비안전관서를 포함하며, 이하 "경찰관서"라 한다)로 동행할 것을 요구할 수 있다. 이 경우 동행을 요구받은 사람은 그 요구를 거절할 수 있다. 〈개정 2014.11.19.〉

③ 경찰관은 제1항 각 호의 어느 하나에 해당하는 사람에게 질문을 할 때에 그 사람이 흉기를 가지고 있는지를 조사할 수 있다.

④ 경찰관은 제1항이나 제2항에 따라 질문을 하거나 동행을 요구할 경우 자신의 신분을 표시하는 증표를 제시하면서 소속과 성명을 밝히고 질문이나 동행의 목적과 이유를 설명하여야 하며, 동행을 요구하는 경우에는 동행 장소를 밝혀야 한다.

⑤ 경찰관은 제2항에 따라 동행한 사람의 가족이나 친지 등에게 동행한 경찰관의 신분, 동행 장소, 동행 목적과 이유를 알리거나 본인으로 하여금 즉시 연락할 수 있는 기회를 주어야 하며, 변호인의 도움을 받을 권리가 있음을 알려야 한다.

⑥ 경찰관은 제2항에 따라 동행한 사람을 6시간을 초과하여 경찰관서에 머물게 할 수 없다.

⑦ 제1항부터 제3항까지의 규정에 따라 질문을 받거나 동행을 요구받은 사람은 형사소송에 관한 법률에 따르지 아니하고는 신체를 구속당하지 아니하며, 그 의사에 반하여 답변을 강요당하지 아니한다.

[전문개정 2014.5.20.]

제4조(보호조치 등) ① 경찰관은 수상한 행동이나 그 밖의 주위 사정을 합리적으로 판단해 볼 때 다음 각 호의 어느 하나에 해당하는 것이 명백하고 응급구호가 필요하다고 믿을 만한 상당한 이유가 있는 사람(이하 "구호대상자"라 한다)을 발견하였을 때에는 보건의료기관이나 공공구호기관에 긴급구호를 요청하거나 경찰관서에 보호하는 등 적절한 조치를 할 수 있다.

1. 정신착란을 일으키거나 술에 취하여 자신 또는 다른 사람의 생명 · 신체 · 재산에 위해를 끼칠 우려가 있는 사람
2. 자살을 시도하는 사람
3. 미아, 병자, 부상자 등으로서 적당한 보호자가 없으며 응급구호가 필요하다고 인정되는 사람. 다만, 본인이 구호를 거절하는 경우는 제외한다.

② 제1항에 따라 긴급구호를 요청받은 보건의료기관이나 공공구호기관은 정당한 이

유 없이 긴급구호를 거절할 수 없다.

③ 경찰관은 제1항의 조치를 하는 경우에 구호대상자가 휴대하고 있는 무기·흉기 등 위험을 일으킬 수 있는 것으로 인정되는 물건을 경찰관서에 임시로 영치(領置)하여 놓을 수 있다.

④ 경찰관은 제1항의 조치를 하였을 때에는 지체 없이 구호대상자의 가족, 친지 또는 그 밖의 연고자에게 그 사실을 알려야 하며, 연고자가 발견되지 아니할 때에는 구호대상자를 적당한 공공보건의료기관이나 공공구호기관에 즉시 인계하여야 한다.

⑤ 경찰관은 제4항에 따라 구호대상자를 공공보건의료기관이나 공공구호기관에 인계하였을 때에는 즉시 그 사실을 소속 경찰서장이나 지방해양경비안전관서의 장에게 보고하여야 한다. 〈개정 2014.11.19.〉

⑥ 제5항에 따라 보고를 받은 소속 경찰서장이나 지방해양경비안전관서의 장은 대통령령으로 정하는 바에 따라 구호대상자를 인계한 사실을 지체 없이 해당 공공보건의료기관 또는 공공구호기관의 장 및 그 감독행정청에 통보하여야 한다. *〈개정* 2014.11.19.〉

⑦ 제1항에 따라 구호대상자를 경찰관서에서 보호하는 기간은 24시간을 초과할 수 없고, 제3항에 따라 물건을 경찰관서에 임시로 영치하는 기간은 10일을 초과할 수 없다.

[전문개정 2014.5.20.]

제5조(위험 발생의 방지 등) ① 경찰관은 사람의 생명 또는 신체에 위해를 끼치거나 재산에 중대한 손해를 끼칠 우려가 있는 천재(天災), 사변(事變), 인공구조물의 파손이나 붕괴, 교통사고, 위험물의 폭발, 위험한 동물 등의 출현, 극도의 혼잡, 그 밖의 위험한 사태가 있을 때에는 다음 각 호의 조치를 할 수 있다.

1. 그 장소에 모인 사람, 사물(事物)의 관리자, 그 밖의 관계인에게 필요한 경고를 하는 것
2. 매우 긴급한 경우에는 위해를 입을 우려가 있는 사람을 필요한 한도에서 억류하거나 피난시키는 것
3. 그 장소에 있는 사람, 사물의 관리자, 그 밖의 관계인에게 위해를 방지하기 위하여 필요하다고 인정되는 조치를 하게 하거나 직접 그 조치를 하는 것

② 경찰관서의 장은 대간첩 작전의 수행이나 소요(騷擾) 사태의 진압을 위하여 필요하다고 인정되는 상당한 이유가 있을 때에는 대간첩 작전지역이나 경찰관서·무기고 등 국가중요시설에 대한 접근 또는 통행을 제한하거나 금지할 수 있다.

③ 경찰관은 제1항의 조치를 하였을 때에는 지체 없이 그 사실을 소속 경찰관서의 장에게 보고하여야 한다.

④ 제2항의 조치를 하거나 제3항의 보고를 받은 경찰관서의 장은 관계 기관의 협조를 구하는 등 적절한 조치를 하여야 한다.

[전문개정 2014.5.20.]

제6조(범죄의 예방과 제지) 경찰관은 범죄행위가 목전(目前)에 행하여지려고 하고 있다고 인정될 때에는 이를 예방하기 위하여 관계인에게 필요한 경고를 하고, 그 행위로 인하여 사람의 생명·신체에 위해를 끼치거나 재산에 중대한 손해를 끼칠 우려가 있는 긴급한 경우에는 그 행위를 제지할 수 있다.

[전문개정 2014.5.20.]

제7조(위험 방지를 위한 출입) ① 경찰관은 제5조제1항·제2항 및 제6조에 따른 위험한 사태가 발생하여 사람의 생명·신체 또는 재산에 대한 위해가 임박한 때에 그 위해를 방지하거나 피해자를 구조하기 위하여 부득이하다고 인정하면 합리적으로 판단하여 필요한 한도에서 다른 사람의 토지·건물·배 또는 차에 출입할 수 있다.

② 흥행장(興行場), 여관, 음식점, 역, 그 밖에 많은 사람이 출입하는 장소의 관리자나 그에 준하는 관계인은 경찰관이 범죄나 사람의 생명·신체·재산에 대한 위해를 예방하기 위하여 해당 장소의 영업시간이나 해당 장소가 일반인에게 공개된 시간에 그 장소에 출입하겠다고 요구하면 정당한 이유 없이 그 요구를 거절할 수 없다.

③ 경찰관은 대간첩 작전 수행에 필요할 때에는 작전지역에서 제2항에 따른 장소를 검색할 수 있다.

④ 경찰관은 제1항부터 제3항까지의 규정에 따라 필요한 장소에 출입할 때에는 그 신분을 표시하는 증표를 제시하여야 하며, 함부로 관계인이 하는 정당한 업무를 방해해서는 아니 된다.

[전문개정 2014.5.20.]

제8조(사실의 확인 등) ① 경찰관서의 장은 직무 수행에 필요하다고 인정되는 상당한 이유가 있을 때에는 국가기관이나 공사(公私) 단체 등에 직무 수행에 관련된 사실을 조회할 수 있다. 다만, 긴급한 경우에는 소속 경찰관으로 하여금 현장에 나가 해당 기관 또는 단체의 장의 협조를 받아 그 사실을 확인하게 할 수 있다.

② 경찰관은 다음 각 호의 직무를 수행하기 위하여 필요하면 관계인에게 출석하여야 하는 사유·일시 및 장소를 명확히 적은 출석 요구서를 보내 경찰관서에 출석할

것을 요구할 수 있다.

1. 미아를 인수할 보호자 확인
2. 유실물을 인수할 권리자 확인
3. 사고로 인한 사상자(死傷者) 확인
4. 행정처분을 위한 교통사고 조사에 필요한 사실 확인

[전문개정 2014.5.20.]

제8조의2(국제협력) 경찰청장(국민안전처 소속 경찰공무원의 직무에 관한 사항인 경우에는 국민안전처장관을 말한다)은 이 법에 따른 경찰관의 직무수행을 위하여 외국 정부기관, 국제기구 등과 자료 교환, 국제협력 활동 등을 할 수 있다. 〈개정 2014.11.19.〉

[본조신설 2014.5.20.]

제9조(유치장) 법률에서 정한 절차에 따라 체포·구속된 사람 또는 신체의 자유를 제한하는 판결이나 처분을 받은 사람을 수용하기 위하여 경찰서와 지방해양경비안전관서에 유치장을 둔다. 〈개정 2014.11.19.〉

[전문개정 2014.5.20.]

제10조(경찰장비의 사용 등) ① 경찰관은 직무수행 중 경찰장비를 사용할 수 있다. 다만, 사람의 생명이나 신체에 위해를 끼칠 수 있는 경찰장비(이하 이 조에서 "위해성 경찰장비"라 한다)를 사용할 때에는 필요한 안전교육과 안전검사를 받은 후 사용하여야 한다.

② 제1항 본문에서 "경찰장비"란 무기, 경찰장구(警察裝具), 최루제(催淚劑)와 그 발사장치, 살수차, 감식기구(鑑識機具), 해안 감시기구, 통신기기, 차량·선박·항공기 등 경찰이 직무를 수행할 때 필요한 장치와 기구를 말한다.

③ 경찰관은 경찰장비를 함부로 개조하거나 경찰장비에 임의의 장비를 부착하여 일반적인 사용법과 달리 사용함으로써 다른 사람의 생명·신체에 위해를 끼쳐서는 아니 된다.

④ 위해성 경찰장비는 필요한 최소한도에서 사용하여야 한다.

⑤ 경찰청장은 위해성 경찰장비를 새로 도입하려는 경우에는 대통령령으로 정하는 바에 따라 안전성 검사를 실시하여 그 안전성 검사의 결과보고서를 국회 소관 상임위원회에 제출하여야 한다. 이 경우 안전성 검사에는 외부 전문가를 참여시켜야 한다.

⑥ 위해성 경찰장비의 종류 및 그 사용기준, 안전교육·안전검사의 기준 등은 대통령

령으로 정한다.

[전문개정 2014.5.20.]

제10조의2(경찰장구의 사용) ① 경찰관은 다음 각 호의 직무를 수행하기 위하여 필요하다고 인정되는 상당한 이유가 있을 때에는 그 사태를 합리적으로 판단하여 필요한 한도에서 경찰장구를 사용할 수 있다.

1. 현행범이나 사형 · 무기 또는 장기 3년 이상의 징역이나 금고에 해당하는 죄를 범한 범인의 체포 또는 도주 방지
2. 자신이나 다른 사람의 생명 · 신체의 방어 및 보호
3. 공무집행에 대한 항거(抗拒) 제지

② 제1항에서 "경찰장구"란 경찰관이 휴대하여 범인 검거와 범죄 진압 등의 직무 수행에 사용하는 수갑, 포승(捕繩), 경찰봉, 방패 등을 말한다.

[전문개정 2014.5.20.]

제10조의3(분사기 등의 사용) 경찰관은 다음 각 호의 직무를 수행하기 위하여 부득이한 경우에는 현장책임자가 판단하여 필요한 최소한의 범위에서 분사기(「총포 · 도검 · 화약류 등의 안전관리에 관한 법률」에 따른 분사기를 말하며, 그에 사용하는 최루 등의 작용제를 포함한다. 이하 같다) 또는 최루탄을 사용할 수 있다. 〈개정 2015.1.6.〉

1. 범인의 체포 또는 범인의 도주 방지
2. 불법집회 · 시위로 인한 자신이나 다른 사람의 생명 · 신체와 재산 및 공공시설 안전에 대한 현저한 위해의 발생 억제

[전문개정 2014.5.20.]

제10조의4(무기의 사용) ① 경찰관은 범인의 체포, 범인의 도주 방지, 자신이나 다른 사람의 생명 · 신체의 방어 및 보호, 공무집행에 대한 항거의 제지를 위하여 필요하다고 인정되는 상당한 이유가 있을 때에는 그 사태를 합리적으로 판단하여 필요한 한도에서 무기를 사용할 수 있다. 다만, 다음 각 호의 어느 하나에 해당할 때를 제외하고는 사람에게 위해를 끼쳐서는 아니 된다.

1. 「형법」에 규정된 정당방위와 긴급피난에 해당할 때
2. 다음 각 목의 어느 하나에 해당하는 때에 그 행위를 방지하거나 그 행위자를 체포하기 위하여 무기를 사용하지 아니하고는 다른 수단이 없다고 인정되는 상당한 이유가 있을 때

   가. 사형 · 무기 또는 장기 3년 이상의 징역이나 금고에 해당하는 죄를 범하거나

범하였다고 의심할 만한 충분한 이유가 있는 사람이 경찰관의 직무집행에 항거하거나 도주하려고 할 때

나. 체포·구속영장과 압수·수색영장을 집행하는 과정에서 경찰관의 직무집행에 항거하거나 도주하려고 할 때

다. 제3자가 가목 또는 나목에 해당하는 사람을 도주시키려고 경찰관에게 항거할 때

라. 범인이나 소요를 일으킨 사람이 무기·흉기 등 위험한 물건을 지니고 경찰관으로부터 3회 이상 물건을 버리라는 명령이나 항복하라는 명령을 받고도 따르지 아니하면서 계속 항거할 때

3. 대간첩 작전 수행 과정에서 무장간첩이 항복하라는 경찰관의 명령을 받고도 따르지 아니할 때

② 제1항에서 "무기"란 사람의 생명이나 신체에 위해를 끼칠 수 있도록 제작된 권총·소총·도검 등을 말한다.

③ 대간첩·대테러 작전 등 국가안전에 관련되는 작전을 수행할 때에는 개인화기(個人火器) 외에 공용화기(共用火器)를 사용할 수 있다.

[전문개정 2014.5.20.]

제11조(사용기록의 보관) 제10조제2항에 따른 살수차, 제10조의3에 따른 분사기, 최루탄 또는 제10조의4에 따른 무기를 사용하는 경우 그 책임자는 사용 일시·장소·대상, 현장책임자, 종류, 수량 등을 기록하여 보관하여야 한다.

[전문개정 2014.5.20.]

제11조의2(손실보상) ① 국가는 경찰관의 적법한 직무집행으로 인하여 다음 각 호의 어느 하나에 해당하는 손실을 입은 자에 대하여 정당한 보상을 하여야 한다.

1. 손실발생의 원인에 대하여 책임이 없는 자가 재산상의 손실을 입은 경우(손실발생의 원인에 대하여 책임이 없는 자가 경찰관의 직무집행에 자발적으로 협조하거나 물건을 제공하여 재산상의 손실을 입은 경우를 포함한다)
2. 손실발생의 원인에 대하여 책임이 있는 자가 자신의 책임에 상응하는 정도를 초과하는 재산상의 손실을 입은 경우

② 제1항에 따른 보상을 청구할 수 있는 권리는 손실이 있음을 안 날부터 3년, 손실이 발생한 날부터 5년간 행사하지 아니하면 시효의 완성으로 소멸한다.

③ 제1항에 따른 손실보상신청 사건을 심의하기 위하여 손실보상심의위원회를 둔다.

④ 제1항에 따른 손실보상의 기준, 보상금액, 지급절차 및 방법, 손실보상심의위원회

의 구성 및 운영, 그 밖에 필요한 사항은 대통령령으로 정한다.

[본조신설 2013.4.5.]

제12조(벌칙) 이 법에 규정된 경찰관의 의무를 위반하거나 직권을 남용하여 다른 사람에게 해를 끼친 사람은 1년 이하의 징역이나 금고에 처한다.

[전문개정 2014.5.20.]

제13조 삭제 〈2014.5.20.〉

부칙〈법률 제12844호, 2014.11.19.〉 (정부조직법)

제1조(시행일) 이 법은 공포한 날부터 시행한다. 다만, 부칙 제6조에 따라 개정되는 법률 중 이 법 시행 전에 공포되었으나 시행일이 도래하지 아니한 법률을 개정한 부분은 각각 해당 법률의 시행일부터 시행한다.

제2조부터 **제5조**까지 생략

제6조(다른 법률의 개정) ①부터 〈128〉까지 생략

〈129〉 경찰관 직무집행법 일부를 다음과 같이 개정한다.

제3조제2항 전단, 제4조제5항·제6항 및 제9조 중 "지방해양경찰관서"를 각각 "지방해양경비안전관서"로 한다.

제8조의2 중 "경찰청장 또는 해양경찰청장"을 "경찰청장(국민안전처 소속 경찰공무원의 직무에 관한 사항인 경우에는 국민안전처장관을 말한다)"으로 한다.

〈130〉부터 〈258〉까지 생략

제7조 생략

정보및보안업무기획 · 조정규정

[시행 2014.11.19.] [대통령령 제25751호, 2014.11.19., 타법개정]

제1조(목적) 이 영은 국가정보원법 제3조제2항의 규정에 의하여 정보 및 보안업무의 기획 · 조정에 관하여 필요한 사항을 규정함을 목적으로 한다. 〈개정 1999.3.31.〉

제2조(정의) 이 영에서 사용하는 용어의 정의는 다음과 같다.

1. "국외정보"라 함은 외국의 정치 · 경제 · 사회 · 문화 · 군사 · 과학 및 지지등 각 부문에 관한 정보를 말한다.
2. "국내보안정보"라 함은 간첩 기타 반국가활동세력과 그 추종분자의 국가에 대한 위해 행위로부터 국가의 안전을 보장하기 위하여 취급되는 정보를 말한다.
3. "통신정보"라 함은 전기통신수단에 의하여 발신되는 통신을 수신 · 분석하여 산출하는 정보를 말한다.
4. "통신보안"이라 함은 통신수단에 의하여 비밀이 직접 또는 간접으로 누설되는 것을 미리 방지하거나 지연시키기 위한 방책을 말한다.
5. "정보사범 등"이라 함은 형법 제2편제1장 및 제2장의 죄, 군형법 제2편제1장 및 제2장의 죄, 동법 제80조 및 제81조의 죄, 군사기밀보호법 및 국가보안법에 규정된 죄를 범한 자와 그 혐의를 받는 자를 말한다.
6. "정보수사기관"이라 함은 제1호 내지 제5호에 규정된 정보 및 보안업무와 정보사범등의 수사업무를 취급하는 각급 국가기관을 말한다.

제3조(정보 및 보안업무의 기획 · 조정) 국가정보원장(이하 "국정원장"이라 한다)은 국가정보 및 보안업무에 관한 정책의 수립등 기획업무를 수행하며, 동 정보 및 보안업무의 통합기능수행을 위하여 필요한 합리적 범위내에서 각 정보수사기관의 업무와 행정기관의 정보 및 보안업무를 조정한다. 〈개정 1999.3.31.〉

제4조(기획업무의 범위) 국정원장이 정보 및 보안업무에 관하여 행하는 기획업무의 범위는 다음과 같다. 〈개정 1999.3.31.〉

1. 국가 기본정보정책의 수립
2. 국가 정보의 중·장기 판단
3. 국가 정보목표 우선순위의 작성
4. 국가 보안방책의 수립
5. 정보예산의 편성
6. 정보 및 보안업무의 기본지침 수립

제5조(조정업무의 범위) 국정원장이 정보 및 보안업무에 관하여 행하는 조정 대상기관과 업무의 범위는 다음과 같다.

1. 미래창조과학부
   가. 우편검열 및 정보자료의 수집에 관한 사항
   나. 북한 및 외국의 과학기술 정보 및 자료의 수집관리와 활용에 관한 사항
   다. 전파감시에 관한 사항
2. 외교부
   가. 국외정보의 수집에 관한 사항
   나. 출입국자의 보안에 관한 사항
   다. 재외국민의 실태에 관한 사항
   라. 통신보안에 관한 사항
3. 통일부
   가. 통일에 관한 국내외 정세의 조사·분석 및 평가에 관한 사항
   나. 남북대화에 관한 사항
   다. 이북5도의 실정에 관한 조사·분석 및 평가에 관한 사항
   라. 통일교육에 관한 사항
4. 법무부
   가. 국내 보안정보의 수집·작성에 관한 사항
   나. 정보사범 등에 대한 검찰정보의 처리에 관한 사항
   다. 공소보류된 자의 신병처리에 관한 사항
   라. 적성압수금품등의 처리에 관한 사항
   마. 정보사범 등의 보도 및 교도에 관한 사항
   바. 출입국자의 보안에 관한 사항

사. 통신보안에 관한 사항

5. 국방부

가. 국외정보 · 국내보안정보 · 통신정보 및 통신보안업무에 관한 사항

나. 제4호나목부터 마목까지에 규정된 사항

다. 군인 및 군무원의 신원조사업무지침에 관한 사항

라. 정보사범 등의 내사 · 수사 및 시찰에 관한 사항

6. 행정자치부

가. 국내 보안정보(외사정보 포함)의 수집 · 작성에 관한 사항

나. 정보사범 등의 내사 · 수사 및 시찰에 관한 사항

다. 신원조사업무에 관한 사항

라. 통신정보 및 통신보안 업무에 관한 사항

7. 문화체육관광부

가. 공연물 및 영화의 검열 · 조사 · 분석 및 평가에 관한 사항

나. 신문 · 통신 그 밖의 정기간행물과 방송 등 대중전달매체의 활동 조사 · 분석 및 평가에 관한 사항

다. 대공심리전에 관한 사항

라. 대공민간활동에 관한 사항

8. 산업통상자원부

국외정보의 수집에 관한 사항

9. 국토교통부

국내 보안정보(외사정보 포함)의 수집 · 작성에 관한 사항

10. 해양수산부

국내 보안정보(외사정보 포함)의 수집 · 작성에 관한 사항

11. 국민안전처

가. 국내 보안정보(외사정보 포함)의 수집 · 작성에 관한 사항

나. 정보사범 등의 내사 · 수사 및 시찰에 관한 사항

다. 통신정보 및 통신보안 업무에 관한 사항

12. 방송통신위원회

가. 전파감시에 관한 사항

나. 그 밖에 통신정보 및 통신보안 업무에 관한 사항

13. 그 밖의 정보 및 보안 업무 관련 기관

정보 및 보안 관련 업무에 관한 사항

[전문개정 2014.11.19.]

제6조(조정의 절차) 국정원장은 제5조의 조정을 행함에 있어 국가안보에 중대한 영향을 미치는 주요사안에 관하여는 직접 조정하고, 기타 사안에 관하여는 일반지침에 의하여 조정한다. 〈개정 1999.3.31.〉

제7조(정보사범 등의 내사등) ① 정보수사기관이 정보사범등의 내사·수사에 착수하거나 이를 검거한 때와 관할 검찰기관(군검찰기관을 포함한다. 이하 같다)에 송치한 때에는 즉시 이를 국정원장에게 통보하여야 한다. 〈개정 1999.3.31.〉

② 관할 검찰기관의 장은 정보사범 등에 대하여 검사의 처분이 있을 때에는 즉시 이를 국정원장에게 통보하여야 한다. 〈개정 1999.3.31.〉

③ 관할 검찰기관의 장은 정보사범 등의 재판에 대하여 각 심급별로 그 재판결과를 국정원장에게 통보하여야 한다. 〈개정 1999.3.31.〉

제8조(정보사범 등의 신병처리 등) ① 정보수사기관의 장은 주요 정보사범 등의 신병처리에 대하여 국정원장의 조정을 받아야 한다. 〈개정 1999.3.31.〉

② 정보수사기관이 주요정보사범등·귀순자·불온문건 투입자·납북귀환자·망명자 및 피난사민에 대하여 신문등을 하고자 할 때에는 국정원장의 조정을 받아야 한다. 〈개정 1999.3.31.〉

제9조(공소보류 등) ① 정보수사기관(검사를 제외한다)의 장이 주요 정보사범 등에 대하여 공소보류 의견을 붙일 필요가 있다고 인정할 때에는 국정원장에게 통보하여 조정을 받아야 한다. 〈개정 1999.3.31.〉

② 검사는 주요 정보사범 등에 대하여 공소보류 또는 불기소 의견으로 송치된 사건을 소추하거나 기소의견으로 송치된 사건을 공소보류 또는 불기소 처분할 때에는 국정원장과 협의하여야 한다. 〈개정 1999.3.31.〉

제10조(적성압수금품 등의 처리) 정보수사기관이 주요 적성장비 또는 불온문건 기타 금품을 압수하거나 취득한 때에는 즉시 이를 국정원장에게 통보하고 정보수집에 필요한 조정을 받아야 한다. 〈개정 1999.3.31.〉

제11조(정보사업·예산 및 보안업무의 감사) ① 국정원장은 제5조에 규정된 각급기관에 대하여 연 1회이상 정보사업 및 그에 따른 예산과 보안업무 감사를 실시한다. 다만, 보안업무 감사는 중앙단위 기관에 한한다. 〈개정 1999.3.31.〉

② 국정원장은 제1항의 감사를 실시함에 있어서 정책자료 발굴에 중점을 둔다. 〈개정 1999.3.31.〉

③ 국정원장은 제1항의 규정에 의한 감사 결과를 대통령에게 보고하고 피감사기관에 통보한다. 〈개정 1999.3.31.〉

④ 제3항의 규정에 의하여 감사결과를 통보받은 피감사기관의 장은 감사결과에 대하여 필요한 조치를 강구하여야 한다.

제12조(시행규칙) 이 영 시행에 관하여 필요한 규칙은 정보조정협의회의 의결을 거쳐 국정원장이 정한다. 〈개정 1999.3.31.〉

부칙 〈제25751호, 2014.11.19.〉(행정자치부와 그 소속기관 직제)

제1조(시행일) 이 영은 공포한 날부터 시행한다. 다만, 부칙 제5조에 따라 개정되는 대통령령 중 이 영 시행 전에 공포되었으나 시행일이 도래하지 아니한 대통령령을 개정한 부분은 각각 해당 대통령령의 시행일부터 시행한다.

제2조부터 제4조까지 생략

제5조(다른 법령의 개정) ①부터 〈417〉까지 생략

해외주재관 운영에 관한 규칙

[1991. 7. 31 경찰청예규 제31호]

개정 1995. 6. 22 예규 제142호
1998. 12. 31 예규 제119호
2000. 4. 1 훈령 제301호
2000. 10. 20 예규 제277호
2001. 2. 28 예규 제282호
2005. 3. 24 예규 제333호
(전개, 제명변경) 2006. 6. 20 예규 제357호
2013. 10. 1 훈령 제711호

제1조(목적) 이 규칙은 해외 경찰주재관(이하 "주재관"이라 한다)의 선발, 교육 및 평가 등에 관한 사항을 규정함을 목적으로 한다.

제2조(주재관의 자격요건) 주재관은 다음 각호의 자격을 갖추어야 한다.

1. 경감 이상의 경찰공무원인 자
2. 영어 또는 주재국 공용어 우수자
3. 투철한 국가관과 사명감, 외교적 자질이 있는 자

제3조(주재관의 선발 등) ① 경찰청장은 주재관의 신규 파견 또는 임기 만료자의 교체를 위하여 주재관 추천대상자를 선발하는 경우에는 파견 예정공관, 직급 등을 정하여 공개모집한다.

② 주재관 추천대상자 선발심사는 외국어 능력 등 객관적 요소와 직무수행능력 · 태도 등 주관적 요소를 고루 평정하여야 하며, 객관요소 평정은 서류심사 방식으로, 주관요소 평정은 개별 또는 집단면접 방식으로 각각 진행하고, 선발은 점수제로 한다.

③ 제2항의 규정에 의한 심사를 위하여 선발심사위원회를 구성하되, 위원장은 경찰청 차장으로 하고, 위원은 외사국장을 포함한 국장급 또는 심의관급 2~4인으로 하며, 간사는 외사기획과장으로 한다.

제4조(교육) 주재관으로 파견될 주재관 후보자는 다음 각 호에 해당하는 교육을 이수하여야 한다.

1. 경찰청의 자체 주재관교육
2. 외교부 외교안보연구원의 직무교육
3. 국가정보원의 소양교육

제5조(주재관의 임무) 주재관은 다음 각호의 임무를 수행한다.

1. 재외국민 권익보호를 위한 활동
2. 마약, 테러 등 국제성 범죄관련 자료수집
3. 국제성 범죄자 검거를 위한 수사공조활동
4. 주재국 경찰기관과의 협력업무
5. 기타 경찰업무와 관련한 하명사항

제6조(주재관 근무기간 등) ① 주재관의 근무기간은 계속하여 3년을 원칙으로 하되, 경찰청장은 재외공관장이 요청하는 경우에는 외교부장관의 동의를 얻어 1년의 범위 내에서 연장을 허용할 수 있다.

② 경찰청장은 경찰청 업무수행상 특히 필요하다고 인정되는 경우에는 근무기간 만료 이전이라도 외교부장관의 동의를 얻어 경찰청으로 복귀시킬 수 있다.

③ 주재관 근무를 마치고 귀임예정인 주재관과 새로 부임한 주재관은 일정기간 합동근무를 하여야 하며, 주재관 업무에 관하여 필요한 사항에 대하여 반드시 인계 · 인수하여야 한다.

제7조(주재관의 일시 귀국) 재외공관에 근무중인 주재관은 다음 각호의 1에 해당하는 경우 경찰청장의 허가를 받아 일시 귀국할 수 있다.

1. 배우자, 본인 또는 배우자의 직계 존비속이 사망하거나 위독한 때
2. 본인이 본국에서 치료 및 휴양이 필요한 때
3. 본인 또는 자녀가 본국에서 결혼할 때
4. 기타 경찰청장이 특히 필요하다고 인정한 때

제8조(출장) 주재관이 주재지 관할 이외의 지역에 출장하려할 때에는 경찰청장에게 보고하여야 한다. 다만, 시급을 요할 때에는 사전에 주재공관장의 승인으로 시행하고 귀임 후에는 지체없이 그 결과를 보고하여야 한다.

제9조(업무실적평가) ① 주재관의 활동실적은 월단위로 평가하며, 분기 1회 종합평가하여 그 결과를 본인에게 통보하여야 한다.

② 주재관의 업무실적 평가에 관한 구체적인 사항은 별도의 업무실적 평가계획에 의한다. 이 경우 재외공관장의 성과계약 평정결과를 일정비율 반영하여야 한다.

③ 주재관의 업무실적 평가 결과는 근무평정에 적극 반영하여야 한다.

제10조(인사상 불이익의 금지 등) ① 제3조의 자격요건을 갖춘 경찰공무원은 누구나 사유롭게 경찰주재관 공모에 지원할 수 있으며, 이를 이유로 인사상 불이익을 받아서는 아니된다.

② 소속기관의 장은 주재관(주재관 근무후 복귀한 자를 포함한다)에 대하여 국내근무자와 동등한 인사상의 배려를 하여야 한다.

제11조(소환 등) 경찰청장은 주재관이 다음 각 호의 어느 하나에 해당하는 때에는 지체없이 당해 주재관의 소환 등 적절한 조치를 하여야 한다.

1. 국위를 손상하거나 국가이익에 위반되는 행위를 한 때
2. 정당한 사유없이 중요한 업무수행을 태만히 하거나 경찰관으로서의 복무상 의무를 위반한 때
3. 외교부장관 또는 해당 공관장으로부터 소환요청이 있는 때
4. 해당 직무수행에 부적합하다고 인정된 때

부칙 〈2013.10.1.〉

이 규칙은 발령한 날부터 시행한다.

찾아보기

S

U

W

ㄱ

ㄴ

ㄷ

ㅅ

ㅇ

ㅈ

찾아보기(인명)

저자약력

정육상

계명대학교 경영학과 졸업(경영학 · 행정학 전공)
미국 Wichita State University 대학원 형사학과 석사과정 수학(경찰학 · 범죄학 전공)
경북대학교 행정대학원 졸업(이론행정 전공)
동국대학교 대학원 경찰행정학과 졸업(법학박사, 경찰학 전공)

_ 現

계명대학교 경찰행정학과 교수
한국경찰학회 부회장
한국경찰연구학회 부회장
경찰청 시민감찰위원
서울 · 경기 · 경북 · 대구지방경찰청 순경공채면접위원
한국치안행정학회 회장
한국중독범죄학회 부회장
법무부 범죄피해자보호위원회 위원
국가안보전략연구원 연구위원

_ 前

정보학 사무관 승진시험 출제위원
미국 University of Oklahoma 정치학과 연구위원(Research Associate)
미국 Wichita State University 형사학과 조교수(Adjunct Assis. Prof.)
국가정보대학원 교수
한국경호경비학회 부회장
한국공안행정학회 부회장
駐미얀마 한국대사관 참사관
정부 테러대책실무회의 위원
국가정보원 국장급 퇴임(2급)
한국범죄심리학회 부회장
한국민간경비학회 부회장
국정원 정책위원
대통령 경호실 경호안전대책위원회 위원
국가정보원 도지부 지부장 직무대리

_ 저서 및 논문

경찰학개론(서울: 우공출판사, 2017)
경찰학(서울: 박영사, 2015)
테러유형별 대응조치 매뉴얼(서울: 특수범죄연구소, 2009)
신 국제범죄정보 수집기법(서울: 특수범죄연구소, 2006)
실무 마약정보활동(서울: 특수범죄연구소, 2001)

국내거주 결혼이주 여성의 범죄두려움에 관한 연구(한국위기관리논집, 2015)
북한의 대남테러 가능성과 경찰의 대응역량강화방안(한국치안행정논집, 2015)
경찰학 분야 연구경향 분석: 한국위기관리논집을 중심으로(한국위기관리논집, 2014)
국제범죄환경의 변화에 따른 보안 · 수사기관의 대응능력 제고방안(한국공안행정학회보, 2014)
최근 테러양상의 변화에 따른 대응체제 개선방안(한국치안행정논집, 2014)
체미 한인여성의 성착취 목적 인신매매와 밀입국에 대한 조사방법 연구(한국민간경비학회보, 2014)
외로운 늑대테러의 발생가능성과 경찰의 대응방안(한국경찰학회보, 2013)
델파이 분석을 활용한 경찰공무원 채용시험의 개선방안(한국민간경비학회보, 2013)
언론보도에 의한 범죄피해자 보호방안에 관한 연구(언론정보학 연구, 2013)
국정원과 경찰의 조직개편 방향에 관한 연구: 양 기관의 유사업무 조정을 중심으로(경찰학논총, 2013)
우리나라 생물테러 대응체제의 문제점 및 개선방안 연구(한국경호경비학회지, 2010)
The Organized Crime in Contemporary Korea: International Implication(International Journal of Comparative and Applied Criminal Justice, 1997)
Revamping the Korean Intelligence Service: A View Point of National Security(International Journal of Comparative and Applied Criminal Justice, 1994) 외 다수

저자와의
합의하에
인지첩부
생략

국가정보와 경찰정보 Ⅰ

2015년 8월 10일 초판 1쇄 발행
2017년 8월 20일 초판 2쇄 발행

지은이 정육상
펴낸이 진욱상
펴낸곳 백산출판사
교　정 편집부
본문디자인 편집부
표지디자인 오정은

등　록 1974년 1월 9일 제406-1974-000001호
주　소 경기도 파주시 회동길 370(백산빌딩 3층)
전　화 02-914-1621(代)
팩　스 031-955-9911
이메일 editbsp@naver.com
홈페이지 www.ibaeksan.kr

ISBN 979-11-5763-078-3
값 25,000원(세트가)